좋은 엄마가 좋은 선생님을 이긴다

인성 편

옮긴이 **김락준**

중국어 출판서적 전문 번역가로 충북대학교 중어중문학과를 졸업하고, 북경 공업대학과 상해 재경대학에서 수학했다. 옮긴 책으로 『칼 비테의 자녀교육법』 『칼 비테의 공부의 즐거움』 『나의 미래를 바꾸는 힘 습관』 『부모대학 : 아버지학교를 위한 강의식 교과서』 『엄마가 아이에게 들려주는 맨 처음 가르침 49가지』 등이 있다.

好妈妈胜过好老师(HAO MAMA SHENGGUO HAO LAOSHI)

尹建莉 著

Copyright ⓒ 2009 by 尹建莉

All rights reserved

Original Chinese edition was published by The Writers Publishing House

Korean language edition ⓒ 2011 by Dasan Books Co., Ltd.

(韩文版许可 Dasan Books Co., Ltd. 独家出版)

Korean language edition is published by arrangement with The Writers Publishing House

세상 모든 엄마들을 감동시킨 자녀교육서

좋은 엄마가
좋은 선생님을 이긴다

인젠리 지음 | 김락준 옮김

인성 편

● 추천사

엄마가 교육을 알면
자녀교육이 달라진다

인젠리와 나는 베이징사범대학교에서 처음 만났다. 그때 난 교육대학 석사 과정의 지도 교수였다. 그리고 그녀가 내 연구 분야인 교사교육으로 논문의 방향을 정하면서 우리는 자연스럽게 인연을 맺었다.

인젠리의 작품 중에서 가장 먼저 읽은 것은 시다. 그녀는 날 처음 만났을 때 자신의 시집을 선물했는데 그 시가 매우 좋았다. 시를 통해 그녀가 매우 섬세한 사람이며 좋은 문장력을 가졌다는 것을 알았다. 하지만 걱정되는 점도 있었다. 시인도 얼마든지 자신의 관심 분야를 진지하게 연구할 수 있지만 논문은 문학의 언어와 완전히 다른 학술 용어로 써야 하기 때문이었다.

그러나 그녀가 완성한 논문은 내 걱정이 지나쳤다는 것을 증명했다. 그녀는 시를 쓰는 감수성만 뛰어난 것이 아니라 매우 성실하고 진지한 자세로 모범적이고 관점이 뚜렷한 논문을 썼다. 또한 논문을 쓰는 동안 교내에서 주최된 제1회 대학원생 글 공모대회에서 2등상을 받으며 학술적 글을 쓰는 데도 재능이 있음을 보여줬다. 난 이 일들로 그녀의 학술 연구 능력에 믿음을 갖게 됐다.

인젠리는 석사 학위를 받은 뒤에 서둘러 일을 시작했고 매년 스승의 날에 잊지 않고 내게 연락을 했다. 그러다 생각지도 않게 올해 스승의 날 전에 그녀가 원고를 들고 날 찾아왔다. 난 20만 자가 넘는 글을 단숨에 읽었다.

나는 그동안 자녀교육서를 많이 읽어보지 않았다. 시중에 출간되는 자녀교육서들의 메시지는 대부분 구호에 지나지 않고 독자의 무의식에 호소하는 것이 많아서 학술적 연구자인 내 구미에 맞지 않았기 때문이다. 하지만 인젠리의 책은 달랐다. 사제 관계를 떠나 그녀의 책은 다른 자녀교육서들과 달리 내용이 통속적이지 않고 매우 전문적이었다. 심지어 아동교육 문제에 대한 그녀의 깊이 있는 고민과 실천 방법, 예컨대 아이의 독서교육 지도 방법과 가정의 문화를 조성하는 방법 등은 뒤통수를 한 대 얻어맞은 느낌이 들 정도였다.

교육에 대한 인젠리의 관점과 태도는 매우 진지하고 고집스럽다. 그녀는 초등교육을 가장 중요하게 생각했고 일찍이 초등학교에서 일하겠다는 뜻을 세웠다. 하지만 결국은 여러 가지 이유로 이 뜻을 실현하지 못했다. 지금 그녀는 연구와 집필을 통해 교육 이념을 전파하는 데 전념하고 있다. 그녀의 목표는 교육 사상을 책 속의 문자나 이론에 그치지 않도록 현실에서 아이들에게 직접 정확하게 적용하는 것이다. 그래서 일상생활에서 추상적인 교육원리를 구체적으로 적용할 수 있게 부모와 연구자의 입장에서 이 책을 썼다.

교육의 정확한 이론과 실전 경험에서 얻은 구체적 방법을 동시에 제시하고 모두를 만족시키는 책은 결코 많지 않다. 이 책은 교육적인 영양소가 자연스럽게 녹아 있는 실전 경험이 풍부하고, 생각할 내용이 많고 읽기 편하다. 이 책은 진실로 부모들에게 실용적인 육아철학을 제공한다. 실제로 난 이 책을 읽고 아이를 교육하는 태도와 방법이 달라졌다.

일찍이 그녀의 딸이 수재라는 소문을 들었다. 하지만 그녀의 책을 읽으면 어느 아이나 뛰어난 점이 있다는 것을 알 수 있다. 그녀는 딸을 자연스러운 방법으로 교육하고 신경 썼는데, 이것은 진정한 교육이요, 교육의 가장 미묘한 경지다.

뜻이 있는 주방 보조는 일류 요리사가 될 수 있고, 뜻이 있는 엄마는 아동교육 전문가가 될 수 있다. 모든 아이는 교육의 영양소를 풍부하게 줄 수 있는 부모를 필요로 한다. 하지만 실제 상황은 녹록치 않다. 아이에게 신경을 많이 쓰지만 방법이 틀리고 부모 입장에서 멋대로 생각해서 사사건건 심각한 간섭의 흔적을 남긴다. 그 결과 아이는 교육이 아니라 강제력만 느낀다. 만약에 부모와 교사가 이 책을 읽고 간섭의 흔적을 남기지 않은 채 아이를 교육하고 신경 쓰는 방법을 배우면 매우 의미 있는 일이 될 것이다.

또한 덧붙여 설명하자면 인젠리는 이 책의 제목을 '좋은 엄마가 좋은 선생님을 이긴다'라고 지었지만, 엄마와 교사를 비교할 뜻은 조금도 없다. 교사는 학교와 교실에서 아이의 길잡이, 지도자, 행동의 본보기가 되는 중요한 존재다. 더욱이 인젠리 본인도 십여 년간 교사로 재직한 바 있다. 단지 그녀는 자녀교육에 있어 부모가 대체될 수 없는 중요한 역할을 하지만 과소평가되고 경시되기에 그 역할을 강조하기 위해 제목을 이렇게 지었다.

이 책은 교육을 이해하는 엄마가 쓴 자녀교육서라는 점만으로도 읽을 가치가 크다.

주쉬동(朱旭东) 베이징사범대학교 교수

● 머리말

아이에게 엄마의 중요성은 선생님보다 더 크다

내게 늘 신작 문의를 하는 어떤 엄마는 이 책이 출간되기도 전에 먼저 읽고 이렇게 말했다.

"가정교육에 관한 책을 읽고 번번이 실망했어요. 읽을 땐 구절구절 모두 옳게 느껴지지만 책을 다 읽은 뒤에는 아무것도 할 수 없었거든요. 심지어 어떤 책은 자신의 '성공'을 자랑하기만 해서 좌절하고 부모로서 어떻게 해야 할지 모르게 만들었어요. 하지만 선생님의 책을 읽고 아이를 어떤 생각으로 어떻게 키워야 하는지 깨달았어요. 우리 아이가 지금 중학생인데 선생님의 책을 좀 더 일찍 접하지 못한 것이 아쉬워요. 진즉에 책을 내시지 그러셨어요."

1년에 20만 자 이상을 썼으면 글을 쓰는 속도가 그리 느린 편이 아니다. 하지만 연구를 시작할 때부터 아이를 직접 낳아 키워서 이 책을 완성할 때까지 적어도 10여 년의 준비 기간을 가졌다.

난 많은 부모가 공부하고 싶어 하는 것을 안다. 요즘 서점가에 가정교육 서적이 넘쳐나는 것은 이 분야에 수요가 많다는 것을 증명한다. 나도 아이를 낳은 뒤에 전문가가 쓴 책, 자녀교육에 성공한 부모가 쓴 책, 번역되고 편집된 책 등 무수한 가정교육 서적을 읽었다. 이 중에는 확실히 도움이 된 책도 있었지만 대부분은 내용이 실망스럽고 엉성해서 읽고 난 뒤에 화가 났다. 난 서점에서 사람들의 눈을 현혹시키는 가정교육 서적을 볼 때마다 내심 가정교육이 매우 중요하고 부모들이 좋은 교육 서적을 필요로 한다는 것을 느꼈다. 하지만 막상 겁을 안 주고 속임수를 안 쓰고 틀에 박힌 말을 안 하고 잘못된 정보를 안 주고 과학적이고 실용적이고 이해하기 쉬운 좋은 책을 찾기가 쉽지 않았다.

나 역시 아이를 키우는 부모인지라 어떤 책이 부모에게 도움이 되는지 잘 안다. 그래서 오랜 고민과 준비를 끝내고 이 책을 쓰기 시작할 때 경건한 마음과 정성스럽게 써야겠다는 생각이 저절로 들었다. 또한 반드시 내 책을 산 부모님들이 '이 책은 내게 도움이 됐어'라고 생각하게 만들겠다고 다짐했다. 그렇지 않으려면 내가 이 책을 쓸 필요가 없다.

내 주위의 친척과 친척의 친척, 친구의 친구들은 이 책의 일부분을 읽고 긍정적인 의견을 줬다. 이들의 반응은 날 고무시켜서 글을 더 진지하고 열심히 쓰게 만들었다.

이 책이 정식으로 출간돼 더 많은 부모님들이 볼 수 있게 도와준 쭈오지아 출판사에 감사드린다. 만약에 많은 부모가 이 책을 읽고 실용적이라고 생각하면 난 더할 나위 없이 기쁠 것이다.

이 책에서 나는 가정교육의 중요성을 강조하고 싶었다. 모든 아이는 독립적인 개체다. 그리고 가정은 아이의 첫 번째 교육 장소이자 가장 중요한 교육 장소이며, 부모는 아이에게 가장 깊은 영향을 주는 첫 번째 선생님이다. 가정교육이 제대로 안되면 학교교육이 효과를 발하지 못한다. 이런 의미에서 생각할 때 '엄마'의 중요성이 '선생님'보다 더 크다.

책 곳곳에 내 딸아이를 언급하고 아이의 장점을 많이 표현했다. 일부러 자랑한 것은 아니고 단지 딸을 교육한 개인적인 경험을 통해서 정확한 교육 이념을 설명하고 더 많은 부모와 효과적으로 교육 경험을 나누고 싶었다. 내 딸은 평범한 아이고 단점과 나쁜 버릇도 있다. 하지만 이 책은 위엔위엔 개인에 관한 책이 아니라서 주제와 관련성이 크지 않은 내용은 그냥 넘어갔고, 내 딸을 '성공한 본보기'라고 자랑하지 않고 단지 사례의 주인공으로 삼고 싶어서 책에 아명만 쓰고 그 외에 관계없는 정보는 쓰지 않았다. 위엔위엔의 의견을 존중하기 위해서 이렇게 조치한 것을 이해해주실 것이라고 믿는다. 위엔위엔에게도 내게 무수한 교육 관련 '경험'이 돼준 것에 고마움을 전한다.

동시에 첸리췬 베이징대학교 교수님과 주쉬동 베이징사범대학교 교수님이 독자들의 긍정과 지지를 얻을 수 있게 이 책을 추천해주신 것을 영광스럽게 생각한다. 특히 첸리췬 교수님은 안면도 없고 누구의 추천도 안 받은 내 원고를 바쁘신 중에도 시간을 내어 꼼꼼히 읽고 잘못된 부분을 고쳐주셨는가 하면 책 내용만 보고 이 책을 선뜻 추천해주셨다. 교수님은 퇴직한 뒤에 공익교육 사업에 열정을 바치셨는데 나도 교수님의 혜택을 받은 사람 중의 한 명이다. 난 교수님이 대가를 바라지 않고 이 책을 열심히 추천하신 이유가 더 많은 부모와 교사에게 교육을 서비스하기 위해서라는 것을 안다. 다시 한 번 교수님께 경의와 감사를 표한다.

만약에 독자 분들 중에 이 책에 의문이나 다른 의견이 있고 상담이 필요하면 작가 소개란에 있는 메일과 블로그로 연락하시길 바란다. 난 되도록 많은 사람들과 소통하고 함께 공부하고 싶다.

세상의 모든 아이가 좋은 교육을 받고 세상의 모든 부모가 아이를 키우고 교육할 때 아름다움과 행복을 느꼈으면 좋겠다.

모두가 아름답게 생활하고 더 나은 내일을 맞이하기를 바라며
베이징에서 인젠리

● **차례**

추천사 엄마가 교육을 알면 자녀교육이 달라진다 • 004
머리말 아이에게 엄마의 중요성은 선생님보다 더 크다 • 008

아이의 성장은 탐험하듯 함께하는 것이다

정서를 풍부하게 하는 방법

조금 아파도 안 울 수 있지? • 018
추억을 선물한 산타클로스 • 028
이성 친구에 대한 관심 그리고 '연애' • 036
아이는 실수하며 성장한다 • 047
'실수 기록장'이 아닌 '칭찬 기록장'을 만든다 • 056
"엄마, 비밀이 있어요" • 066

2장

감동을 주는 엄마, 상처를 주는 엄마

건강한 심리와 인격을 형성하는 방법

아이를 놀리지 않는다 • 078
'떴지'는 아이를 달래는 방법이 아니다 • 085
"아기는 어디에서 나와요?" • 094
행복한 엄마가 있어야 행복한 아이가 있다 • 104
사랑의 매도 상처를 남긴다 • 114

이 시대 교육의 문제를 논(論)하다
부모의 역할은 무엇인가 • 130

3장

천하를 누빌 수 있는 용기와 자유를 심어주라

비판의식과 독립심을 키우는 방법

보호할수록 공포 심리는 강화된다 · 146
상상력을 가둔 틀에 박힌 그림 · 151
세상에는 나쁜 사람도 있단다 · 159
이번엔 혼자서 가볼래? · 167
"선생님이 틀렸다고 말해도 돼요?" · 178
곧 어른이 되는 너에게 · 190

아이의 문제보다 부모인 나의 문제를 본다

정서·행동 습관의 문제를 해결하는 방법

아이는 천성적으로 거짓말을 못 한다 · 196

엄격한 엄마와 말 안 듣는 아이 · 208

왜 밥을 잘 안 먹을까 · 221

괴롭히는 아이, 괴롭힘을 당하는 아이 · 234

부모의 말과 행동이 나비효과를 일으킨다 · 243

이 시대 교육의 문제를 논(論)하다
'ADHD'는 거짓이다 · 254

문제 상황별 찾아보기 · 286

> 부모의 사랑은 넓고 깊은 바다와 같다.
> 하지만 아이를 아이답게 대하지 않고 아이의 성장을 맑게 보지 않으면
> 사랑의 질은 좋아지지 않는다.
> 사랑의 질을 결정하는 것은 부모의 학력, 수입, 지위 등이 아니라
> 아이를 이해하는 정도와 사소한 일을 처리하는 수준이다.

1장

아이의 성장은 탐험하듯 함께하는 것이다

정서를 풍부하게 하는 방법

조금 아파도
안 울 수 있지?

　　　　아이는 자라면서 어렵고 무서운 일을 무수히 겪는다. 부모는 아이가 공포심을 극복하고 긍정적이고 평화로운 마음으로 어렵고 무서운 일들을 잘 헤쳐나가 최대한 고통을 덜 겪게 할 책임이 있다.

　주사를 맞는 일만 해도 평생 여러 번 맞닥뜨리는데, 별일 아니라고 무시할 수 없다. 게다가 주사를 맞을 때의 심리는 다른 일에도 영향을 미친다. 주사 맞는 일을 대수롭지 않게 여겨 아이를 꼭 붙잡거나 거짓말로 속여서 맞히면 그만이라고 생각하면 안 된다. 아이가 최대한 덤덤하게 받아들이고 고통을 참을 수 있게 용기를 북돋아줘야 한다.

　어느 날 병원 복도에서 주사를 안 맞으려고 떼쓰는 예닐곱 살 정도의 꼬마를 봤다. 기골이 장대한 아빠도 아이 하나를 잡지 못해 쩔쩔 맸다. 몇 번이나 힘으로 잡으려고 했지만 아이는 번번이 빠져나갔다. 꼬마가 저항하는 모습은 가히 '목숨을 걸었다'고 할 만했다. 자그마한 체구에서 뿜어져나오는 힘이 대단했고 악을 쓰며 우는 소리가 온 복도에 쩌렁쩌렁 울려 지나가는 사람들이 다 깜짝 놀랐다.

사람의 정서가 극단으로 치닫지 않고서야 목숨을 건 것 같은 힘이 나올까? 꼬마의 공포가 어느 정도였고 주사를 맞는 '사소한 일'이 아이에게 얼마나 큰 심리적 불안을 안겨줬을지 상상이 됐다.

위엔위엔은 생후 1년 8개월 때 주사를 처음 맞았다. 이제 막 이해력이 생기고 말을 더듬더듬 하기 시작할 때 급성 폐렴에 걸렸고 병원에 갔더니 의사가 주사약을 처방했다. 위엔위엔에게 주사를 맞아야 한다고 말했더니 몇 개월 전에 예방접종을 했던 기억이 남아서인지 무서워하는 표정을 지었다. 예방접종을 할 때는 말을 거의 하지 못할 때였는데 어리벙벙한 상태에서 주사를 맞고 아파서 엉엉 울었다. 간호사가 주사 바늘을 뺀 뒤에 난 재빨리 "와, 컵에 미키마우스가 있네"라고 말했고 위엔위엔은 옆에 있는 컵에 그려진 미키마우스에 정신을 빼앗겨 주사 맞은 것을 금세 잊었다. 하지만 지금도 위엔위엔은 주사실 앞에만 가면 그때의 기억이 떠오르는지 주사를 맞기 싫다고 말한다.

"위엔위엔, 기침하고 열나고 많이 아프지? 아프니까 편해 불편해?"

난 걸음을 멈추고 물었다. 위엔위엔은 불편하다고 대답했다.

"그럼 빨리 낫고 싶어 안 낫고 싶어?"

"낫고 싶어요."

위엔위엔은 기침을 너무 많이 해서 작은 얼굴이 열로 발갛게 달아올랐다. 난 위엔위엔의 볼에 입을 맞추고 말했다.

"의사 선생님이 주사 놔주시면 안 아프고 편해질 거야. 하지만 안 맞으면 계속 아파."

아이는 부모가 이유를 정확하게 설명하면 잘 이해한다. 위엔위엔은 아프면 불편하다는 것을 아는지라 빨리 낫고 싶어 했고 주사를 맞아야 하는 이유를 알아들었다. 하지만 마음에는 여전히 두려움이 남아 걱정에 찬 눈으로 날 보며 "주사 맞을 때 아파요 안 아파요?"라고 물었다.

난 미소를 지으며 대답했다.

"아마 조금 아플 거야. 그런데 많이 아프진 않아. 그냥 저번에 네가 벤치에서 떨어져 엉덩방아 찧었을 때 정도야."

위엔위엔은 내 말에 조금 안심하는 눈치였다. 내가 뒤이어 물었다.

"그날 엉덩방아 찧었을 때 많이 아팠어 조금 아팠어?"

"조금 아팠어요."

"주사도 그 정도밖에 안 아파."

난 솔직하게 말한 뒤에 다시 말했다.

"저번에 엉덩방아 찧었을 때 안 울었는데 오늘도 안 울 거지?"

위엔위엔은 고개를 끄덕끄덕거렸다. 하지만 마음에 여전히 두려움과 긴장감이 남아 있는 게 보였다. 난 용기를 주며 말했다.

"엄마는 위엔위엔이 참 용감하다고 생각해. 너도 네가 용감한지 아닌지 한 번 시험해봐. 참을 수 있으면 참고 참을 수 없으면 그냥 울어.

그래도 괜찮아."

위엔위엔에게 스스로 용감한 사람이라는 생각을 심어주는 동시에 울어도 괜찮다고 말해 만약에 울어도 창피하지 않게 빠져나갈 구멍을 만들어줬다. 나와 대화하는 동안 위엔위엔은 주사 맞는 게 실은 매우 간단한 일이라는 것처럼 시종일관 유쾌한 표정을 지었다. 마음이 많이 안정된 모양이었고 주사를 맞고도 안 우는 영웅이 되고 싶어 하는 것 같았다. 그리고 내 말을 조금도 의심하지 않았다. 그도 그럴 것이 내가 위엔위엔에게 거짓말을 한 적이 한 번도 없고 조금 아프다면 별로 두려워할 것이 못 되기 때문이다.

주사바늘이 들어갈 때 위엔위엔은 온몸에 힘을 주고 끝까지 안 울었다. 간호사는 위엔위엔이 울지 않고 주사를 잘 맞자 용감하다고 칭찬했다. 위엔위엔은 한 번의 '시도'를 통해서 주사 맞을 때의 고통이 실은 참을 만하다고 생각하고 마음의 안정을 찾았다.

이렇게 며칠 동안 병원에 다녔지만 상태가 호전되지 않아 결국 병원에 입원했다. 병실에 총 여덟 명의 아이가 있었는데 대부분 위엔위엔보다 두세 살 많았다. 병실은 의사, 간호사 할 것 없이 흰 가운을 입은 사람이 들어와 체온을 재거나 몇 마디 묻기만 해도 금세 울음바다가 됐다. 아이들은 마치 양 무리에 늑대가 침입한 것 마냥 놀라고 무서워했다. 하지만 위엔위엔은 울지 않고 놀던 것을 멈추고 내게 안아달라고 한 뒤에 걱정스러운 얼굴을 하고 자기 차례를 기다렸다. 위엔위엔은 주사를 싫어했지만 이성적으로 받아들였다. 주사 맞을 때도 소란을 피우지 않고 얌전히 있어서 간호사에게 칭찬을 받았다.

당시만 해도 아이들은 포도당 주사를 맞을 때 너무 어려서 혈관 찾기가 어려워 이마에 맞았는데 혈관이 너무 가늘어 대개 두세 번 바늘을 찔렀다. 어느 날 새로 온 젊은 간호사가 위엔위엔에게 주사를 놓는데 일곱 번이나 주사바늘을 꽂고도 혈관을 제대로 못 찾았다. 어른도 주사를 일곱 번 맞으면 못 견딜 텐데, 보고 있는 우리 부부가 다 못 견딜 지경이었다. 결국 위엔위엔은 울음을 터트렸지만 울음소리는 크지 않고 그저 훌쩍거리는 정도였다. 위엔위엔의 울음은 여덟 번째에 주사가 제대로 꽂히면서 그쳤다. 정말 어린 딸에게 존경하는 마음이 절로 생기는 순간이었다.

병실의 다른 부모들은 아이들이 주사를 맞을 때 매번 어르고 달래거나 겁을 주고 윽박질렀다. 주사 맞는 모습만 보면 마치 그 아이들이 다른 사람보다 몇 배나 더 아픈 주사를 맞는 것 같았다. 그 아이들의 부모는 아이들의 고통을 키우기만 하고 어려움이 닥쳤을 때 용감하게 맞서라는 가르침도 주지 않았다.

당시에 위엔위엔은 약제를 첨가한 '안개'를 마시는 일종의 '초음파 안개' 물리 요법을 받았다. 방법은 간단하다. '안개'가 나오는 입구에 얼굴을 가까이 대고 10분 동안 숨을 쉬는 것이다.

처음에 간호사가 그 기계를 끌고 왔을 때 그것이 무슨 기계인지도 모르고 그저 간호사가 하라는 대로 위엔위엔을 꼭 안았다. 기계가 '윙' 하고 돌아가자 하얀색의 옅은 약 냄새를 풍기는 안개가 뿜어졌고 깜짝 놀란 위엔위엔은 본능적으로 얼굴을 찡그렸다. 난 간호사가 시키는 대로 위엔위엔의 얼굴을 분사구 가까이 댔다. 무슨 영문인지도 모르고 당한 위엔위엔은 두 눈을 꼭 감고 안개를 맞기 싫다고 발버둥 치며 울었다. 그래도 난 못 움직이게 최대한 꽉 안았고 간호사는 위엔위엔이 고개를 이리저리 돌려도 분사구를 코앞에 갖다 댔다. 위엔위엔은 아무리 힘을 써도 몸을 마음대로 움직일 수 없자 급기야 큰 소리로 울고 심하게 반항하기 시작했다. 결국 치료는 위엔위엔이 몸부림을 심하게 치는 바람에 5분 만에 중단됐다.

주사에 비하면 '초음파 안개'는 아픈 것도 아니다. 그저 숨 쉴 때 안개를 들이쉬면 되고 약 냄새가 약간 나지만 못 맡을 지경은 아니다. 하지만 위엔위엔은 미리 치료에 대해서 설명을 듣고 마음의 준비를 하지 못해 치료를 무서운 일로 받아들였다. 이후 며칠 동안 위엔위엔은 계속해서 '초음파 안개'를 거부하고 간호사가 기계를 끌고 들어오면 주사 맞을 때처럼 의젓하지 못하고 잔뜩 긴장했다. 이것은 확실히 내 잘못으로 위엔위엔에게 공포를 심어준 것이었다.

아이가 고통을 받아들이게 하려면 부모가 몇 가지 원칙을 지켜야 한다.

첫째, 초조해하지 않고 태연한 척한다. 부모가 초조해하면 아이는 문제를 심각하게 생각하고 놀란다.

둘째, 왜 고통을 받아들여야 하는지 아이가 이해할 수 있는 말로 설명한다. 예를 들어 아이가 아파서 주사를 꼭 맞아야 하면 주사를 맞아야 병이 낫는다고 말한다. 아이가 이해하지 못할 것이라고 단정하고 아예 설명을 안 하면 안 된다.

셋째, 아이가 받아들여야 할 고통을 부풀리지도 줄이지도 말고 최대한 사실적으로 말한다. 많은 부모는 아이가 주사를 맞을 때 긴장을 풀어주기 위해서 "하나도 안 아파"라고 말하는데 한 번은 속아도 두 번 세 번은 안 속는다. 아이는 어려움에 도전하는 이성과 용기를 키울 수 있는 기회를 잃으면 다시는 어른을 믿지 않는다.

넷째, 아이에게 용기를 준다. 아이의 인내력은 실로 놀랍다. 놀라지 않게 미리 마음의 준비를 하면 아이는 어려운 일도 대부분 잘 받아들인다. 동시에 아이가 약한 모습을 보여도 부끄러워하지 않게 물러설 여지를 준다.

다섯째, 달래거나 뭔가를 사주는 방법으로 목적을 달성하지 않는다. 어떤 부모는 "주사 안 맞으면 경찰 아저씨가 잡아간다" 또는 "이 약 먹으면 무선조종 자동차 사줄게" 등의 말로 목적을 달성하는데 이것은 정말 최악의 방법이다. 달래고 장난감을 사주는 것은 주사를 맞기까지의 시간만 줄여줄 뿐이지 아이의 긴장을 풀어주지도 못하고 도덕 발달에도 도움이 안 된다.

어릴 때부터 어려움이나 고통을 이성적으로 대하게 되면 스스로 어려움과 고통을 줄이고 자신을 잘 보호할 수 있게 된다.

위엔위엔이 두 살 반 때 어느 날 한밤중에 갑자기 울면서 깼다. 목에 뭐가 걸렸는지 숨을 잘 쉬지 못하고 매우 고통스러워했다. 마침 소아 후두부종에 관한 자료를 본 적이 있는데 위엔위엔의 증상이 소아 후두부종 증상과 매우 비슷했다. 아이가 후두부종에 걸리면 매우 위험하다. 아이의 기관은 매우 가는데다 아파서 울면 부종이 더 심해져 기관이 막히고 질식할 수도 있다. 순간 겁이 퍼뜩 났다. 하지만 최대한 아무렇지 않은 척하고 위엔위엔에게 말했다.

"울지 마. 지금 여기가 부어서 숨을 잘 못 쉬는 거야."

난 위엔위엔의 목을 가리키며 "울면 목이 더 부어서 숨 쉬기가 더 어려워져. 조금만 참자. 울지 말고. 엄마가 금방 병원에 데려다줄게"라고 말했고 위엔위엔은 내 말에 울음을 뚝 그치고 옷을 갈아입었다. 매우 괴로워했지만 울지 않았다. 당시에 남편은 타지에서 일했고 우리가 살던 곳은 저녁이면 택시를 잡기 어려워 우리 모녀는 이웃집 아저씨의 자전거를 타고 병원에 갔다. 아저씨는 자전거를 급히 몰고 뒤에 앉은 난 위엔위엔이 떨어지지 않게 안았다. 위엔위엔은 숨 쉬기가 어려워도 잘 참았다. 가로등이 없는 곳에서 자전거가 도로에 튀어나온 하수구 뚜껑에 걸려 넘어졌을 때도 숨만 더 가쁘게 쉴 뿐 울지 않고 편안한 표정을 지었다. 위엔위엔이 참을성 있는 것이 정말 다행이었다. 증상은 병원에 도착해 진료를 받고 몇 시간이 지난 뒤에 괜찮아졌다.

의사는 소아가 후두부종에 걸렸을 때 가장 조심해야 할 것이 울음이라고 말하며 치료 내내 울지 않은 위엔위엔을 칭찬했다.

위엔위엔이 주사를 잘 맞는 모습은 실로 대견했다. 위엔위엔이 채 세 살이 되기 전에 유아원에 입학하기 위해서 신체검사를 받으러 갔었다. 보건소는 같은 유아원에 지원한 아이들이 한날한시에 신체검사를 받느라 북새통을 이뤘다. 차례를 기다리는 동안 난 위엔위엔에게 혈액 검사를 할 수도 있다고 말했다. 위엔위엔은 긴장하며 아프냐고 물었다. 조금 아프지만 주사를 맞는 것과 비슷해서 바늘을 찌를 때만 조금 아프고 피를 뽑을 땐 아프지 않다는 말에 이미 몇 차례 주사를 맞은 경험이 있던 위엔위엔은 마음을 놓았다.

그날 검사를 받은 아이 중에 10여 명은 피를 뽑을 때 난리를 쳤다. 이미 피를 뽑은 아이, 지금 뽑는 아이, 앞으로 뽑을 아이 할 것 없이 대성통곡을 했고, 특히 한 번에 주사바늘을 꽂지 못해 두 번 꽂으면 아이는 울고 부모는 초조해했다. 나중에는 간호사도 짜증이 나는지 인상을 쓰고 퉁명스럽게 굴었다.

위엔위엔은 내게 기대 차례를 기다리며 호기심 어린 눈으로 엉엉 우는 친구들을 쳐다봤다. 그러더니 돌연 내게 "울면 아픈데"라고 말했다. 난 위엔위엔에게 주사 맞을 때 울어도 아픈 게 줄어들지 않는다고 친구들에게 말해주고 싶으냐고 물었다. 위엔위엔은 그렇다고 대답했다. 난 칭찬하고 뽀뽀해주며 말했다.

"네 말이 맞아. 울어도 아픈 건 줄어들지 않아. 외려 안 우느니만 못하지."

난 위엔위엔에게 반드시 울면 안 된다는 다짐을 받아내지 않았다. 울어도 고통이 줄어들지 않는다는 것을 이해하는 것도 결코 쉬운 일이 아니다. 또 괜히 압력을 줬다가 만에 하나 위엔위엔이 울면 스스로 약속을 어겼다고 생각해서 부끄러워할 수도 있다. 그 나이에 우는 것은 정상이다. 자기 차례가 되자 위엔위엔은 내 무릎에 앉아 팔을 내밀었다. 조금 긴장한 것 같았지만 차분했다. 간호사는 신기하게 쳐다봤다. 위엔위엔은 간호사에게 위로하듯 말했다.

"저 안 울어요."

"정말? 넌 왜 안 울어?"

"울어도 똑같이 아프잖아요."

간호사는 무슨 말인지 이해하지 못해 잠시 동작을 멈추고 위엔위엔을 멀뚱히 쳐다보다가 깜짝 놀라며 말했다.

"어머, 꼬마 아가씨가 아주 의젓하구나. 이모는 지금껏 너처럼 의젓한 아이를 본 적이 없어."

간호사는 팔에서 혈관을 찾다가 잠시 망설이더니 이내 주사기를 내려놓고 서랍에서 새 주사를 꺼내며 말했다.

"의젓한 꼬마 숙녀를 아프게 할 수는 없지. 이건 바늘이 가늘어서 덜 아플 거야. 이모가 말 잘 듣는 아이에게 쓰려고 하나 남겨놨지."

간호사는 위엔위엔의 혈관을 찾다가 찾기가 쉽지 않다는 걸 발견하고 선배 간호사를 데려왔다. 그러곤 위엔위엔에게 새 간호사가 한 번에 주사를 제대로 꽂을 것이라고 호언장담했다. 과연 새 간호사는 한 번에 바늘을 제대로 꽂았다.

아이에게 "주사 맞으면 조금 아플 거야"라고 말하는 것은 어려움이 닥쳤을 때 일단 침착함과 여유를 찾고, 스스로 고통을 줄이고 자신을 보호할 수 있는 유리한 위치에 서게 가르치는 것과 같다.

추억을 선물한
산타클로스

우리 집에서 크리스마스는 매우 중요한 날인데 종교와 관계없이 위엔위엔의 또 다른 '어린이날'이기 때문이다. 위엔위엔은 두 살부터 크리스마스에 선물을 받았다. 예쁜 포장지를 뜯으면 안에는 위엔위엔이 좋아하는 먹는 것, 노는 것, 읽는 것 천지였고 한 번도 본 적이 없는 산타클로스가 자신을 위한 선물을 밤새 몰래 주고 간 것에 신기해하고 놀라고 기뻐했다.

위엔위엔이 처음 선물을 받았을 때 우리 부부는 그림책과 축하카드에서 산타클로스의 그림을 찾아 보여주며 이 할아버지가 너를 특별히 예뻐해서 크리스마스 때마다 선물을 줄 것이라고 말했다. 위엔위엔은 기뻐하다가 갑자기 산타클로스가 내년에 깜빡하고 자신을 안 찾아오면 어떡하느냐고 물었다. 우리는 해마다 어린 친구들에게 선물을 주는 분이기 때문에 꼭 찾아올 것이라고 답했다.

어느 해 크리스마스에 위엔위엔은 산타클로스를 기다리며 올해는 어떤 선물을 받을지 나름대로 추측하느라 하루 종일 종알거렸다. 공주 치마를 입은 바비인형을 꼭 받고 싶은데 산타클로스가 선물해줄지 모르겠다고 말했다. 위엔위엔이 하도 여러 번 말하기에 우리는 산타클로스는 어린 친구들의 마음을 잘 알아서 원하는 선물을 주니까 위엔위엔의 마음을 읽었을지 한 번 기다려보자고 했다.

그러자 이번에는 눈이 내리지 않아 산타클로스가 썰매를 못 타면 어떡하느냐고 걱정했다. 우리는 눈이 없으면 구름과 공기를 타고 오니 걱정하지 말라고 타일렀다. 위엔위엔은 잘 시간이 지나도 안 자고 산타클로스를 기다리다가 산타클로스는 잠든 아이에게만 선물을 준다는 말에 겨우 침대에 누웠다. 어린 위엔위엔이 잠을 못 이루는 일은 처음이었다. 우리는 더 이상 위엔위엔을 자극하지 않기 위해 말을 줄였다. 마침내 위엔위엔이 잠들자 우리 부부는 재빨리 예쁜 포장지로 모든 선물을 포장해 위엔위엔이 깨어나서 한눈에 볼 수 있는 곳에 걸어뒀다. 위엔위엔이 이튿날 선물을 보고 산타클로스가 다녀갔다고 얼마나 흥분할지 상상하니 내 맘이 벅찼다.

아침 일찍 깬 위엔위엔은 산타클로스가 무슨 선물을 줬는지 궁금해하며 급하게 포장지를 뜯었다. 그러곤 선물을 이리저리 흔들고 소리를 들으며 안에 무엇이 들어 있는지 추측하고 우리에게도 맞춰보라고 조잘조잘대면서 조심스럽게 선물을 열었다. 위엔위엔은 이 방법으로 신비한 감정을 제대로 만끽했다. 선물을 차례로 뜯으니 모두 위엔위엔이 좋아하는 것이었다. 공주치마를 입은 바비인형을 보고 얼마나 즐거워하던지, 아마 위엔위엔의 마음은 만나보지도 않았는데 가장 받고 싶은 선물을 준 산타클로스에 대한 신비로움으로 가득 찼을 것이다.

그 후로도 산타클로스는 크리스마스마다 위엔위엔의 마음에 쏙 드는 선물을 대여섯 가지씩 줬다. 위엔위엔은 기뻐하다가도 신기해하며 "산타클로스는 제가 뭘 좋아하는지 어떻게 알죠?"하고 물었다. 그럼 난 "아마 네가 엄마, 아빠한테 말할 때 엿들었을 거야"라고 둘러댔다.

위엔위엔이 크리스마스 아침을 맞는 기쁨은 우리 부부가 어릴 때 설날 아침을 맞는 기쁨보다 더 컸다. 우리 부부가 어릴 때 가장 손꼽아 기다린 것은 설날 아침에 새 옷을 입고 만두를 먹고 폭죽을 터트리는 것이었다. 엄마가 새 옷과 음식을 만들고 놀거리를 준비하면 우리는 그저 즐기기만 하면 됐다. 하지만 위엔위엔의 크리스마스 아침은 기대심에 잔뜩 부풀었다가 마침내 수수께끼가 풀리는 놀라움과 기쁨의 연속이었다. 그래서 위엔위엔은 새해가 되면 크리스마스까지 얼마나 남았는지 숫자를 세며 별을 바라보듯 달을 바라보듯 그렇게 크리스마스를 기다렸다. 어린이날, 설날보다도 크리스마스를 더 좋아하고 기다렸다.

하지만 시간이 지난 뒤에 위엔위엔은 유아원 친구들은 선물을 못 받았다는 사실을 알고 산타클로스가 다른 친구들에게는 선물을 안 준 것을 수상하게 여겼다. 나는 엄마, 아빠가 날마다 마음속으로 '위엔위엔은 착한 아이니까 크리스마스에 잊지 말고 꼭 선물해주세요'라고 기도

했다고 말했다. 또 엄마, 아빠가 마음속으로 기도하면 산타클로스가 듣고 선물을 준다고 친구들에게 알려주라고 했다.

부모가 조금만 시간을 할애하고 마음을 쓰면 아이에게 남다른 추억과 신비로운 일상을 선물할 수 있다. 아이는 천사이고 천사의 세계에는 산타클로스가 존재한다. 하지만 아이가 커서 어른이 되고 감정이 무뎌지면 산타클로스는 서서히 사라지고 다시는 크리스마스에 찾아오지 않는다.

아이는 성장, 성공, 인재가 되기 위해서 살면 안 된다. 먼저 '유년'을 위해서 살아야 한다. 부모는 아이에게 천사의 경험을 선사해야지 아이를 태어나서 단 한 번도 날개를 달아본 적이 없는 평범한 사람으로 만들어선 안 된다.

해마다 산타클로스가 다녀가면 나와 남편은 다음번 크리스마스에 '산타클로스'가 줄 선물을 고민했다. 우리는 위엔위엔의 바람이나 갖고 싶다고 말하는 것을 평소에 주의 깊게 들었다. 또 상점에 갈 때마다 크리스마스 선물로 좋은 물건을 찾으면 그때그때 사서 들키지 않게 몰래 숨겨뒀다. 가끔 위엔위엔이 뭘 사고 싶다고 말하면 상점에 갈 시간이 없으니 설날에 가서 사자고 핑계를 대거나 비싸니까 여러 곳을 두루 다니며 가격을 비교해보고 사자고 둘러댔다. 그 결과 우리보다 산타클로스가 먼저 선물을 줄 수 있었다. 위엔위엔에게 산타클로스는 인내력이 뛰어난 좋은 사람이었다.

어느 해에 위엔위엔은 바비인형에게 남자 친구를 만들어주고 싶다고 말했다. 장난감 가게를 몇 바퀴나 돌았지만 눈을 씻고 찾아봐도 남자 바비인형은 보이지 않았다. 크리스마스가 코앞에 다가오자 난 잘생긴 여자 바비인형을 사서 인형 머리를 짧게 자르고 모자와 남자 옷을 만들어 입히고 장화를 신겨줬다. 그랬더니 여자 바비인형이 순식간에 남자 바비인형으로 변신했다. 물론 위엔위엔이 잠든 뒤에 작업해서 위엔위엔은 아무것도 몰랐다. 크리스마스 아침에 바비 공주의 남자 친구가 나타나자 위엔위엔은 매우 좋아했다. 그토록 찾아 헤맨 것을 뜻밖에도 산타클로스가 선물해줬으니 얼마나 기뻤겠는가. 하지만 위엔위엔은 이내 '남자 친구' 모자의 천과 자신의 오래된 치마의 천이 같고, '남자 친구' 옷의 천과 내가 양장점에서 맞춘 갈색 치마의 천이 같다는 사실을 발견했다. 난 깜짝 놀란 척하며 "그러게 말이야. 어떻게 이런 우연이 있을 수 있지?"라고 둘러댔다.

언젠가 단서가 많아지면 위엔위엔이 산타클로스의 존재를 알게 되겠지만 난 크게 신경 쓰지 않았다. 알게 될 때 그때 가서 알면 된다고 생각했다.

사실 위엔위엔은 자라면서 산타클로스의 진실을 조금씩 의심하기 시작했다. 유아원 졸업반 때 크리스마스 선물을 받고 기뻐하며 다른 친구들에게 선물을 받았냐고 물었다. 친구들이 못 받았다고 하자 위엔위엔은 엄마, 아빠가 마음속으로 기도하면 산타클로스가 선물을 주는데 왜 친구들이 못 받았는지 이해가 되지 않았다. 그러자 선생님이 말했다.

"위엔위엔, 산타클로스는 원래 없어. 엄마가 거짓말한 거야."

"아니에요. 우리 엄마는 거짓말 안 해요."

위엔위엔은 집에 돌아온 뒤에도 화가 풀리지 않아 내게 정말로 산타클로스가 없냐고 물었다. 난 "없기는, 해마다 선물 주시잖아. 엄마, 아빠가 한밤중에 가서 선물을 사올 수 있겠어?"라고 말했다. 유년 시절은 얼마나 짧은가! 난 위엔위엔이 오래오래 즐거운 시간을 누리기를 바랐고, 동화 같은 세계를 일찍 빼앗고 싶지 않았다.

위엔위엔은 내 말에 조금 안심하는 것 같았지만 아마 이때부터 산타클로스를 의심했던 것 같다. 훗날 몇 차례나 다시 물었지만 우리는 한사코 진실을 알려주지 않았다. 하지만 초등학교에 들어간 뒤에 산타클로스가 허구의 인물이라는 걸 알았는지 더 이상 산타클로스에 대해 안 물었다. 우리도 경계를 풀고 서서히 편하게 말하기 시작했다.

위엔위엔이 초등학교 2학년 때로 기억한다. 크리스마스에 드레스를 입은 예쁜 인형을 선물 받고 좋아하기에 내가 의기양양해서 "이렇게 예쁜 인형이 80위안밖에 안 하더라. 백화점에 없길 다행이지 하마터면 120위안 주고 살 뻔 했잖아. 역시 작은 상점이 백화점보다 싸"라고 말했다. 순간 말실수를 한 것을 깨달은 난 괜히 미안한 마음이 들었다. 위엔위엔은 캐묻지 않고 그저 웃으며 "산타클로스가 상점마다 돌아다니면서 가격을 비교했나봐요"라고 말했다. 위엔위엔이 산타클로스의 비밀을 알았다는 것을 눈치챘을 때도 우리 부부는 크리스마스의 기적에 대해서 정식으로 말하지 않았다. 산타클로스는 우리 가족의 즐거움이요, 꿈이고 다 같이 보호해야 하는 비밀이었다.

위엔위엔이 아홉 살 되던 해 방학 때 같이 친정에 갔다. 난 화장실에서 머리를 감다가 위엔위엔이 뭔가를 들고 외할머니에게 "산타클로스에게 선물 받은 거예요"라고 말하는 소리를 들었다. 외할머니는 위엔위엔에게 "해마다 선물을 준다는데, 대체 산타클로스는 어디에 있는 게냐?"고 물었다. 위엔위엔이 잠시 뜸을 들이다가 "지금 화장실에서 머리 감고 있어요"라고 대답해 온 가족이 한바탕 웃었다. 아이가 어른이 되면 동화는 끝난다. 비록 산타클로스도 동화와 같이 서서히 사라지지만 우리는 계속해서 산타클로스가 주는 즐거움을 더 누리고 싶었다.

위엔위엔이 중학교에 간 후에도 우리 부부는 여전히 크리스마스마다 선물을 줬다. 물론 어릴 때처럼 유치한 장난감을 준비하지 않고 좀 더 '가치' 있는 선물, 예를 들어 CD, 옷 등을 사서 그것을 예전처럼 산타클로스 선물이라고 부르며 줬다. 우리는 크리스마스가 주말이 아니면 '크리스마스 아침'을 가장 가까운 주말 아침으로 당기거나 미뤄 위엔위엔에게 즐거운 시간을 선사했다. 크리스마스에 산타클로스가 찾아오는 의미는 선물에 있지 않고 놀라움과 기쁨에 있다. 놀라움과 기쁨은 한층 더 가치 있는 즐거움이다.

위엔위엔이 초등학교 5학년 때 나와 남편 모두 일이 너무 바빠 10여 년 만에 처음으로 선물을 제때 준비하지 못했다. 미안한 마음에 우리 부부는 주말에 위엔위엔을 데리고 외출해 함께 놀고 산타클로스 대신 선물을 사라고 돈을 줬다. 그때 선물을 적게 사지도 않았는데 위엔위엔은 나중에 그때가 가장 의미 없는 크리스마스였다고 말했다. 방식이 달라서 즐거움도 달랐던 것이다.

위엔위엔은 어릴 때 늘 무슨 꿈을 꿨는지 얘기했다. 위엔위엔의 꿈은 하나같이 동화처럼 아름답고 신비했는데 적어두지 않은 것이 후회

된다. 아름다운 꿈의 출처는 동화책이기도 하고 산타클로스기도 했다. 아름다운 꿈을 자주 꾼 위엔위엔의 유년 시절은 분명 행복했을 것이다.

해마다 찾아온 산타클로스는 위엔위엔에게 남다른 유년 시절을 선물한 동시에 부모의 깊은 사랑을 느끼게 하고 다른 사람에게 즐거움과 기쁨을 주는 방법을 가르쳤다. 지금도 위엔위엔은 친구가 생일을 맞으면 선물을 정성껏 고르고 가끔 낭만적인 분위기를 만들어 우리 부부를 기쁘게 한다.

마흔 번째 내 생일 아침에 위엔위엔은 자전거를 두고 버스를 타고 학교에 갔다. 당시에 난 위엔위엔이 시간을 낭비하고 기운을 빼며 왜 힘들게 버스를 타는지 이해할 수 없었다. 그런데 저녁 때 위엔위엔이 카네이션을 한 다발 들고 돌아왔다. 알고 보니 자전거에 바구니가 없어 꽃다발을 편하게 들고 오려고 일부러 버스를 탔던 것이다. 나와 남편 모두 내 생일을 잊고 있었는데 위엔위엔 덕분에 그날이 내 생일인 것을 알았다.

위엔위엔이 대학교에 들어간 뒤에 아직도 크리스마스 선물을 받고 싶냐고 물었더니 받고 싶다고 대답했다. 몇 살까지 받을 셈이냐고 물으니 "여든 살이요"라고 말해 모두 웃었다. 보아하니 산타클로스는 북극 저 먼 곳에서 해마다 쉬지 않고 계속해서 달려와야 할 것 같다.

이성 친구에 대한 관심
그리고 '연애'

위엔위엔이 유아원에 다닐 때 반에 무척이나 사이좋은 남자 짝꿍이 있었다. 둘은 사이가 좋아서 늘 같이 놀았다. 어느 날 위엔위엔을 유아원에서 데리고 오는데 기분 좋게 내게 "엄마, 전 짝꿍이랑 노는 게 제일 좋아요. 나중에 커서 짝꿍이랑 결혼할래요"라고 말했다. 난 웃으며 그러라고 했다. 내 허락에 위엔위엔은 매우 기뻐하다가 만약에 아빠가 허락하지 않으면 어떡하느냐고 걱정해 저녁 때 아빠에게 물어보자고 했다.

위엔위엔은 아빠가 퇴근하기 무섭게 달려들어 자신의 '인륜지대사'에 대해서 물었다. 남편은 흔쾌히 "결혼해도 좋아"라고 대답했다. 위엔위엔은 현관에 들어서자마자 내게 "엄마. 아빠도 크면 짝꿍이랑 결혼하래요"라고 말했다. 난 기분 좋게 "그래? 정말 잘됐구나"라고 대답했다. 그런데 위엔위엔은 또다시 걱정에 사로잡혔다.

"만약에 같은 학교에 못 가면 커서 서로 못 알아볼 텐데 그럼 어떡해요?"

위엔위엔의 말에 우리 부부는 걱정하는 얼굴로 "그럼 정말 어떡하지? 나중에 어떻게 알아볼 건지 한 번 잘 생각해봐"라고 말했다. 위엔위엔은 잠시 고민하다가 갑자기 외쳤다.

"나중에 커서 남자를 만날 때마다 내 짝꿍 아느냐고 물어볼 거예요. 그럼 알 수 있잖아요."

나와 남편은 위엔위엔의 기지에 기뻐했다. 그렇다. 물어보면 그가 짝꿍인지 아닌지 알 수 있다. 이렇게 간단할 수가! 우리 가족은 어려운 문제를 해결하고 편안하게 식사를 했다. 훗날 유아원 선생님에게 위엔위엔과 짝꿍이 둘 다 점잖고 친구들을 때리거나 욕하지 않고 친구들의 물건을 빼앗지 않고 옛날이야기를 하는 것을 좋아하며 둘이 한 번도 싸우지 않았다는 얘기를 전해 들었다. 보아하니 유아원에도 '끼리끼리'가 있나 보다.

둘은 같은 초등학교에 입학했지만 같은 반은 아니었다. 초등학생의 특징 중 하나가 남녀 간에 관심이 없어 남자는 남자끼리 여자는 여자끼리 노는 것이다. 위엔위엔도 틈만 나면 친한 여자 친구들끼리 모여 놀았다. 어느 날 우리 부부는 유아원의 짝꿍이 문득 생각나서 장난치듯 지금도 유아원 짝꿍이랑 커서 결혼할 생각이 있냐고 물었다. 위엔위엔은 남자라서 같이 놀기 싫고 같은 반도 아니어서 볼 수도 없다고 말했다. 우리가 다시 "그러다 나중에 못 알아보면 어떡해?"라고 물으니 별로 걱정하지 않는다고 대답했다. 정말 '변심'한 건지 위엔위엔은 그날 이후 짝꿍에 대한 말이 아예 없어졌다.

중학교에 들어간 뒤에 위엔위엔에게도 심리학에서 말하는 '사춘기'가 찾아왔다. 우리 부부는 부모로서 이성교제에 대한 딸의 태도를 관찰하기 시작했다. 위엔위엔은 학교에서 누가 누구에게 잘 보이려고 어떻게 했다는 둥 예컨대 어떤 부잣집 남자 아이가 여자 아이에게 잘 보이려고 자기와 사귀면 6만 위안(약 100만 원)짜리 보석을 사주겠다고 했다는 얘기를 해줬다. 이 얘기를 듣고 난 그 남자 아이를 헐뜯지 않고 조금 유치하지만 귀엽다고 말하며 웃었다. 우리 집에도 가끔 남자 아이에게 전화가 왔다. 그때마다 우리 부부는 여자 친구 때처럼 전화를 자연스럽게 받아 위엔위엔을 바꿔주고 둘이 편안하게 대화하라고 자리를 비켜줬다. 어느 날 위엔위엔의 책상 밑에서 수업시간에 다른 여자 친구와 손 글씨로 수다를 떤 쪽지를 주웠다. 같은 반 남학생 몇 명에 대해서 열렬히 '토론'한 것으로 봐서 그 남학생들에게 묘한 호감이 있는 것 같았다. 난 나중에 위엔위엔이 다 크면 돌려주려고 쪽지를 잘 보관해뒀다.

모든 부모도 사춘기를 겪었다. 소년소녀 시절을 돌이켜보면 중학생에게 이런 감정이 싹트는 것은 지극히 정상이다. 때문에 아이가 이성에 호감을 보일 때 이해하지 못할 이유가 전혀 없다.

위엔위엔은 가끔 남학생과 통화를 길게 하고 끊으면 조금 어색해했다. 그래서 난 위엔위엔에게 사춘기에 접어들면 이성에 호기심이 생기고 이성 친구를 만나고 싶은데 이것은 매우 정상적이고 아름다운 일이며 이성에 관심이 없는 것이 외려 이상한 것이라고 말해줬다. 내가 이렇게 말한 목적은 위엔위엔의 불안감을 덜어주고 이성에 호감을 갖거나 다른 사람이 자신에게 호감을 갖는 것이 건강하고 정상적인 일이란 걸 알려주기 위해서였다.

사춘기 청소년은 이성에게 호감을 느낄 때 불안감과 자책감, 심하게는 죄책감까지 느끼는데 이런 감정은 이성에 대한 관심을 떨어뜨리기는커녕 더 자극한다. 아이가 부모와 학교의 억압에 이성을 좋아하는 것을 불결하고 비도덕적인 것으로 생각하게 되면 부모의 말을 안 듣고 제멋대로 행동할뿐더러 정신적으로 방황하고 자아를 업신여기게 된다. 아이는 자신을 존중하고 사랑해야 한다. 사춘기에 이성 친구를 만나는 것을 정상이라고 생각하면 자신감이 생기고 이성적으로 생각하며 행동하고 자제한다.

내가 아는 어떤 엄마는 딸이 중학교 2학년인데 얼굴도 예쁘고 공부도 잘한다. 그녀는 딸이 일찍 연애를 시작해 공부를 소홀히 할까봐 아이가 중학교에 입학하자마자 철통같이 감시했다. 남학생에게 전화 오면 누구냐고 꼭 묻고, 학교를 마치고 조금만 늦게 돌아오면 어디서 뭘 하다 늦었냐고 꼬치꼬치 캐묻고, 선생님에게 전화를 걸어 아이의 말이 사실이냐고 물었다. 그녀는 딸과 냉랭한 사이였다.

그녀는 딸을 안전하게 보호하고 행적을 파악하기 위해서 딸에게 휴대전화를 사줬는데 어느 날 딸아이의 휴대전화를 몰래 검사하다가 몇몇 남학생과 친하게 지내는 것을 발견하고 화가 나서 휴대전화를 압수했다. 딸은 이에 아랑곳하지 않고 학교에 가서 친구들에게 휴대전화를 빌려 남학생들과 계속해서 연락을 주고받았다. 그녀가 친구의 휴대전화까지 빼앗자 딸은 수업을 마친 뒤에 모르는 번호로 지금 매우 화가 났고 저녁 때 집에 안 들어갈 것이라고 문자메시지를 보내고 휴대전화를 껐다. 딸을 찾느라 밤새 한숨도 못 잔 그녀는 이튿날 새벽부터 학교에 찾아가 책가방을 메고 등교하는 딸에게 간밤에 어디 있었냐고 물었지만 딸은 대답하지 않았다. 그녀는 머리 끝까지 화가 나 담임선생님을 찾아가 딸이 간밤에 집에 들어오지 않았다고 말했고 담임선생님은 주임선생님을 찾아가 이 일을 보고했다. 그러자 주임선생님은 즉각 회의를 열어 지난밤에 2학년 여학생이 외박을 한 사실이 있으니 각 반의 담임선생님들은 학생 단속을 더욱 강화하라고 지시했다.

훗날 '심문'과 조사 끝에 그녀의 딸은 홧김에 PC방에서 밤새 놀았고 엄마를 놀라게 하려고 일부러 연락을 하지 않은 것으로 밝혀졌다. 딸의 소심한 복수일 뿐이었지만 이튿날 그녀의 딸이 학교에 등교했을 때 모든 것이 달라져 있었다. 마치 밤새 이상한 짓이라도 한 것 마냥 친구들이 다들 이상한 눈으로 쳐다보는 것이다. 그녀는 괜히 일을 크게 만든 것을 후회했지만 이미 일을 수습하기에 너무 늦어 어쩔 수 없이 딸을 다른 학교로 전학시켰다.

전학간 뒤에도 그녀는 딸에게 남학생과 친하게 지내지 말라고 요구했다. 친한 친구 한 명 없는 낯선 환경에 덩그러니 던져진 딸은 새 학교에 쉽게 적응하지 못해 성적이 떨어졌다. 힘든 상황에서 고학년 남학생이 관심을 보이자 진짜 '연애'를 시작했고 결국 온 집안을 시끄럽게 만들더니 집을 나가버렸다. 그녀는 마음이 아프고 절망했지만 할 수 있는 것이 아무것도 없었다.

이 사례를 통해서 우리는 아이가 어린 나이에 '연애'를 할 때 부모가 두 가지 상황을 만들 수 있다는 것을 알 수 있다. 첫 번째는 상황을 조용히 수습하는 것이고 두 번째는 더 자극하고 악화시키는 것이다. 모든 부모는 첫 번째 상황을 바란다. 하지만 안타깝게도 현실에서 대다수의 부모는 아이의 이성교제를 막으려고 잘못된 방법을 동원했다가 결국 아이를 궁지로 내몰고 소용돌이에 휘말리게 하는 두 번째 결과를 초래한다.

미국의 정신분석학자 에리히 프롬은 "아이의 의지를 동요시키는 가장 효과적인 방법은 죄책감을 느끼게 하는 것이다"라고 말했다. 부모의 가장 큰 실수는 성인의 통속적인 관념으로 아이의 정상적인 행위를 나쁘게 보고 인위적으로 죄책감을 느끼게 만들어 스스로 헤어나올 수 없는 상황으로 아이를 몰아넣는 것이다.

일전에 어떤 엄마에게 문자메시지를 받았다. 그녀는 초등학교 3학년짜리 딸에게 '남자 친구'가 있는데 어떻게 해야 되냐고 물었다. 난 바로 전화를 걸어 남자 친구가 있는 게 어떠냐고 말했다. 그 엄마는 고민을 털어놓았다.

딸아이를 같은 학년 다른 반에 있는 남학생이 방과 후에 자주 불러

내는데, 둘은 만나면 주로 대화를 나눴다. 딸아이 생일 때 친구들을 맥도날드로 초대한 김에 그 남학생도 불렀는데 딸아이에게 선물도 하고 둘이 문자메시지도 주고받았다. 딸아이의 문자메시지를 몰래 조사한 결과 그 남학생에게 온 문자메시지가 가장 많고 내용도 다정한 것으로 봐서 서로 호감을 가지고 있는 것 같았다. 난 그녀에게 '남자 친구'라는 말에는 특정한 뜻이 있는데 어떻게 이런 일을 가지고 그 남학생을 딸아이의 '남자 친구'라고 부를 수 있냐고 물었다. 사실 아이들 사이에 아무 일도 없는데 그녀는 괜히 혼자 앞서나가 아이들이 이성교제를 한다고 단정지었다.

    물론 그녀의 마음을 이해 못하는 건 아니다. 그녀는 간섭하지 않으면 딸과 그 남학생의 사이가 발전해서 둘이 진짜 '연애'를 해 학업에 지장이 생길까봐 걱정했다. 난 간섭하되 막무가내로 하지 말고 먼저 마음속의 세속적인 때부터 깨끗이 씻고 간섭하라고 했다. 훗날 그녀는 내가 제안한대로 딸과 솔직하게 대화를 나눠 좋은 효과를 거뒀다.

    그녀는 먼저 딸을 있는 그대로 인정하고 딸에게 말했다.

    "지금 나이에 이성에 관심을 갖는 건 정상이야. 몸과 마음이 건강하게 발달하고 있다는 증거니까. 만약에 어떤 남학생이 널 좋아한다면 네가 귀여워서일 거야. 네가 남학생에게 호감을 느끼면 그건 네가 다른 사람을 좋아할 줄 아는 사람이라는 뜻이고. 중학생이 되면 이성에 막 눈을 뜨기 시작해. 넌 귀여워서 앞으로 널 좋아한다고 말하는 남학생을 많이 만날 텐데 그 친구들에게 고마워해야 해. 아마 네게도 좋아하는 남학생이 생기겠지? 사람은 저마다 서로 다른 장점을 갖고 있어. 사람은 뛰어난 면이 있는 사람을 좋아해. 생각해봐. 공부도 못하고 품격도 없고 능력도 보통인 사람을 누가 좋아하겠니? 중학생에게 가장 중요한 건 공부야. 품격과 능력은 학식이 있어야 생겨. 공부를 열심히 하면 장점이 많아져서 사람들에게 사랑 받고 너도 다른 사람을 더 사랑하게 돼."

훗날 그녀는 내게 전화를 걸어 딸이 매우 기뻐했다고 전했다. 딸은 누가 자신에게 쪽지를 주고 문자메시지를 보내면 괜찮은 아이인지 엄마에게 수시로 얘기하고 그 남학생과도 다른 친구들과 별 차이 없이 여전히 친하게 지냈다. 그녀는 이 일을 통해서 부모가 마음을 태양처럼 밝히면 자녀의 마음도 태양처럼 밝게 빛난다는 사실을 깨달았다.

사실 내가 여기서 말하고 싶은 건 이성교제에 대한 교육을 어떻게 하라는 것이 아니라 부모는 맑은 눈으로 아이를 대하고 건강한 신념으로 아이를 이해해야 한다는 것이다. 많은 아이들이 성격과 행동에 차이가 나는 가장 중요한 원인 중의 하나는 끊임없이 어른에게 '쓰레기 사고'의 침해를 받기 때문이다. 쓰레기 사고는 마치 기업이 생산량을 높이는 것만 신경 쓰고 유독가스와 오염된 물을 멋대로 배출하는 것과 같아서 아이 본연의 순수하고 깨끗한 세계를 서서히 오염시키고 생산성을 떨어뜨린다. 아이의 이성교제를 포함한 다방면의 쓰레기 사고는 아이를 '돌연변이'로 만든다.

어떤 엄마는 아들이 어릴 때부터 마치 도둑질을 예방하는 것처럼 돈 관리를 엄격하게 했다. 그녀는 아들이 돈에 손을 댈까봐 기회만 있으면 무의식적으로 집안의 모든 돈을 아들이 모르는 곳에 숨겼다. 또 아들이 학교에서 돌아와 뭘 사고 싶다고 말하면 의심하는 말투로 "애들 물건이 그렇게 비쌀 리가 있나. 얼마인지 사실대로 말하지 못해?"라고 윽박질렀다. 지갑을 내줄 때도 반드시 "엄마가 얼마 더 꺼내 가나 볼 거야. 돈 더 꺼내 가지마"라고 말했다. 그녀의 불신과 엄격한 감시 탓에 그녀의 아들은 반대로 부모를 감시하는 취미와 능력이 생겼다. 초등학교에 들어간 뒤에 그녀의 아들은 집안의 돈을 훔치기 시작했다. 어느 날 아빠와 ATM기에 돈을 찾으러 갔는데 아빠가 비밀번호를 누르는 것을 보고 적어놨다가 몰래 집에 있는 은행카드를 훔쳐 한 달 동안 세 번에 걸쳐 2천 위안(약 330만 원)을 인출해 모조리 썼다. 아들이 돈을 훔칠 때마다 그녀는 아들을 흠씬 두들겨 패고 어쩌다 저런 도둑놈을 낳았는지 모르겠다고 한숨을 쉬었다. 아들이 나쁘게 변할까봐 줄곧 돈에 손을 못 대게 예방했는데 어떻게 반대로 변했는지 도무지 이해가 되지 않았다.

위의 사례와 비교할 것은 내 친구의 이야기다.

그녀는 초등학교 3학년짜리 아들이 있는데 사정이 있어서 중간고사를 보지 못했다. 그래서 아들이 시험을 볼 수 있게 학교에서 각 과목의 시험지를 얻어와 학교에서 보는 것과 똑같이 집에서 시험을 보게 했다. 그녀는 아들에게 시험지를 나눠주며 아들을 감독할지 또 몰래 훔쳐보지 못하게 방안의 책을 모두 걷어갈지 망설였다. 평소에 성적이 나쁜 편이라서 분명히 못 푸는 문제가 있을 텐데 혹시 몰래 시험지의 답을 찾아보지 않을까 의심했다.

잠시 고민 끝에 아들을 믿기로 결심하고 "지금부터 혼자 시험 보는 거야. 시간 다 되면 그만 풀어야 돼"라고 말하고 다른 말은 하지 않은 채 방문을 닫았다. 기특하게도 아들은 자신이 어떻게 해야 하는지 정확히 알고 학교에서 시험 볼 때처럼 시간이 다 되자 더 이상 문제를 풀지 않았다. 아예 '커닝'이 무엇인지도 모르는 것 같았다. 그녀는 관찰을 통해서 아들이 모르는 문제가 나와도 책을 찾아볼 생각조차 안 했다는 것을 알 수 있었고 아들의 순수함에 감탄하며 좀 전에 "시험 볼 때 책 보려면 봐. 하지만 그러면 엄마는 앞으로 널 안 믿을 거야"라고 말하지 않은 것이 천만다행이라고 생각했다.

사람은 쉽게 암시를 받는다. 때문에 행동이 바르고 착하고 친절하다는 암시를 받으면 서서히 자아가 긍정적으로 변하고 성격과 행동이 건강한 방향으로 발전하고, 문제아라는 암시를 받으면 끝없이 자아를 부정하고 자신감을 잃고 나쁜 방향으로 '미끄러'진다.

연구에 따르면 사람의 외모도 암시를 받으면 변한다. 평범하게 생긴 사람이 부러운 눈길을 많이 받으면 조금씩 눈부신 외모로 변하는 것과 반대로 잘생긴 사람이 끊임없이 멸시를 받으면 죽은 나무처럼 활기가 없어진다. 따라서 부모가 건강한 시각과 마음으로 대하면 아이의 몸과 마음도 건강하게 자란다.

전에 이런 고사를 읽었다. 소동파가 불인선사와 대화를 나누다가 "대사님, 제 앉은 자세가 어떻습니까?"라고 물었다. 불인선사는 "마치 부처 같습니다"라고 답했고 소동파는 매우 기뻐하다가 장난스럽게 웃으며 말했다. "제가 보기에 대사님이 앉아 있는 모습은 꼭 소똥 무더기 같습니다." 불인선사는 화를 내지도 반박하지도 않고 그저 미소를 지었다. 소동파는 자신이 불인선사를 이겼다고 생각하고 집에 돌아와 여동생에게 한껏 자랑했다. 그러자 여동생이 말했다.

"오라버니, 지셔도 아주 처참하게 지셨어요. 불인선사님은 마음에 여래불(부처를 달리 이르는 말)이 있어 오라버니가 부처처럼 보인다고 말씀하셨고, 오라버니는 마음에 소똥이 한 무더기 있어 다른 사람도 소똥으로 보신 거예요."

아이를 소똥 무더기의 마음으로 보지 마시라. 아이에게 끊임없이 부정적인 암시를 하면 아이 내면의 순수함과 깨끗함이 파괴되고 아이의 말과 행동이 그릇된 길로 빠진다. 꼭 알아야 할 것은 아이는 불인선사의 내공이 없다는 것이다.

아이는
실수하며 성장한다

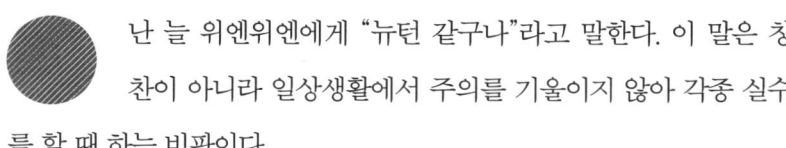 난 늘 위엔위엔에게 "뉴턴 같구나"라고 말한다. 이 말은 칭찬이 아니라 일상생활에서 주의를 기울이지 않아 각종 실수를 할 때 하는 비판이다.

"뉴턴 같구나"는 위엔위엔이 어릴 때 읽은 이야기에서 비롯됐다. 뉴턴은 늘 실험에 빠져 살았는데 어느 날 점심에 친구들을 초대했다. 친구들은 뉴턴이 오기를 목이 빠지게 기다렸다. 하지만 끝내 오지 않자 자기들끼리 농담을 하며 하인이 내온 점심 만찬을 먹고 먼저 자리를 떴다. 뉴턴은 뒤늦게 실험실에서 나와 식탁 앞에 갔다가 빈 접시가 가득한 것을 보고 혼잣말로 "내가 점심을 먹었구나"라고 말하고 다시 실험실로 돌아갔다.

천재는 어떤 일에 너무 몰두해 일상생활에서 어리석은 실수를 종종 저지르고 재밌거나 화가 나는 일을 만들어 유명한 일화를 남긴다. 하지만 주변에서 누가 그런 실수를 하면 사람들은 대부분 "정신을 어디에 팔았어?" "멍청이"라고 말하며 화를 내고 그 사람을 무시한다. 특히 이 문제는 아이를 교육할 때 더 많이 일어난다.

대부분의 아이들은 유년 시절에 한 가지 이상의 일에 빠져 지낸다. 온 마음을 다해 병아리가 어떻게 태어났는지 생각하느라 엄마가 밥 먹으라고 여러 번 불러도 못 듣고, 신나게 노느라 화장실 가는 것도 잊고 바지에 오줌을 싸고, 재밌는 그림책을 보느라 숙제하는 것을 잊는다. 천명의 아이가 있으면 천 가지의 몰입이 있다. 하지만 이런 일은 어른의 눈에 간단하고 지루해 보인다. 아이는 유치하고 경험이 부족해서 웃음이 절로 나는 일을 하고 말썽도 자주 일으킨다.

부모가 아이의 실수를 어떻게 대하느냐는 아이에게 큰 영향을 주는 큰일이다.

내 친구가 못 다 이룬 문학의 꿈을 말하며 들려준 이야기다. 친구는 중학교 때 한 손으로 풀무를 돌리며 만두를 찌고 다른 한 손으로 소설책을 들고 읽다가 너무 집중한 나머지 몇 번이나 불씨를 꺼트려 아버지에게 실컷 욕을 먹고 매를 맞았다고 한다. 벌써 30년이 지난 일인데도 이 일이 자신의 심리건강과 꿈을 실현할 경험을 쌓는 데 부정적인 영향을 미쳤다고 괴로워했다. 온갖 실수를 저질러도 어머니가 이해하고 응원해준 에디슨의 상황과 비교하면 아이가 인재가 되느냐 못 되느냐는 부모가 사소한 일을 어떤 태도로 처리하느냐가 매우 중요하다는 것을 알 수 있다.

사실 아이가 무의식중에 저지른 작은 실수를 부모가 어떤 태도로 처리하느냐는 가정교육의 큰 문제이다.

위엔위엔도 평범한 아이인지라 다른 아이들처럼 작은 실수를 자주 했다. 예컨대 비싼 전자사전을 샀더니 며칠도 안돼 잃어버리는가 하면 계란 프라이를 할 때 안의 액체를 쓰레기통에 쭉 따라버리고 껍질만 들고 있다가 자신이 무슨 일을 벌였는지 뒤늦게 깨닫기도 했고, 가위를 공구함에 넣으라고 시켰더니 손에 들고 집안을 한 바퀴 빙 돌고 와 왜 자기에게 가위를 줬냐고 물었다. 그때마다 난 어찌해볼 도리가 없어 그저 "꼭 뉴턴 같구나"라고 말했다.

'뉴턴 행위'는 종종 날 혼란스럽게 만들었다. 위엔위엔은 기숙형 중학교에 진학해 일주일에 한 번 집에 왔다. 처음 얼마간은 주말에 집에 왔다 가면 꼭 필요한 물건을 두고 가 다시 가져다달라고 전화했다. 학교가 너무 먼지라 반나절 만에 갈 수 없어 회사에 휴가를 내고 가야 했다. 우리 부부는 화가 났지만 꾹 참고 바쁜데 이런 식으로 시간을 낭비하게 돼 속상하다고 말했다. 이렇게만 말해도 충분했다. 위엔위엔도 우리에게 전화할 때 자신이 덤벙거려서 부모에게 폐를 끼쳤다고 생각했으리란 걸 잘 안다. 이런 상황에선 나무랄 필요가 없다. 외려 나무라면 아이가 변명만 하고 반성하지 않는다.

우리 부부는 위엔위엔이 집에 다녀갈 때마다 혹시 뭘 또 빠뜨려 학교에 가져다줘야 하는 것 아닌가 걱정했지만 직접 물건을 챙겨주지 않고 "필요한 물건이 뭐가 있나 잘 생각해서 챙겨가"라고 당부만 했다. 그러자 위엔위엔은 점차 물건을 두고 가지 않고 필요한 것을 잘 챙겼다. 위엔위엔은 작은 수첩에 꼭 해야 할 일을 적어뒀다가 학교에 돌아가기 전에 다시 한 번 수첩을 꺼내 안 한 일이 있는지 확인했다.

사람은 저마다 부족한 부분이 모두 다르다. 이것은 부모의 가정교육과 관계가 있는데 위엔위엔은 요리나 일상생활을 하는 부분에는 소질이 없다. 또한 천성과도 관계가 있어 그 사람의 능력과 약점이 특정 부분으로 안 나타날 수도 있다. 우리 부부는 그 점을 머리에 새겨 위엔위엔의 부족한 부분을 받아들이고 약점을 극복할 수 있게 도왔다. 하지만 직접 팔을 걷어붙이고 나서 위엔위엔에게 이것 해라 저것 해라 시키지 않았다. 부모가 아이를 평생 도울 수 없다는 걸 잘 알기에 우리는 최대한 위엔위엔이 스스로 하게 했다. 우리는 그저 인내심만 발휘하고 위엔위엔이 일을 엉망진창으로 만들어도 지켜만 봤다.

아이가 주도면밀하게 생각하지 못할까봐 어른이 대신 챙기고 주시하는 것은 얼핏 아이를 도와주는 것 같지만, 멀리 보면 아이를 망치는 것이다. 아이는 스스로 생각하고 행동할 때 실수를 통해서 서서히 잘하는 법을 배운다.

위엔위엔이 막 고등학교에 입학했을 때 아침마다 집에 자전거 열쇠와 시계를 두고 나가 불편을 겪었다. 우리 부부는 늘 위엔위엔에게 "자전거 열쇠 가져가" "시계 차고 가"라고 말했다. 그런데 얼마 지나지 않아 이것이 좋은 방법이 아니라는 생각이 들었다. 위엔위엔이 우리에게 의지해 스스로 챙길 생각을 안 했기 때문이다. 내가 위엔위엔에게 집에 올 때 자전거에 체인을 채우고 열쇠를 가방에 넣으면 이튿날 가방을 메기만 해도 자동으로 열쇠는 챙길 수 있으니 자전거 열쇠를 탁자 위에 아무렇게 놓지 말고 시계도 책가방에 넣어두라고 했다. 위엔위엔은 건성으로 대답하고 계속해서 자전거 열쇠와 시계를 탁자 위에 아무렇게 나 놓았다.

어느 날 위엔위엔은 자전거 열쇠를 집에 두고 가는 바람에 체인을 잠그지 않고 자전거를 그냥 세웠다가 선생님에게 걸렸다. 자전거는 반드시 체인을 채워야 한다는 학교 교칙을 어긴 것이다. 위엔위엔은 반성문을 썼고 이로 인해 위엔위엔의 반 학급 평가 점수도 덩달아 깎였다. 위엔위엔은 이 일로 매우 괴로워했다. 잔소리를 하고 싶었지만 "그러게 엄마가 책가방에 넣어두라고 몇 번을 말했어"라고 말하지 않고 농담으로 뉴턴처럼 행동하면 꼭 실수한다고 말했다. 그리고 교칙대로 강당을 청소해서 깎인 학급 평가 점수를 다시 높이라고 격려했다. 난 위엔위엔이 쓴 반성문을 사진기로 찍어 지금부터 '뉴턴 박사'의 자료를 수집하겠다고 놀렸다. 나중에 위엔위엔이 유명해지면 이것도 재밌는 일화가 되지 않을까?

우리 부부는 위엔위엔이 이 일로 속상해하지 않게 신경 썼다. 위엔위엔은 강당을 청소해서 자기 때문에 깎인 학급 평가 점수를 다시 올렸다. 그리고 다시는 자전거 열쇠와 시계를 잃어버리지 않았다.

부모가 무조건 아이를 꾸짖으면 안 되는 것은 아니다. 하지만 방법에 주의해야 한다. 상처를 입으면 아픈 것처럼 아이는 실수나 잘못을 저지르면 부모가 말하지 않아도 미안함, 죄책감, 고통을 느낀다. 이때 부모가 아이의 심리를 살피지 않고 무서운 얼굴로 "진즉 엄마, 아빠가 어떻게 하라고 했지?"라고 잔소리하면 아이가 체면을 상하고 괴로워한다. 그러면 아이는 자신의 체면을 보호하고 잔소리에 대한 불만을 표현하기 위해서 일부러 말대꾸를 하고 부모의 말에 개의치 않는 태도를 취한다.

만약에 부모와 자녀 간에 늘 이런 식의 꾸짖고 반항하는 상황이 일어나면 나중에 아이가 정말로 자신의 잘못을 모르고 부모의 말을 귀담아 듣지 않게 된다.

많은 부모는 아이가 실수를 하면 대화로 풀어야 한다는 사실을 잘 안다. 하지만 갑작스럽게 일이 일어나면 조건반사적으로 아이에게 "내가 진즉에 얘기했잖아. 내 말 안 듣더니 결국" "왜 이렇게 덜렁대"라고 말하며 화를 냈다가 후회하고 그러다 다음번에 같은 일이 일어나면 또 못 참고 화를 낸다. 어떤 부모는 괜히 성격이 나쁜 탓을 하며 화낸 것에 대한 책임을 안 지려고 한다. 부모에게 나쁜 성격은 그저 작은 흠에 불과하다. 하지만 아이에게 나쁜 영향을 줘 사소한 실수를 고질병으로 굳히고 성격을 난폭하고 고집스럽게 만들고 아이가 같은 실수를 또 저지르게 한다.

부모는 아이가 성장하는 데 반드시 '실수'가 필요하다는 것을 인식해야 한다. 아이가 생활 속에서 직접 얻은 경험과 교훈은 부모가 백 번 말한 이치보다 인상이 더 깊게 남는다. 실수는 성장할 때 반드시 받아야 하는 수업이다. 이 수업을 받으면 하나를 들으면 열을 알고 스스로 생각하고 자아를 완성하는 능력이 생긴다. 부모는 실수의 가치를 이해하고 아이가 성장하는 데 '실수'와 '성취'가 교육적으로 똑같은 기능을 발휘한다는 것을 알아야 한다.

아이의 실수로 시간을 낭비하고 경제적으로 손해를 본 것은 아이를 키우는 수업료를 냈다고 생각하면 된다. 이 수업료는 아이를 성장, 성공, 인재가 되는 길로 이끈다. 아이가 새로 산 장난감 자동차를 망가뜨려도 이것이 우주선을 만드는 흥미와 잠재력을 키우는 계기가 될 수 있고, 요리를 하다가 냄비를 태워도 나중에 요리 고수가 될 수 있다. 정확하게 아이에 관한 관점을 세우고 기대하는 마음으로 아이의 '저지레'를 보면 '저지레'가 나쁜 일이 아니라 좋은 기회라는 것을 알 수 있다. 또한 마음을 이렇게 먹으면 화가 나지 않는다.

"뉴턴 같구나"는 부모가 아이를 어떻게 이해하느냐의 문제기도 하고 어떤 방식으로 아이를 꾸짖고 교육하느냐의 문제기도 하다. 사람들은 흔히 말을 잘 하느냐 못 하느냐는 무엇을 말하느냐가 아니라 어떻게 말하느냐에 달려 있다고 말한다. 부모가 아이를 나무랄 수 있다. 하지만 아이의 자존심을 보호하고 자립심과 능력을 키우려면 반드시 적합한 방식으로 나무라야 한다. 아이의 자존심, 자립심, 능력을 훼손하는 비판 방식은 좋지 않으므로 철저히 경계해야 한다.

"뉴턴 같구나"처럼 원래 화를 내야 할 안 좋은 일을 농담으로 푸는 비판 방식을 이용하면 아이가 자존심 상하는 일 없이 자신의 잘못을 잘 깨닫는다. 이 말은 아이를 이해하고 아이의 재능에 상을 주는 의미도 있어 아이가 비교적 말을 잘 듣는다.

설령 아이가 평생 일을 야무지게 못하고 뉴턴 같은 버릇을 못 버려도 큰일로 여길 필요는 없다. 그냥 그 버릇을 인정하시라. 부모도 똑같이 단점이 있고 때때로 실수하지 않는가? 나도 운동복을 입고 밖에 뛰러나갔다가 바지가 어딘지 모르게 불편해서 집에 돌아와 보니 바지를 거꾸로 입질 않았나, 새로 산 옷을 환불하러 갔는데 옷을 안 가져오지 않았나, 몇 번이나 우스운 실수를 했는지 모른다. 이런 실수는 피부처럼 내 몸에 딱 붙어 좀처럼 떨어지지 않는다. 남편과 위엔위엔도 실수를 하는데 그때마다 우리 가족은 자신들의 실수에 "뉴턴 같구나"라고 말하며 웃는다. 우리 집에서 '뉴턴' 같은 실수는 재밌는 일이라서 무시나 배척을 당하지 않는다.

아이들 중에는 진지하고 꼼꼼한 아이도 있고, 덤벙거리는 아이도 있고, 영리하고 재능이 뛰어난 아이도 있고, 행동이 굼뜬 아이도 있고, 어릴 때부터 일상생활의 사소한 일을 주의 깊게 보고 잘 표현하는 아이도 있고, 조용히 생각하는 것을 좋아해 온종일 꿈을 꾸듯 하늘을 나는 상상을 하는 아이도 있는 등 아이들의 상태는 모두 조금씩 다르므로 차이를 인정해야 한다. 차이는 사회를 더욱 다양하고 풍부한 색깔로 만든다.

완벽을 추구하는 부모는 아이의 일거수일투족을 감시하고, 아이가 실수하거나 능력을 제대로 발휘하지 못하면 발을 동동 구르며 무슨 수를 써서라도 아이를 바꾸려고 한다. 이때 이들이 사용하는 방법이 이렇게 저렇게 하라고 잔소리하는 것이다. 잔소리를 해도 아이가 또다시 같은 실수를 저지르면 얼굴을 확 찌푸리는데, 이것은 사실상 가혹한 부모로 돌변한 것이나 다름없다.

만약에 뉴턴이 일상생활에서 사소한 실수로 온종일 꾸중을 들었으면 과학자 뉴턴이 됐을까? 에디슨이 하루 종일 원망을 받았으면 발명왕 에디슨이 됐을까?

아이가 덜렁대다가 저지른 실수는 부모가 도덕적인 문제를 꼬집어 꾸짖고 화를 내지 않아도 된다. 심지어 언급조차 안 해도 된다. 아이는 실수하는 과정에서 이미 불편함과 손해를 느끼고 다음부터 어떻게 해야겠다는 것을 배운다. 물론 부모의 경험을 아이에게 말해줄 수도 있지만 아이가 경험을 쌓고 성장할 수 있게 인내심을 갖고 기다려야 한다. 또는 기회를 만들어 집중하지 않으면 어떤 쓴맛을 보는지 알려주는 것도 좋다. 자신을 사랑하고 존중하며 경험이 풍부한 아이는 마땅히 배워야 할 것이 있으면 배우고 주의해야 할 것이 있으면 주의한다.

만약에 선천적으로 어떤 방면에 능력이 떨어지게 태어난 것이라면 부모가 잔소리를 하고 주의를 줘도 달라지지 않는다. 외려 끝없는 잔소리가 그 방면의 능력을 더 떨어뜨리고 열등감을 높인다. 아이를 이해하려면 장점만 칭찬하지 말고 단점을 잘 대해야 한다. 늘 뉴턴을 보는 눈으로 아이를 보면 아이가 점점 뉴턴을 닮아간다.

'실수 기록장'이 아닌
'칭찬 기록장'을 만든다

위엔위엔이 네 살 때 잘한 일을 전문적으로 기록하기 위해서 공책을 준비했다. 공책은 작은 것으로 준비했고, 한 장에 잘한 일을 한 가지씩만 간단하게 몇 글자로 적었다. 예컨대 '장난감을 치웠다' '쓰레기를 쓰레기통에 버렸다' '스스로 이야기를 만들었다' '밤에 혼자 주방에 불을 켜고 이쑤시개를 가져왔다' '시계 보는 법을 배웠다' 등 쪽마다 빨간 펜으로 꽃송이를 작게 그려주는 식으로 위엔위엔을 격려했다. 우리 부부는 이 공책을 '칭찬 기록장'이라고 불렀다. 난 칭찬 기록장에 잘한 일을 하나씩 추가할 때마다 위엔위엔이 매우 기뻐하는 것을 발견했고 위엔위엔은 가끔씩 자신이 빨간 꽃을 몇 송이나 얻었는지 숫자를 셌다.

이 방법은 아이가 잘 자라는 데 많은 도움을 준다. 첫 번째로 아이가 자신이 칭찬 받은 것을 영광스럽게 생각한다. 두 번째로 칭찬 기록장에 적는 것은 깨우치는 작용이 있어서 아이가 까먹지 않고 다시 칭찬 받기 위해서 노력한다. 세 번째로 위엔위엔이 자신이 잘한 일을 기억할 수 있거니와 빨간 꽃의 개수를 세는 김에 자신의 '업적'을 읽으며 많은 글자를 공부할 수 있다.

위엔위엔이 초등학교에 들어간 뒤에는 담임선생님이 종이에 빨간 꽃 도장을 찍어줬는데, 빨간 꽃 도장을 열 개 모으면 스마일 마크 하나와 교환할 수 있었다. 교실 뒤편의 게시판에서 이름 밑에 스마일 마크가 가장 많은 학생은 그 반에서 좋은 일을 가장 많이 했다는 뜻이나 마찬가지였다. 위엔위엔은 초등학교를 다니는 내내 게시판에 이름을 올렸고 스마일 마크도 반에서 1, 2등을 다투며 많이 받았다. 우리 부부는 내심 기뻤지만 그렇다고 위엔위엔이 스마일 마크를 받은 것을 과장해서 대단하게 생각하지 않았다. 스마일 마크를 받는 것은 정상적인 상태라서 굳이 언급할 가치가 없었다. 또한 만에 하나 칭찬했다가 위엔위엔이 다른 친구들보다 스스로 우월하다고 생각하고 스마일 마크를 받기 위해서 일부러 좋은 일을 할까봐 걱정했다. 그러는 것은 억지스럽고 조화롭지 않기 때문이다.

우리 부부는 계속해서 칭찬 기록장에 기록할 수 있는 항목을 늘렸지만 딱 한 가지, 시험을 잘 본 것은 기록하지 않았다. 초등학교 땐 아이의 학습 흥미를 보호하는 것이 가장 중요하다. 부모가 아이의 시험 점수와 등수에 지나치게 관심을 가지면 아이가 학습에 흥미를 잃는다. 이미 담임선생님이 성적의 중요성을 충분하게 강조한 상황에서 부모까지 장단을 맞추는 것은 아이의 학습에 도움이 안 될뿐더러 외려 역효과만 일어난다.

따라서 초등학교 땐 '엄마 대신에 설거지를 깨끗하게 했다' '얼후를 잘 연주했다' '두부 써는 법을 배웠다'와 같이 사소한 내용을 적는 것이 좋다. 난 학기말이 돼도 잊지 않기 위해서 위엔위엔이 한 학기 동안 어떤 상을 받았는지 일일이 적었다. 이밖에 위엔위엔이 지은 시도 적었는데, 매우 유치하지만 동심을 엿볼 수 있어서 좋았다.

위엔위엔은 열 살 때 중학교에 입학하는 동시에 기숙사에 들어가서 일주일에 한 번씩 집에 왔다. 주말에 집에 온 뒤에 위엔위엔은 첫째 주는 새로운 생활이 낯설어서 집을 생각하며 자주 울었지만 둘째 주는 한 번도 안 울었다고 말했다. 난 얼른 칭찬 기록장에 '기숙사 생활 2주 만에 안 울었다'고 적었다.

중학교 때 위엔위엔의 '공적'은 '이불을 잘 개서 선생님께 칭찬을 받았다' '스스로 옷을 깨끗이 빨았다' 등과 같이 대부분 학교생활과 관계있었다. 난 외적인 성장은 물론이거니와 내적인 발전과 성장도 칭찬 기록장에 모두 기록했다. 한 번은 어떤 일을 두고 위엔위엔과 갑론을박하다가 둘 다 기분이 몹시 불쾌해졌다. 하지만 위엔위엔은 자신의 관점을 일방적으로 주장하지 않고 생각하며 변론하다가 내 말에 일리가 있으면 변론을 멈추고 나와 생각을 정리했다. 이것은 위엔위엔이 성숙하고 남을 생각하는 미덕이 있었기에 가능했다. 그래서 난 이 일을 칭찬 기록장에 적고 옆에 빨간 꽃을 그렸다. 이 일을 통해서 위엔위엔은 변론은 옳고 그름을 가리기 위해서 하는 것이지 상대방을 굴복시키기 위해서 하는 것이 아니라는 것을 확실하게 배웠다.

위엔위엔이 사춘기에 접어들어 자기 생각과 개성이 뚜렷해지고 성숙해지자 다 큰 아이에게 빨간 꽃을 그려주는 것이 유치하게 느껴졌다. 우리 부부는 위엔위엔이 이미 개성, 생각, 학습 방면에서 안정적인 상태를 보이기에 대화에 더 신경을 쓰기로 결정하고 중학교 2학년 때부터 칭찬 기록장 작성을 자연스럽게 그만뒀다.

위엔위엔이 대학생이 된 지금 칭찬 기록장은 우리 집의 '보물'이요, 위엔위엔이 행복하게 성장한 증거가 됐다. 지금 생각하면 칭찬 기록장을 만든 것은 잘한 일이었다. 우리 부부는 단 한 번도 돈으로 아이를 격려한 적이 없다. 우리 부부가 격려할 때 이용한 것은 작은 공책에 빨간 꽃을 한 송이 그려준 것이 전부였다. 빨간 꽃은 돈으로 계산할 수 없는 가치가 있고 귀중해서 아이가 좋은 성품을 키우는 데 많은 도움이 됐다.

아이도 어른처럼 인정과 격려를 받는 것을 좋아한다. 인정과 격려를 받는 환경에서 아이들은 더 쉽게 자신감을 갖고 발전한다. 많은 부모가 물질로 아이를 격려하는 잘못을 저지르는데 이것은 아이를 잘 이해하지 못한다는 뜻이다. 요즘 아이들은 물질적으로 풍족하게 자라서 물질로 격려해도 효과가 크지 않고, 설령 일시적으로 만족감을 느껴도 효과가 오래가지 않는다. 하지만 정신적인 즐거움과 성취감은 아이에게 진정한 행복과 삶의 원동력을 안겨준다.

내가 이 방법을 다른 학부모들에게 말하자 어떤 학부모가 말했다. "선생님 딸은 어려서부터 뭐든지 잘했잖아요. 우리 아이는 날마다 내 속을 얼마나 썩이는데요. 뭘 적으려고 해도 도무지 칭찬할 게 없어요." 이것은 정말 잘못된 생각이다.

사실 모든 아이는 저마다 장점이 있고, 아이의 특징은 종종 장점인 경우가 많다. 장점은 아이의 마음에 뿌려진 씨앗이라서 물과 비료를 적당하게 줘야 뿌리를 내리고 싹을 틔우고 꽃을 피우고 열매를 맺는다. 하지만 안타깝게도 많은 부모는 아이의 장점을 발견하지 못하고 단점만 속속들이 발견해서 온종일 아이에게 비판과 명령을 한다. 아이의 마음속에 자라던 장점의 씨앗은 우박, 바람, 서리를 맞으면 잘 자라지 못하고 시들거리다가 죽는다. 무수한 아이들이 장점을 발전시키지 못하고 결국에 단점만 수두룩한 아이가 되는 이유도 이 때문이다.

"세상에 아름다움은 부족하지 않다. 다만 부족한 것은 아름다움을 발견하는 눈이다"는 말이 있다. 만약에 시간이 부족해서 아이가 잘한 일을 공책에 기록할 수 없으면 적어도 마음에 칭찬 기록장을 만들자. 아이는 부모가 마음속으로 칭찬거리를 기록하느냐 안 하느냐를 부모의 눈빛과 말을 통해서 느낀다. 부모가 아이의 '공적'을 많이 기록하면 아이는 즐거움과 자신감을 더 많이 얻고 나날이 발전한다.

어떤 부모는 아이의 장점을 발견하면 칭찬하고 단점을 발견하면 바로 지적한다. 이렇게 하는 것은 이치상 잘못이 없지만 자칫 잘못된 방식을 이용하면 문제가 생길 수 있다.

다음은 가장 흔히 볼 수 있는 사례다.

이 일은 위엔위엔부터 이야기를 시작해야 한다. 위엔위엔이 중학교 때 어느 날 우리 부부는 위엔위엔에게 어릴 적 이야기를 해주다가 고향 사람들이 스스로 성공했다고 생각하는 사람들에게 "네가 잘한 일은 요강에나 적어라"고 비꼬았다고 말했다. 위엔위엔은 이 말이 웃겼는지 요강에 잘한 일을 적는 모습을 상상하다가 한동안 안 썼던 칭찬 기록장을 요강에 다시 작성하자고 제안했다. 내가 큰 종이를 찾아오자 위엔위엔은 요강을 크게 그리고 '칭찬 기록장'이라고 적었고 난 '요강'에 위엔위엔이 최근에 잘한 일을 몇 가지 적었다. 이것은 격려라기보다 오락에 가까웠다. 위엔위엔은 우리에게 늘 격려를 아낌없이 받고 성숙했다. 그래서 우리 부부는 '요강'에 위엔위엔이 잘한 일을 한두 가지 더 적어 잘한 일을 총 대여섯 가지만 적고 더 이상 안 적었다.

그러던 어느 날 내 친구가 집에 놀러왔다가 벽에 붙어 있는 '요강'을 발견했다. 당시에 친구는 딸 때문에 고민이 많았다. 내가 칭찬 기록장의 장점을 말하자 친구는 매우 새로워하며 집에 가서 벽에 칭찬 기록장을 붙여놓고 열 살짜리 딸을 격려해야겠다고 말했다. 훗날 내가 친구의 집에 놀러갔을 때 과연 벽에 칭찬 기록장이 붙어 있었지만 방식에 문제가 있었다.

친구는 아이가 자신의 장점을 아는 동시에 단점을 기억하게 하기 위해서 종이를 반으로 갈라 한쪽에 잘한 일을 적고 다른 한쪽에 잘못한 일을 적었다. 하지만 이 방법은 적절하지 않다. 칭찬 기록장을 만드는 목적은 촉진작용을 일으켜 아이가 가끔 좋은 일을 했을 때 자신감과 즐거움을 느끼고 우연히 한 행동이 아이의 평소 행동으로 자리 잡게 하는 것이다. 하지만 아이의 단점을 적어서 벽에 붙이면 끊임없이 일러주는 작용이 있어서 고쳐야 하는 나쁜 행동이 아이의 고정적인 행동으로 굳어진다. 다시 말해서 고쳐야 하는 나쁜 습관이 자극을 받아 외려 자연스러운 행동이 된다. 그 결과 장점은 더욱 더 진정한 장점이 되고 단점은 몸에 배어 고칠 수 없게 된다. 교육은 모두 사소한 부분에서 이뤄지고 작은 실수가 큰 잘못을 초래한다.

아이는 반성의식과 자제력이 형성되지 않았을 때 암시와 흥미의 지배를 쉽게 받는다. 부모는 아이의 단점을 적어서 붙여놓으면 아이가 수시로 보면서 스스로 반성하고 이성적으로 자신의 잘못을 고칠 것이라고 생각한다. 하지만 이렇게 생각하는 것은 아이의 특징을 몰라도 너무 모르는 것이다. 만약에 손님이 와서 아이의 그 많은 단점을 다 읽기라도 하면 아이가 얼마나 자존심이 상하겠는가?

난 친구에게 아이가 남에게 보이기 싫어하는 것을 왜 벽에 붙여놓았냐고 말했다. 기록장을 만들 땐 아이의 좋은 점만 적고 나쁜 점을 적으면 안 된다. '공적'만 기록하고 '허물'을 기록하지 않는 것이 더 효과적이다. 친구가 걱정하며 물었다.

"아이가 고쳐야 할 사항이 많은데 어떡하지? 이렇게 써서 보여주면 아이가 스스로 잘못을 깨닫지 않을까?"

"잘못을 깨닫겠지. 하지만 방법을 바꿔야 돼. 아이의 '허물'을 '공적'으로 바꾸려면 부모가 실수 기록장을 쓰지 말고 칭찬 기록장을 써야 돼. 예를 들어 아이가 스스로 피아노를 연습하지 않고 네가 시켜야만 할 때 '스스로 피아노 연습을 안 한다'고 기록하면 안 되고, 아이가 알아서 며칠간 피아노를 연습할 때 '날마다 피아노를 연습한다'고 기록해야 돼. 또 아이가 한 시간도 제대로 연습하지 않고 게으름을 피운다고 해서 '피아노를 한 시간도 연주하지 않는다'고 기록하면 안 되고 '비록 40분밖에 연습하지 않았지만 어제보다 실력이 나아졌다'고 기록해야 돼. 만약에 40분밖에 연습하지 않았는데 네가 야단치지 않으면 아이가 한동안 40분만 피아노를 연습하려고 할 거야. 그러면 당분간은 시간에 연연하지 말고 '피아노를 열심히 연습해서 실력이 나날이 좋아진다'고 기록해. 설령 아이가 잘못한 것이 있어도 칭찬할 점을 찾아서 아이에게 긍정적인 암시와 자극을 줘야 해. 그러면 아이가 성취감을 느껴서 시간을 채우기 위해서 피아노를 연습하는 것이 아니라 실력을 향상시키기 위해서 피아노를 연습해. 더 나아가 더 이상 엄마에게 반항하지 않고 스스로 한 곡을 제대로 연주하고 싶은 마음이 생겨서 30분을 연습하더라도 진지하게 임해서 한 시간을 연습한 것과 똑같은 결과를 얻어."

"아이가 잘못하면 지적하는 것이 옳지 않아? 지적하지 않으면 아이가 본인이 잘못했는지 어떻게 알아. 가만히 뒀다가 더 심각해지면 어떡하지?"

"어떤 부모는 자신이 말하거나 지적하지 않으면 아이가 잘못을 고치지 않고 타락할 것이라고 잘못된 가정을 하는데, 사실 모든 아이는 자존심과 발전하고 싶어 하는 마음이 있어서 누가 방해하지 않으면 잘 자

라. 아이가 잘못하면 당연히 적절하게 주의를 줘야 해. 하지만 아이가 계속해서 같은 잘못을 저지를 때 반복해서 지적하거나 '엄마가 몇 번을 말했는데 왜 아직도 안 고쳐!'라고 말하면 안 돼. 이럴 땐 격려하는 방식을 이용해서 아이가 스스로 잘못을 고칠 수 있게 도와줘야 해. 아이의 잘못을 반복해서 지적하는 것은 실수 기록장을 벽에 붙여서 아이의 실수를 습관으로 굳히고 아이와 실수를 떼려야 뗄 수 없는 관계로 만드는 것과 같아."

난 친구가 더 잘 이해할 수 있게 몇 가지를 건의했다.

"만약에 아이가 아침마다 늑장을 부려서 지각하지 않으려면 네가 서둘러 밥을 먹이고 옷을 입히고 책가방을 들려서 내보내야 된다고 치자. 네가 날마다 '이러다 지각하겠다. 서둘러'라고 만 번 넘게 말하고 아이를 꾸짖어도 문제가 해결되지 않을 때 잘못을 끊임없이 지적하면 잘못이 아이의 나쁜 습관으로 굳어지기만 해. 하지만 방법을 바꾸면 문제를 근본적으로 해결할 수 있어. 아이와 정중하고 친근하게 대화를 나누고 이튿날부터 스스로 일어나서 학교에 가라고 해봐. 그리고 넌 이튿날 아침부터 아이를 독촉하지 말고 아침밥을 준비하고 출근 준비를 하고 아이를 학교에 보낼 준비만 딱 하는 거야. 아이가 조금 꾸물거려도 스스로 시간을 안배해서 학교에 가게 차분하게 기다려.

아마 첫날은 아이가 적응하지 못해서 학교에 한 시간씩 지각할 수 있어. 그럼 다급한 나머지 울면서 네게 화를 내겠지. 왜 안 깨웠냐고. 그럼 이렇게 칭찬해. '엄마는 방금 네가 착한 학생이라는 걸 발견했어. 학교생활을 열심히 하고 싶은데 지각할까봐 걱정한 거잖아. 오늘은 첫날이라서 네 스스로 잘 일어나지 못했지만 습관이 되면 앞으로 잘 일어날 수 있을 거야.' 말할 땐 겉과 속이 다르지 않게 진심으로 말해야 돼. 이 과정에서 화를 내거나 아이를 꾸짖거나 등교 준비를 대신해주면 안 되고, 아이가 모든 것을 스스로 알아서 하면 칭찬 기록장에 기록해. 아이가 계속해서 잘 못 일어나도 칭찬할 만한 점을 찾아서 진심으로 칭찬해 줘. 그럼 아이가 꾸물거리는 나쁜 습관을 고치고 뭐든지 스스로 알아서 잘할 거야."

종이에 기록하건 마음에 기록하건 모든 부모는 아이를 위해서 기록장을 만들되 실수가 아니라 칭찬할 일만 기록해야 한다. 아이의 명예도 소중하므로 벌을 주기 위해서 기록하면 안 된다. 아이는 실수하면서 성숙해진다. 성숙하지 않다는 것은 발전하고 성장할 가능성이 있다는 뜻이다. 부모는 진심으로 아이의 미숙함을 감상하고 미숙함에서 아름다움을 발견해야 한다. 그래야 아이가 실수해도 실수 기록장을 펴지 않고 칭찬 기록장을 쉽게 펼 수 있다.

부모의 교양과 이성은 아이를 교육시키는 방법에 고스란히 드러난다. 교육을 위해서 어떤 방법을 이용할 땐 먼저 무엇을 강화하려는 것인가, 아이가 좋아하는가 싫어하는가, 아이에게 긍정적인 영향을 주는가 부정적인 영향을 주는가, 격려의 작용이 있는가 상쇄의 작용이 있는가, 단기적인가 장기적인가, 고상한가 저속한가를 고려해야 한다. 그렇지 않고 오직 자신의 기분과 정서, 습관에 따라서 아이를 교육하면 교육의 목적을 달성하기는커녕 목적이 근본적으로 파괴된다.

"엄마,
비밀이 있어요"

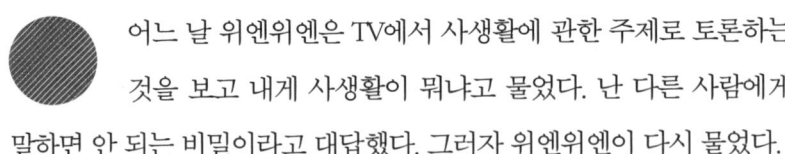 어느 날 위엔위엔은 TV에서 사생활에 관한 주제로 토론하는 것을 보고 내게 사생활이 뭐냐고 물었다. 난 다른 사람에게 말하면 안 되는 비밀이라고 대답했다. 그러자 위엔위엔이 다시 물었다.

"엄마는 비밀 있어요?"

내가 있다고 대답하자 위엔위엔은 또 물었다.

"아빠도 있어요?"

내가 있다고 대답하자 위엔위엔은 뭔가를 더 말하려고 입술을 달싹거리다가 그만뒀다. 난 비밀에 관해서 깊이 생각한 적이 없는 위엔위엔이 속으로 무슨 생각을 하는지 궁금해하며 탁자를 계속 닦았다. 이때 위엔위엔이 작은 소리로 말했다.

"저도 비밀이 있어요."

난 허리를 펴고 위엔위엔을 진지하게 바라보며 말했다.

"그럼 엄마, 아빠에게 안 들키게 조심해야겠네."

그러자 위엔위엔이 진지하게 대답했다.

"평생 다른 사람에게도 안 가르쳐주고 엄마에게도 말 안 할 거예요."

난 나오는 웃음을 억지로 참고 말했다.

"엄마에게도 말 못할 정도면 엄청난 것이겠구나."

위엔위엔은 내가 자신을 비웃는다고 생각하고 불만에 차서 말했다.

"제 비밀은 진짜 작은 일이 아니라 큰일이에요. 정말 큰일!"

내가 얼마나 큰일이냐고 묻자 위엔위엔은 손으로 하늘만큼 크다는 동작을 하다가 이것도 성에 안 차는지 답답해하며 말했다.

"묻지 마세요. 말 안 해줄 거예요."

내가 화장실에 걸레를 빨러 가자 위엔위엔이 따라 들어왔다. 위엔위엔은 수수께끼를 맞히려는 것처럼 내게 물었다.

"엄마, 엄마 비밀은 뭐예요?"

"엄마도 다른 사람에게 안 말할 거야. 말하면 비밀이 아니잖아."

위엔위엔은 궁금한지 말해달라고 귀찮게 졸랐다. 난 순간적으로 어떻게 대답해야 할지 몰라서 "네가 먼저 말하면 나도 말해줄게"라고 말했다. 위엔위엔은 입을 삐죽거렸다.

"안 돼요. 전 말 안 해줄 거예요."

나도 말했다.

"그럼 나도 말 안 해줄래."

하지만 위엔위엔은 포기하지 않고 내 허리를 안은 채 계속 칭얼거렸다.

"말해주세요. 빨리요."

난 귀찮아서 얼른 비밀을 지어냈다.

"알았어. 엄마의 비밀을 말해줄게. 대신 너도 말해줘야 해."

내가 아는 위엔위엔은 서로 교환하는 것을 좋아한다. 하지만 위엔위엔은 내 말에 기뻐하지 않고 하는 수 없다는 듯이 책을 읽으러 갔다. 자신의 비밀을 지키기 위해서 내 비밀을 안 들으려고 하다니, 정말 뜻밖의 모습이었다. 대체 얼마나 대단한 비밀이기에 내 유혹에도 안 넘어가고 끝까지 말하지 않을까?

한창 위엔위엔이 이상하다고 생각할 때 남편이 방에서 나오는 소리가 났다. 난 위엔위엔에게 말했다.

"위엔위엔, 엄마만 못 듣게 아빠에게 작은 소리로 비밀을 말해봐."

그러자 위엔위엔은 발뒤꿈치로 소파를 치며 화를 냈다.

"방금 잊어버렸는데 왜 또 생각나게 해요. 다시는 비밀 얘기하지 마세요."

난 화를 내는 위엔위엔의 눈을 똑바로 쳐다보고 말했다.

"위엔위엔, 네 비밀은 생각만 해도 불쾌한 일이야?"

위엔위엔은 잠시 생각하다가 고개를 가볍게 저었다. 내가 다시 물었다.

"그럼 즐거운 일이야?"

고개를 젓는 위엔위엔의 기분이 안 좋았다.

"불쾌한 일은 차라리 말하는 것이 나아. 그러면 기분이 괜찮아져."

그러자 위엔위엔이 대답했다.

"저 괜찮아요. 수업시간에 놀 때나 책을 읽을 땐 생각이 안 나요. 갑자기 생각나면 다른 일을 생각하면 되고요."

우리 부부는 서로 눈빛을 교환했다.

난 가장 온화한 말투로 말했다.

"우리 세 사람 모두 비밀을 말할까? 가족끼리 비밀이 있으면 안 되잖아."

남편도 옆에서 맞장구를 쳤다. 위엔위엔은 내 품에서 벗어나 우리 부부가 있는 곳에서 가장 먼 구석으로 뛰어가서 소리쳤다.

"전 말 안 할 거니까 묻지 마세요."

위엔위엔의 표정과 동작에 난 조금 놀랐고 위엔위엔의 비밀에 호기심이 잔뜩 생겼다.

이 일이 있은 뒤에 일주일 동안 우리 부부는 위엔위엔에게 비밀이 뭐냐고 다시 물을지 고민했다. 지나치게 캐물었다가 위엔위엔의 자존심이 상하면 어쩌나, 만에 하나 부모의 도움이 필요한 일이면 어쩌나 걱정됐다. 부모에게 털어놓지도 못하고 더욱이 무거운 표정을 지을 정도로 매우 큰 비밀이면 위엔위엔이 속으로 스트레스를 많이 받을 것이라고 생각했다. 조심스럽게 다시 물으려고 하자 위엔위엔은 내 의도를 눈치 채고 바로 방으로 도망쳤다. 이 일은 더 더욱 내 주의를 끌었다. 나와 남편은 위엔위엔을 걱정하다가 비밀리에 몇 차례 상의한 끝에 위엔위엔이 스스로 말하게 '함정'을 파기로 했다.

어느 날 점심식사를 하며 편안하게 대화를 나눌 때 위엔위엔에게 말했다.
"엄마는 아빠와 이미 서로의 비밀을 털어놓았어."
위엔위엔이 정말이냐고 물으며 눈을 커다랗게 뜨고 남편을 쳐다보자 남편이 고개를 끄덕였다. 위엔위엔은 질투 섞인 말투로 말했다.
"왜 엄마, 아빠만 알고 저는 안 가르쳐주세요?"
"엄마, 아빠는 네게 말해줄 준비가 돼 있어."
위엔위엔이 눈을 반짝이며 궁금해서 못 참겠는 것처럼 물었다.
"엄마는 어떤 비밀이 있어요?"
난 위엔위엔에게 비밀을 말했다. 남편도 위엔위엔의 성화에 자신의 비밀을 털어놓았다. 우리 부부의 비밀을 모두 들은 위엔위엔은 매우 만족했지만 뭔가 하고 싶은 말을 꾹 참는 것처럼 "엄마, 아빠 비밀은 모두 좋은 일이네요"라고 얼버무렸다. 난 지금이 기회라고 생각하고 위엔위엔에게 말했다.
"가족끼리는 비밀이 있으면 안돼. 가족끼리 서로 못 믿으면 다른 사람을 어떻게 믿어? 기쁜 일이 있으면 다 같이 기뻐하고 나쁜 일이 있으면 서로 고통을 분담하고 함께 해결하는 것이 가족이야."
내 말의 뜻을 이해하고 위엔위엔은 투덜거리며 말했다.
"제 비밀을 알면 엄마, 아빠가 위험해져요."
우리 부부는 재빨리 말했다.

"엄마, 아빠는 두려운 게 없어. 단지 네가 상처받을까봐 걱정이야."
"제가 말하지 않으면 상처를 안 입지만 말하면 상처를 입어요."
우리가 왜 그러냐고 묻자 위엔위엔은 망설이다가 더는 못 참고 말했다.
"며칠 동안 생각 안 했는데 엄마, 아빠가 말씀하셔서 다시 생각났잖아요."
위엔위엔은 입맛이 없어졌는지 밥을 남기고 먼저 자리를 떴다. 위엔위엔이 걱정돼서 우리 부부도 밥을 남겼다. 난 식사를 마치고 설거지도 미룬 채 소파에 앉은 위엔위엔을 내 무릎에 앉히고 엄숙하게 물었다.
"엄마가 생각하기에 네 비밀은 좋은 일이 아닌 것 같아서 네가 상처를 받을까봐 걱정돼. 엄마가 네 비밀을 알면 안 될까?"
위엔위엔은 말없이 고개를 저었다. 내가 말했다.
"엄마가 다른 사람에게 말 안하고 혼자만 알게."
남편은 재빨리 안방에서 자는 척했다. 하지만 위엔위엔은 여전히 고개를 저었다.
"위엔위엔은 너무 어려서 혼자서 많은 일을 처리할 수 있는 능력이 없어. 큰일을 엄마에게 말 안하고 숨기면 나중에 그 일이 네게 해를 끼칠 때 엄마가 도와줄 수 없어."
"말하면 제게 큰일이 일어나지만 안 말하면 아무 일도 안 일어나요."
내가 왜냐고 묻자 위엔위엔이 무기력하게 말했다.
"여하튼 그런 일이 있지만 말할 수 없어요."
위엔위엔이 내 품에서 벗어나려고 해서 난 위엔위엔이 압박감을 느끼게 더 꼭 안고 진지하지만 무섭지 않게 말했다.

"엄마에게 말해봐. 어서."

위엔위엔은 고개를 떨어뜨리고 조용히 있었다. 손가락으로 지우개 찌꺼기를 아무렇게나 조몰락거리는 것을 보니 속으로 갈등하는 것 같았다. 난 아무 말도 않고 위엔위엔이 긴장된 분위기를 못 이기고 비밀을 털어놓기를 기다렸다. 위엔위엔은 지우개 찌꺼기를 힘껏 눌러 길게 늘였다가 분위기가 조금 풀린 것 같으니까 다시 품에서 벗어나려고 했다. 난 다시 한 번 위엔위엔을 꼭 안고 비밀을 말해달라고 분명하게 말했다. 내가 강하게 나가자 위엔위엔은 몇 번이나 말을 하려다가 멈칫하고 턱까지 차오른 말을 삼켰다. 난 도대체 위엔위엔이 어떤 일을 겪었기에 이렇게 말을 아끼는지 알 수 없었고 그 고집이 실로 놀라웠다.

이렇게 위엔위엔을 압박하는 동안 눈 깜짝할 사이에 한 시간이 지났다. 이때 옆집 아이가 학교에 가자고 찾아왔다. 위엔위엔은 내 품에서 빠져나와 "엄마, 저 학교 갈게요"라고 말하고 현관으로 뛰어갔다. 품안이 갑자기 텅 비자 거대한 걱정이 순식간에 빈자리를 꽉 채웠다. 위엔위엔은 뒤돌아서 "다녀오겠습니다"라고 말할 때 내 눈빛에 마음이 흔들렸는지 더는 못 참고 현관을 나서는 순간 갑자기 말했다.

"엄마, 저녁 때 와서 말씀드려도 돼요?"

난 고개를 끄덕였다. 위엔위엔이 계단을 뛰어내려가는 소리가 나자 남편이 안방에서 나와서 도무지 이해할 수 없다는 듯이 말했다.

"도대체 무슨 일인데 말을 안 하지?"

난 오후에 학교에 찾아가서 담임선생님에게 위엔위엔이 요즘 학교에서 어떻게 지내느냐고 물었다. 담임선생님은 위엔위엔이 학교에서 문제없이 잘 생활한다고 대답했다. 하지만 여전히 걱정이 됐고 행여 오후에 무슨 일이 생길까봐 마음을 못 놓았다. 가까스로 위엔위엔이 학교에서 돌아올 때까지 기다린 난 위엔위엔의 기분이 평소와 다르지 않은 것을 확인하고 걱정을 조금 덜었다. 하지만 바로 비밀을 물을 용기가 안 났다. 위엔위엔이 날 안심시키기 위한 희생양이 되면 죄책감이 들 것 같아서 서둘러 안 묻고 평소처럼 인사하고 주방에 갔다. 위엔위엔도 평소처럼 TV를 켜고 만화를 봤다.

저녁을 먹기 전에 여유 시간이 조금 생기자 위엔위엔은 TV를 끄고 놀았다. 난 위엔위엔을 서재로 불렀다. 위엔위엔은 내가 왜 부르는지 알고 미안해하며 내게 기댔다. 잠시 멈칫거리는 것을 보니 여전히 갈등하는 것 같았다. 하지만 마침내 위엔위엔이 입을 열었다.

"엄마, 일기장에 비밀이 적혀 있으니까 직접 읽어보세요."

일기장에 총 네 편의 일기가 있었는데 한자를 모르는 단어는 발음기호를 적었다. 이 중 비밀을 적은 일기에 이렇게 적혀 있었다.

"친구 집에 청쇄검과 자음검이 있는데 이 사실을 다른 사람에게 말하면 청쇄검과 자음검에 배를 찔릴 것이라고 말했다. 하지만 난 다른 사람에게 말하고 싶다."

난 몇 번이나 반복해서 읽고 고개를 들었다. 위엔위엔은 내 이해를 돕기 위해서 보충 설명을 했다.

"친구가 그러는데 청쇄검과 자음검은 3천 년에 한 번 나타난대요."

난 무슨 말인지 이해가 되지 않아 위엔위엔에게 무슨 뜻이냐고 물었다. 위엔위엔이 말했다. "청쇄검과 자음검이 3천 년 전에 어떤 사람 집에 있다가 3천 년 뒤에 다시 세상에 나타났는데 지금 친구네 집에 있어요." 위엔위엔이 다시 몇 마디 덧붙였다.

"리원원이 그러는데 청쇄검과 자음검은 특별해서 신비한 힘이 있대요. 그래서 칼들의 존재를 알아도 다른 사람에게 말하면 안 돼요. 말하면 칼에 찔려요."

"이 일이 비밀이었어? 다른 일은 없고?"

"없어요."

위엔위엔의 눈빛이 순수하고 깨끗했다. 난 안도의 한숨을 쉬고 웃었다. 사실 난 전에 이 일기를 읽은 적이 있다. 그땐 위엔위엔이 천진난만한 글을 쓴 줄 알고 웃어 넘겼는데 이 짧은 글에 이렇게 '큰일'이 숨어 있는지 몰랐다. 난 위엔위엔이 말할 수 없이 너무 사랑스러워서 볼에 뽀뽀했다.

위엔위엔은 이 일을 장장 3개월 동안 혼자 마음에 숨겼다. 일곱 살의 어린 나이에 신기한 사실을 받아들이고 인생과 관계있는 비밀을 지키는 것이 얼마나 힘들고 고통스러웠을까? 난 어른의 지식으로 위엔위엔의 유치함과 무지를 놀리지 않았다. 외려 위엔위엔이 이 일로 얼마나 고민했을지, 특히 우리 부부의 추궁과 칼에 찔리는 두려움 사이에서 얼마나 스트레스를 받았을지 생각했다.

난 위엔위엔에게 물었다.

"위엔위엔은 친구의 말을 믿어?"

"가끔 안 믿을 때도 있지만 그래도 무서워요."

"친구가 신화를 말한 것 같은데 신화는 모두 지어낸 이야기지 사실이 아니야. 그래서 믿을 필요도 없고 무서워할 필요도 없어. 알았지?"

위엔위엔은 고개를 끄덕였다. 그러곤 눈을 깜박이며 뭔가를 생각하더니 갑자기 흥분해서 말했다.

"맞아요, 엄마, 친구의 말은 거짓이에요. 다른 사람에게 말하면 칼에 찔린다고 했는데 지금까지 멀쩡하잖아요."

위엔위엔은 배를 쓰다듬고 날 안심시키며 말했다.

"앞으로 아무 일도 없을 거예요."

내심 죄책감이 들었다. 어릴 때 동화 같은 일을 많이 경험하지 못해서 위엔위엔에게 동화 같은 세상을 만들어주고 싶은 나머지 미처 동화의 부작용을 생각하지 못했다. 뒤늦게 난 조심하기 위해서 위엔위엔이 동화의 세계와 현실세계를 헷갈리지 않게 생활 상식을 가르치기로 결심했다.

생각을 마치고 위엔위엔에게 말했다.

"위엔위엔, 이리 와봐. 칼에 안 찔렸는지 엄마가 한 번 보자."

내가 작게 볼록 나온 배를 간질이자 위엔위엔이 '까르르' 웃었다.

"

인성은 운명을 결정하고 인성은 유년 시절에 형성된다.
부모가 사소한 일을 큰일처럼 여기고
모든 일에서 올바른 관점과 방법으로 아이를 대하면
아이의 인성은 유년 시절에 받은 상처로 잘못되지 않는다.

2장

감동을 주는 엄마, 상처를 주는 엄마

건강한 심리와 인격을 형성하는 방법

아이를
놀리지 않는다

위엔위엔이 유아원에 다닐 때 내가 너무 바빠서 한동안 남편이 아이를 유아원에 데려다주고 데려왔다. 남편의 직장은 유아원에서 가까웠는데, 아이가 수업이 끝나면 남편은 아이를 데리고 직장에서 퇴근시간까지 한 시간 정도 더 일한 뒤에 함께 집에 돌아왔다.

당시에 남편 사무실 직원들은 나이가 서른 살 안팎이어서 서로 격의 없이 친하게 지내고 농담도 자주 주고받았다. 직원 중에 두 명은 위엔위엔과 대화하는 것을 특히 더 좋아했다. 대부분 정상적인 대화는 아니고 작은 동물을 놀리듯이 위엔위엔을 놀렸다. 예컨대 무서운 표정으로 강제로 안아버려 놀라서 숨게 만들고 자기들끼리 웃는가 하면, 위엔위엔에게 자신들을 '할아버지'라고 부르라고 시키고 어리둥절해하면 박장대소했다. 직원들의 반응에 위엔위엔이 뭐가 뭔지도 모른 채 얼마나 당황하고 불안해했을지 안 봐도 훤하다. 직원들은 며칠 뒤에 다시 자신들을 할아버지라고 부르라고 시켰는데 위엔위엔이 부르지 않자 화난 척하고 예의 없다고 꾸짖어 위엔위엔을 쩔쩔매게 만들었다. 남편은 직원들이 그런 식으로 위엔위엔을 놀리는 것이 달갑지 않았지만 그저 농담일 뿐이고 같은 사무실을 쓰는 직원들이기도 해 말리지 않았다.

처음에 이런 일이 있었는지를 몰랐다. 위엔위엔도 너무 어려서 내게 불쾌함을 말할 능력이 없었다. 그런데 어느 순간부터 위엔위엔이 다른 사람을 대할 때 자신감이 없고, 말할 때도 예전처럼 씩씩하지 않으며, 말을 꺼내다가 말고 눈빛이 흔들리기 시작했다. 낯선 사람을 만나면 증상이 더 심해졌다. 걱정이 됐지만 근본적인 원인을 찾을 수 없었다. 난 아이를 교육시키는 과정에서 잘못한 것이 있는지 반성하고 위엔위엔이 많은 사람들과 친하게 지낼 수 있게 관심을 기울이고 자신감을 키워줬다.

어느 날 위엔위엔이 아빠와 회사에서 돌아왔는데 운 흔적이 있어 무슨 일이냐고 물었다. 위엔위엔은 울먹이며 "사무실 아저씨가 그러는데 아빠가 날 미워한대요"라고 말했다. 남편은 회의가 길어져 퇴근 시간이 지나 회의실에서 나왔는데 그동안 다른 직원이 위엔위엔에게 "엄마, 아빠가 위엔위엔이 싫다고 아저씨 보고 데려가라고 했어. 아저씨는 아들만 있고 딸은 없는데 오늘 아저씨랑 같이 집에 가자"고 말하며 데려가는 척해서 놀라서 운 것이라고 해명했다. 그제야 난 남편 동료들이 수시로 위엔위엔을 놀린다는 사실을 알았다.

　난 너무 화가 나서 아이를 보호하지 않은 남편에게 위엔위엔을 맡기지 않으려 했다. 남편은 동료들의 행동이 불만스럽긴 하지만 별다른 영향을 준 것도 아닌데 내가 괜히 과민 반응한다고 투덜댔다. 이후 난 남편과 이 일을 몇 번 더 상의하고 아이의 심리를 분석했다. 그리고 곧 남편은 직원들의 놀림이 위엔위엔에게 끼친 영향을 똑똑히 보게 됐다. 위엔위엔은 자다가 두 번이나 울면서 깼는데 무슨 꿈을 꿨냐고 물으니 아빠가 유아원에서 자기를 데려가지 않고 혼자 집에 가는 꿈을 꿨다고 말했다. 어른들이 무심하게 던진 농담이 아이에게 심한 공포를 준 것이다.

　남편은 뒤늦게 후회했다. 훗날 난 남편이 아이를 데려오는 권리를 진짜로 '박탈'해 직접 위엔위엔을 유아원에서 데려왔다. 또한 불쾌했던 감정이 떠오르지 않도록 위엔위엔이 남편 동료들을 못 만나게 했다. 남편도 이 문제를 심각하게 받아들여 어쩌다 내가 도저히 시간이 안 나 남편이 위엔위엔을 맡게 되면 회사에 있는 동안 동료들이 절대로 위엔위엔을 놀리지 못하게 했다. 우리 부부는 동료들에게 미움을 살망정 위엔위엔에게 상처를 주지 않겠다는 다짐을 한 것이다. 동료들도 악의가 있어서 놀린 것이 아니었기 때문에 남편의 부탁에 더 이상 위엔위엔을 놀리지 않았다. 이렇게 해서 동료들에게 미움을 사는 일도 해결됐다.

　장난치는 것과 놀리는 것은 개념이 다르다. 장난치는 것은 아이의 즐거움을 전제로 한다. 어른이 아이의 정서에 눈높이를 맞춰 이해하고 받아들이는 방식으로 아이가 즐거워하는 일을 만들 땐 동심, 즐거움, 유머, 지혜가 돋보인다.

　어떤 엄마가 침대보를 빨아 널어놓은 뒤에 두 살 난 아들과 '야옹' 놀이를 하는 것을 본 적이 있다. 각각 침대보 양쪽에 선 둘은 서로 얼굴을 보려면 '야옹'하며 침대보 왼쪽이나 오른쪽으로 고개를 내밀어야 했다. 이 놀이를 할 때 아이의 목적은 엄마의 얼굴을 보는 것이지만 엄마의 목적은 아이가 자신의 얼굴을 못 보게 하는 것이다. 엄마는 왼쪽에서 고개를 한 번 내민 뒤에 다시 한 번 왼쪽에서 '야옹'하고 고개를 내밀었다. 엄마가 조금 전에 왼쪽에서 나왔으니 이제는 오른쪽에서 나오겠지 하고 오른쪽으로 뛰어갔던 아이는 허탕을 치고 말았다. 아이는 이렇게 몇 번 허탕을 치다가 엄마 얼굴을 보자 '까르르' 웃었다. 아이는 엄마가 연달아 같은 쪽으로 고개를 내민 것을 따라해 '야옹'하고 엄마의 얼굴을 볼 때마다 성취감에 매우 흥분했다. 이런 것은 장난으로 볼 수 있다.

　아이를 놀리는 것은 어른이 유리한 위치에서 아이의 유치함을 이용하고 일부러 아이가 잘못을 저지르고 울고 두려워하게 만드는 것이다. 어른은 그저 즐겁기 위해서 놀리지만 아이는 수치심을 느끼고 걱정과 실의에 빠진다. 예컨대 어떤 부모는 손에 물건을 들고 기분 좋은 말을 하면 아이에게 그 물건을 주겠다고 조건을 건 뒤에 아이가 기분 좋은 말을 하면 주고 안 하면 도로 가져가는 척 한다. 또 어떤 부모는 아이를 놀라게 하는 것을 재밌어해 남자 아이만 보면 고추 떼는 시늉을 하는가 하면 여자 아이가 인형놀이를 하면 몰래 인형을 감추고 누가 가져갔다고 말해 아이를 울리고 아이가 울면 그제야 인형을 꺼내준다.

　아이를 놀리는 것을 재밌어하는 부모는 아이의 마음을 조급하게 해 울려놓고 다시 웃게 만들면 그만이라고 생각한다. 하지만 이런 행위는 아이의 심리에 상처를 준다. 아이는 놀림을 받는 것을 조금도 재밌어하지 않는다. 외려 불안감을 느끼고 무시받는다는 생각에 자존심이 상하고, 사람을 사귀는 것을 두려워하고, 타인을 안 믿게 된다. 누가 아이를 놀리면 부모는 예의를 지키면서 단호하게 제지해야 한다. 이것은 사소한 일이 아니다. 아이에 관한 일 중에 사소한 일은 없다. 부모의 눈에는 사소한 일로 보이지만 아이에게는 큰일이다.

중국의 저명한 아동심리학자인 천허친은 아이를 놀리는 것에 단호하게 반대했다. 아이와 노는 것도 도덕교육이고, 놀림 받는 아이는 인성과 행동에 결함이 생긴다고 생각했다. 요컨대 부모가 속이는 방식으로 자주 놀려 늘 웃음거리가 되는 아이는 다른 사람을 잘 안 믿고 거짓말을 하는 버릇이 생긴다.

하지만 아이를 놀리는 형태는 널리 퍼져 있고 여러 장소에서 아이는 여전히 놀림거리의 대상이 된다. 아이를 놀리는 행위는 거칠고 저속해 보이지는 않을 수 있지만 결론적으로는 아이를 존중하지 않고 심리를 배려하지 않는 야만적인 짓이다.

2008년 1월 2일 저녁에 베이징TV의 프로그램을 봤다. 초대 손님은 허베이(중국의 황허 강 북쪽 지역)에서 온 4남 1녀의 다섯 쌍둥이였다. 네 살 동갑내기 아이들은 건강하고 무척 귀여웠다. 스튜디오에 앉아서도 전혀 당황하지 않았고 얼굴 가득 흥분한 기색이 보였다. 아이들이 너무 눈길을 끌어 관심을 갖고 시청했다.

사회자의 첫 번째 질문은 "누가 엄마, 아빠에게 제일 많이 일러바쳐요?"였다. 다섯 아이는 어리둥절해하며 확신 없이 손가락을 이리저리 가리키다가 다른 형제가 가리키는 것을 보고 따라서 한 아이를 지목했다. 고자질을 가장 잘하는 아이로 지목된 아이는 어떻게 해야 할지 몰랐다. 좋은 일로 지목된 게 아니란 걸 아는지 억울해하고 두려워하는 것 같았다. 사회자의 두 번째 질문은 "누가 제일 많이 형제들을 때려요?"였다. 아이들은 누가 누굴 때렸는지 폭로하며 손가락을 이리저리 움직이다가 결국 한 아이를 가리켰다. 형제들을 제일 많이 때린 아이로 지목된 아이는 부끄러워했다. 사회자의 세 번째 질문은 "누가 아빠한테 가장 많이 맞아요?"였다. 아이들은 또다시 누구를 가리킬지 망설이다가 한 아이를 지목했다. 지목된 아이는 멋쩍어했다.

사회자와 관중은 지목된 아이의 모습을 보며 즐거워했지만 정작 쌍둥이들은 웃지 않았다. 아이들의 사이는 이미 이간질로 나빠졌고 스튜디오에 있는 사람들 앞에서 나쁜 일로 낙인찍힌 아이들은 쇼가 처음 시작될 때처럼 즐거워하지 않고 긴장해서 어쩔 줄 몰라 했다.

뒤이어 사회자는 선물로 준비한 예쁜 책가방을 하나 가져와 쌍둥이들에게 누구를 줘야 하냐고 물었다. 다섯 쌍둥이 모두 책가방이 마음에 들었는지 저마다 눈에 갖고 싶어 하는 갈망이 가득했다. 하지만 방금 전에 나쁜 일로 지목된 경력이 있는지라 잘 보이고 싶은지 서로 자신이 갖겠다고 말하지 않고 다른 형제에게 주라고 양보했다. 가방은 결국 서로 양보만 하는 형제들 중에 첫째에게 돌아갔다. 첫째는 매우 기뻐했지만 나머지 아이들은 실망했다. 첫째는 뭔가 이상한 기운을 감지했는지 이를 악물고 막내에게 가방을 양보했다. 정말 뜻밖의 일이었다. 사회자가 첫째를 칭찬하려고 할 때 첫째는 가방을 양보한 것이 못내 실망스럽고 억울한지 울음을 터트렸다. 놀란 사회자가 왜 우냐고 물었지만 첫째는 울기만 하고 대답하지 않았다. 이때 말하기 좋아하고 영리한 셋째가 분위기를 수습하며 말했다.

"누나는 막내에게 가방을 양보한 게 기뻐서 우는 거예요."

관중은 셋째의 '해설'에 또다시 웃음을 터트렸다. 프로그램은 줄곧 아이들을 놀려서 울리고 거짓말로 아이들의 마음을 들었다 놨다 했다. 아이들은 사회자가 가방 네 개를 마저 가져오자 울음을 그치고 미소를 찾았다.

대체 이 프로그램의 목적은 무엇이고 이렇게 진행하는 의도는 뭘까? 정말로 알 수가 없어 난 그만 TV를 끄고 다른 일을 했다. 조금 더 TV를 봤다간 내가 다 답답해서 울 것 같았다. 여기까지 글을 쓰니, 중국의 교육가 타오싱즈의 시가 한 수 생각난다. 이 시는 내용이 훌륭해서 모든 부모가 아이 앞에서 반드시 기억해야 한다.

사람들은 모두 아이를 어리다고 말하지만,
아이는 몸만 어릴 뿐 마음은 어리지 않네,
만약에 당신이 아이를 어리다고 생각한다면,
당신은 아이보다 더 어린 거라네.

'땠지'는 아이를
달래는 방법이 아니다

아이가 뛰어놀거나 걷다가 부딪혀 아파서 '엉엉' 우는 일은 흔히 볼 수 있다. 그러면 부모는 아이를 달래는 한편, 아프게 한 물체를 손으로 때리며 왜 우리 아이를 아프게 하냐며 혼내는 일종의 '복수'의 행동을 취한다. 그러곤 엄마가 다시는 널 못 때리게 대신 '땠지' 해줬다고 말하며 아이를 위로하고 아이가 안정을 되찾고 미소를 보이면 그걸로 만족한다.

이것은 일종의 '보복 행위'로 나쁜 육아법이다. 또한 불쾌한 일이 생겼을 때 남 탓을 하고 옹졸하게 굴고 보복을 하게 가르치는 것과 마찬가지라서 아이의 심리건강에 좋지 않다.

어떤 부모는 아이에게 다른 사람을 때리라고 가르친 것도 아닌데 아픔을 못 느끼는 탁자 좀 때린 게 뭐가 대수냐고 생각할 수도 있지만 아이의 눈에는 모든 것이 똑같은 생물체로 보인다. 그래서 풀과 대화하는 것이나 사람과 대화하는 것이 똑같고, 탁자를 대하는 태도나 사람을 대하는 태도가 똑같다. 때때로 어린 여자 아이가 인형을 좋아하는 감정은 친언니를 좋아하는 감정에 뒤지지 않는다. 백지장처럼 순수한 아이에게 모든 일은 새롭고 모든 경험이 체험이 되고 학습이 된다.

프랑스의 사상가 장 자크 루소는 저명한 교육서인 『에밀』[1]에서 사람의 도덕적인 면모는 태어나는 순간 형성되고, 순수하고 순결한 시기에 느끼고 이해한 것은 평생 지워지지 않는다고 말했다. 어린아이에게는 생활의 모든 사소한 일이 교육적으로 중요한 의미가 있는 사건이 될 수 있다. 아이를 교육하는 데 사소한 일은 없다. 모든 사소한 일도 '큰 일'이 될 수 있고 좋은 습관이나 나쁜 습관으로 발전할 수 있다. 따라서 부모는 날마다 맞닥뜨리는 '사소한 일'이 아이에게 아름다운 감정의 빌딩을 쌓는 벽돌이 되게 신경 써야 한다.

아이가 어릴 때 경미한 찰과상을 입는 일은 흔히 일어난다. 우리 딸도 예외가 아니라서 우리 부부는 위엔위엔의 안전에 신경 쓰기는 했지만, 아이가 넘어졌을 때 유난스럽게 크게 놀라지 않았다. 최대한 여유로운 표정을 지어 넘어지는 일이 평범하고 재밌는 일이라는 인상을 줬다. 부모가 놀라고 당황한 기색을 보이는 것은 아이에게 위로를 주기는커녕 외려 놀라게 해 가뜩이나 살이 까져서 아픈데다가 공포심까지 심

---

[1] 1762년 출간된 근대교육학 고전 중 하나다. 가장 순수하게 자연성을 간직하고 있는 어린이에게 그 본래의 자연과 자유를 되돌려줄 것을 주장했다. '어린이'를 발견하고 어린이의 권리를 일깨운 책으로 평가된다.

어주는 결과를 낳는다.

　우리 부부는 위엔위엔에게 '상대'를 잘 대하는 법을 가르쳤다. 만약에 아이가 의자에 부딪혀 아파해도 결코 의자를 때리지 않았다. 얼른 아이가 아파하는 곳에 뽀뽀하고(엄마의 뽀뽀는 통증에 효과적이다) "좀 있으면 안 아파질 거야. 울지 마"라고 위로했다. 아이가 진정하면 아이를 데리고 의자 앞에 가 아이를 쓰다듬을 때처럼 의자의 부딪힌 곳을 쓰다듬으며 의자에게 "이제 안 아파질 거야"라고 말했다.

　이렇게 하면 아이는 의자를 나와 대립하고 '상해'를 입힌 가해자로 보지 않고 고통을 분담하는 친구로 생각한다. 또한 나만 부딪힌 것이 아니라 상대방도 부딪혔다는 사실을 인식하고 상대방을 이해한다. 위엔위엔은 의자의 부딪힌 곳을 쓰다듬으며 자신의 통증을 잊고 금세 기분이 좋아졌다.

　어느 날 위엔위엔을 데리고 밖에 나갔는데 위엔위엔이 폴짝폴짝 뛰어놀다가 그만 울퉁불퉁한 땅에 넘어졌다. 자그마한 두 손은 까져서 피가 나고 위엔위엔은 '엉엉' 울었다. 난 재빨리 아이의 손에 뽀뽀하고 '호호' 불어준 뒤에 눈물을 닦아줬다. 그러자 위엔위엔이 금방 울음을 뚝 그쳤다. 이제 그만 집에 들어가자고 하자 위엔위엔은 몸을 웅크리고 앉아 자신이 넘어졌던 땅을 쓰다듬으며 "이제 안 아파질 거야"라고 위로해줬다.

　위엔위엔이 친구들과 서로 인형을 갖고 놀려고 싸울 때 양보하라고 강요하거나 강제로 인형을 손에서 빼앗지 않았다. 대신에 다른 장난감으로 아이들의 주의를 분산해 재밌는 물건이 또 있다고 알려주고 함께 놀고 협력하는 즐거움을 알려줬다. 예컨대 아이들에게 "우리 인형 좀 멋지게 꾸며주자. 머리가 많이 헝클어졌는데, 어디 보자. 너는 머리를 빗겨주고 너는 수건으로 얼굴을 닦아주고 위엔위엔은 리본을 머리에 꽂아주는 거야. 그것 봐. 셋이서 꾸며주니까 인형이 훨씬 더 예뻐졌잖아"라고 말했다. 부모가 아이와 싸우지 않고 잘 지내고 모든 일을 아이에게 이해시키면 아이는 타인을 이해하고 사이좋게 화해하는 법, 특히 '양보'를 배운다. 위엔위엔은 어려서 양보하는 법을 배워 충돌이 일어나면 늘 양보했다. 양보는 비겁한 후퇴가 아니라 진심어린 태도이고 임기응변이다.

위엔위엔은 친구들과 놀 때 단 한 번도 의견 충돌을 일으키지 않고 양보하는 방법을 통해서 문제를 해결했다. 유아원에서 친구들과 줄을 서서 미끄럼틀을 탈 때였다. 아이들은 가장 앞줄에 선 아이가 미끄럼틀을 타고 내려오면 줄을 서서 기다렸다가 맨 끝줄에 선 아이까지 모두 타고 내려오면 다시 미끄럼틀에 올라갔다. 그러다 갑자기 아이들 사이에 돌연 서로 맨 앞줄에 서려는 '1등' 바람이 불기 시작했다. 뒷줄에 있다가 타고 내려온 아이들은 필사적으로 미끄럼틀에 뛰어올랐지만, 앞줄에 서기가 쉽지 않자 밀고 소리를 지르며 화기애애한 분위기를 망쳐놓았다. 위엔위엔도 1등으로 미끄럼틀을 타고 싶어 했지만 다른 방법으로 1등의 자리를 유지했다. 미끄럼틀 타기를 한 번 쉬어 미끄럼틀 계단 옆에 바짝 붙어 섰는데 그러면 미끄럼틀을 타고 내려온 아이들이 자연스레 위엔위엔 뒤에 줄을 섰다. 위엔위엔은 적당히 포기하는 방식으로 친구들과 싸우지 않고도 맨 앞줄에 서는 기회를 얻었다.

위엔위엔은 '상대'의 마음을 이해하는 습관이 생긴 뒤에 많은 면이 달라졌다. 모든 사물을 친절하게 대하고 우리 부부가 장난으로 인형의 엉덩이를 때리는 것도 허락하지 않았다. 초등학교에 들어가서도 학우들과 사이좋게 지내고 반에서 모범 학생을 뽑을 때마다 거의 몰표로 뽑혔다.

위엔위엔이 일곱 살 때 오빠의 아들이 몇 개월간 우리 집에서 살았다. 당시에 조카는 겨우 네 살이었다. 위엔위엔은 싸우지 않고 외사촌 동생을 잘 돌봤다. 어느 날 난 위엔위엔과 조카가 좋아하는 케이크를 사러 갔다. 하지만 베이커리에는 두 사람이 간신히 먹을 수 있는 분량의 케이크밖에 안 남아 있었다. 위엔위엔에게 외할머니와 외사촌 동생에게 케이크를 양보하는 게 어떠냐고 물었더니 위엔위엔은 먹고 싶은 마음을 꾹 참고 흔쾌히 그러자고 대답했다. 위엔위엔은 너무 먹고 싶었지만 외사촌 동생은 어리고 할머니는 연로하기 때문에 자기가 양보해야 한다고 생각한 것 같다. 집에 돌아가서도 위엔위엔은 끝까지 케이크를 안 먹고 외사촌 동생과 외할머니께 양보했다. 그날 친정엄마는 위엔위엔이 정말 철이 들었다고 감탄했다.

위엔위엔은 기숙형 중학교에 다녔는데 학교에서는 날마다 과일을 하나씩 줬다. 중학교에 입학하고 얼마 되지 않았을 때 집에 돌아온 위엔위엔은 싱싱하지 않은 과일을 받으면 기분이 나쁘다고 말했다. 하지만 몇 주 지나지 않아 다시 돌아와서는 자신이 먹든 다른 친구가 먹든 어쨌든 누군가 먹어야 한다고 생각하니 나쁜 과일을 받아도 별로 기분이 나쁘지 않다고 말했다. 이때 위엔위엔은 겨우 열 살이었다.

착한 것과 속이 넓은 것은 서로 비슷한 개념이다. 의자가 아프지 않게 쓰다듬어주는 아이는 다른 사람에게 더 많은 사랑과 배려를 베풀고 문제가 생겼을 때 자신의 의견과 이익을 고집하지 않는다. 이런 사고방식을 가지면 언제나 즐겁고 평생 큰 손해를 보지 않는다.

위엔위엔은 한눈에 친절한 사람이라고 느껴지는 유형은 아니다. 예의를 차리되 상투적이지 않게 인사하고, 친해지기 위해서 마음에도 없는 말을 하거나 교활한 행동을 하지 않는다. 그래서 처음 만난 사람들은 위엔위엔을 불편해하고 무미건조하고 열정이 없는 사람이라고 생각한다. 하지만 만나는 횟수가 잦아지면 실은 변함없이 순수하고 착한 사람이라는 것을 알 수 있다. 위엔위엔은 친구들과 늘 좋은 관계를 유지했다. 한 번은 고등학교 때 학교에서 시(市) 모범 학생 후보 명단을 발표했는데 전교생의 투표 결과 위엔위엔이 최종 모범 학생에 뽑혔다. 위엔위엔이 여러 후보 중에 모범 학생으로 뽑힌 건, 한 친구가 위엔위엔 모르게 표를 끌어모은 공이 컸다. 위엔위엔이 사람들과 어울리는 '기술'은 기술을 안 부리는 것이다. 내면에 따라 자연스럽게 행동하고 진심으로 친구들을 대하면 친구들도 위엔위엔의 진심을 알고 편안하게 대했다.

고등학교 때 위엔위엔의 반은 성적이 우수한 학생들만 모아놓은 학교 최초의 실험적인 반이었고, 반 친구들은 사실상 대입시험의 잠재적인 경쟁자나 마찬가지였다. 위엔위엔은 대학입시를 두 달 앞두고 꼭 외워야 하는 영어 단어를 정리해 단어장을 만들었다. 그러곤 꽤 유용할 거라고 생각했는지 친구들에게 나눠주기 위해서 나와 함께 문구사에 가서 단어장을 복사하고 찍개로 일일이 찍어 반 친구들에게 한 부씩 나눠줬다. 비록 작은 일이지만 위엔위엔의 순수함과 사심 없는 마음을 알 수 있다.

정신분석학자 에리히 프롬은 이기주의와 고독은 동의어고, 사람들은 외부 세계와 단절된 상태에서 자신의 목적을 실현할 수 없다고 주장했다. 사람은 오직 사람과 밀접한 관계를 유지하고 단결해야 만족과 행복을 느낄 수 있다. 이웃을 사랑하는 것은 사람의 능력을 초월한 현상이 아니라 내면에서 나오는 힘이다. 이 힘을 빌려 사람은 자신과 세상을 하나로 연결하고 세상을 자신의 세상으로 만든다. 컴퓨터조판 시스템을 발명한 왕쉬엔(王选)은 말했다. "자신을 생각하는 만큼 남을 생각하는 사람은 좋은 사람이다." 우리 부부는 아이에게 가르쳐야 할 가장 중요한 '기술'은 좋은 사람이 되는 것이라고 굳게 믿고 있다.

현재 청소년에게 건강한 사상을 심어주기 위해서 노력하고 있는 전 구글차이나 사장 리카이푸(李开复) 박사는 특별히 '동리심(同理心)'을 강조했다. 동리심은 인간관계에서 타인의 정서, 생각, 입장, 느낌을 이해하고 그 사람의 입장에서 문제를 생각하고 처리하는 능력을 가리킨다. 이것은 존 듀이[2]가 말한 '동정심'과 같은 개념이다. 듀이는 동정심을 단순한 감정이 아니라 인류 공동의 일을 생각하는 교양 있는 상상력이요, 의미 없이 사람들을 분열시키는 것에 대항하는 선량한 품성으로

---

2 미국의 교육철학가(1859년~1952년). 아이의 소질과 교육 환경에 대해 연구하고 학교를 설립해 자신의 교육철학을 실천했다. 미국의 학교제도에 큰 영향을 주었고, 중국의 교육철학가들에게도 많은 영향을 미쳤다.

여겼다. 동정심 또는 동리심이 천성의 일부분이 될 때 사람은 독선적이거나 고압적이지 않고 남을 적대하거나 배척하지 않으며 이해심, 착하고 어진 심성, 관용을 갖게 된다.

교육은 곧 성품을 배양하는 것이다. 아이에게 '의자 아프지 않게 쓰다듬기'를 가르치는 것은 기술의 문제라기보다 교육관, 철학관의 문제다. 부모는 반드시 자신의 말과 행동이 가치관과 조화와 통일을 이루게 주의해야 한다. 말과 행동이 일치하면 아이가 부모를 본받고 부모의 성품을 닮으려고 노력한다.

아이가 넘어지고 부딪힐 때 '의자 아프지 않게 쓰다듬기'의 방법으로 상황을 처리하면서 아이가 가장 아끼는 꽃병을 깨트리면 큰소리로 화를 내고, 평소에 다른 사람을 이해하라고 가르치면서 아이의 생각이 자신과 다르면 아이의 감정을 이해하지 않고 무작정 말을 안 듣는다고 꾸짖거나 자신의 말을 들으라고 강요하는 등 앞뒤가 안 맞는 행동을 하는 부모는 스스로 이해심과 관용이 부족하고 아이보다 물건을 더 사랑한다고 말하는 것이나 마찬가지다. 이렇게 부모의 말과 행동이 일치하지 않으면 아이도 부모의 영향을 받아 가치관이 혼란스러워지고 말과 행동이 일치하지 않게 된다.

난 적의에 가득 찬 눈을 가진 아이를 본 적이 있다. 이 아이는 쉽게 화를 내고 툭 하면 다른 사람을 공격했다. 이 아이의 엄마는 말로는 "사람을 때리면 안 돼"라고 하면서 본인은 아이를 때리고 꾸짖고, 아이가 탁자에 부딪혀 다치면 아이까지 겁먹도록 탁자를 무섭게 혼냈다. 또 아이가 친구를 때리면 건성으로 간섭하는 척만 하고 아이의 잘못을 조용히 눈감아줬으며, 평소에 아들이 아빠를 때리는 것을 놀리며 즐거워했다. 이 아이는 유아원에 입학한 뒤에 친구들과 사이좋게 못 지내고 친구들을 자주 때려 선생님과 다른 학부형들의 불만을 샀다. 이 아이의 내면은 친구들과 놀고 싶은 마음이 굴뚝같지만 자신을 보호하려는 의식이 너무 강하고 친구들에게 공격당할까봐 두려워 만날 친구들과 싸운 것이다. 그래서 늘 외로웠다. 이 아이의 고독하고 적의에 찬 눈을 볼 때마다 아이의 미래가 걱정됐다.

난 '어린' 어른을 많이 봤다. 이들의 사고방식은 기본적으로 '나만 알기' 주의라서 다른 사람의 일과 감정이 어떻든 신경 쓰지 않는다. 자신의 일과 감정이 세상에서 가장 중요하고 자신의 생각이 가장 정확하다고 믿는다. 직장이나 일상생활에서도 이기적이고 속이 좁아 다른 사람에게 불쾌함을 주고 그 결과가 고스란히 자신에게 돌아와 결국 자신도 불쾌한 일을 당한다. 이런 사람들은 뒤늦게 자신의 이익을 보호하려고 해도 이미 인생의 진정한 이익이 빠져나가 보호할 수가 없다.

착하고 어진 사람은 세상과 가장 적게 마찰하고 쉽게 행복해진다. 마음이 모질지 않은 아이는 행동이 자연스럽고 인간관계가 좋아 도움의 기회를 더 많이 얻는다. '의자 아프지 않게 쓰다듬기'가 하나의 사고방식이 될 때 아이는 이해심, 선의, 존중하는 마음을 베풀고 자신도 이해심, 선의, 존중하는 마음을 받게 될 것이다.

"아기는 어디에서 나와요?"

"아기는 어디에서 나와요?"
아마 모든 아이가 묻고 모든 부모가 대답하기 어려워하는 문제일 것이다. 많은 사람들은 아이에게 정확하게 알려줘야 한다고 말하지만 어떤 것이 정확한 방법인지는 의견이 분분하다.

글에서 읽은 이야기인데, 어떤 엄마는 이렇게 대답했다.

"엄마 몸에는 난자라고 불리는 세포가 있고 아빠 몸에는 정자라고 불리는 세포가 있어. 그런데 어느 날 두 세포가 만났을 때 친절한 난자가 정자를 집으로 초대한 거야. 그래서 정자가 엄마 뱃속으로 쏙 들어왔어. 엄마는 두 세포를 위해서 자궁이라고 부르는 아름다운 궁전을 준비했어. 이곳에서 난자와 정자는 하나로 합쳐져서 수정란이 되고 엄마 몸

속의 영양분을 먹으며 태아인 상태로 열 달을 살아. 그러다 열 달 뒤에 엄마가 병원에 입원하면 의사 선생님이 도와줘서 작은 생명이 태어나는 거야."

얼마나 복잡한 대답인가! 서너 살 된 아이의 물음에 대답하는 것이 아니라 꼭 과학 강좌를 진행하는 것 같다.

루소는 『에밀』에서 이렇게 예를 들었다. 어린 남자 아이가 엄마에게 아기는 어떻게 나오냐고 묻자 엄마가 "여자가 힘을 줘서 뱃속의 아기를 밀어낸단다. 밀어낼 때 배가 죽을 것처럼 아파"라고 대답했다. 루소는 아이의 물음에 원인이 아닌 결과를 알려줬기 때문에 이 대답을 좋은 대답으로 꼽았다. 엄마는 아기가 어떻게 나온다고 말하고 뒤이어 출산에 고통이 따른다는 사실을 재빨리 말했다. 이것은 차단물처럼 아이의 호기심과 상상력을 저지한다. 따라서 엄마는 긍정적인 대답을 주면서 아이가 엉뚱한 상상을 못하게 했다.

루소는 되도록 성에 늦게 눈뜨도록 아이에게 호기심을 느낄 기회를 일찍 주면 안 된다고 생각했다. 물론 성에 눈뜨는 시기를 늦추기 위해서 아이에게 아무렇게나 말하는 것은 곤란하다. 만약에 부득이하게 아이에게 말해야 하면 망설이는 기색 없이 간단하게 말하고 결코 부끄럽거나 음흉한 표정을 지으면 안 된다.

사실 성에 대한 아이의 호기심은 어른처럼 많지 않아서 당혹스러워하며 설명하지 않고 다른 방법으로 담백하게 할 수 있다.

위엔위엔도 서너 살 때 내게 똑같이 물었다. 당시에 난 깊이 생각하지 않고 삼신할머니가 보내주신다고 대답했다. 며칠 뒤에 위엔위엔이 갑자기 또 물었다.

"엄마, 그럼 저도 삼신할머니가 보내줬어요?"

내가 그렇다고 대답하자 다시 물었다.

"엄마도요?"

그렇다고 대답하자 잠시 망설이다가 또 물었다.

"아빠도요?"

역시 그렇다고 대답했다. 위엔위엔은 신기해하다가 돌연 안타까운 듯 "그런데 왜 전 그곳에서 엄마, 아빠를 못 봤어요?"라고 말하며 눈물을 흘렸다. 난 위엔위엔이 가족 모두 삼신할머니가 보내주셨으니 세상에 태어나기 전에 서로 알고 지내는 것이 마땅하다고 여기는 것에 깜짝 놀랐다. 세 살 정도의 아이는 부모에게 그리움, 강한 소유욕 같은 깊은 감정을 느낀다. 위엔위엔은 삼신할머니가 계신 곳에서 서로 모르고 지낸 상황 때문에 실의에 빠졌다.

난 잠시 어쩔 줄 몰라 하다가 아이에게 아무렇게나 말한 것이 위엔위엔을 혼란에 빠트렸다는 것을 깨달았다. 난 얼른 위엔위엔을 안아주고 눈물을 닦아주며 말했다.

"미안해, 위엔위엔. 엄마가 지어서 얘기한 거야. 그렇게 말하면 재밌을 줄 알았거든. 사실은 그렇지 않아."

위엔위엔은 눈을 똥그랗게 뜨고 내가 진상을 말해주길 호기심 어리게 기다렸다. 난 잠시 생각하고 위엔위엔에게 물었다.

"평소에 사람들이 위엔위엔에게 '엄마 닮았네' '아빠 닮았네' 하는 소리 많이 들었지? 아빠는 엄마와 결혼한 뒤에 아이를 갖고 싶어서 몸에서 어떤 조그마한 것을 꺼냈어."

난 위엔위엔의 작은 팔뚝에 대고 손가락으로 무엇이 꼬물꼬물 기어가는 것을 흉내 냈다.

"엄마도 아이를 갖고 싶어서 몸에서 어떤 조그마한 것을 꺼냈어."

말하는 사이에 난 내 얼굴을 약하게 꼬집는 동작을 했다. 그리고 두 손가락을 서로 비비며 말했다.

"그다음에 이 두 개를 함께 놓았어."

또 엄지손가락으로 배꼽을 꾹 누르며 말했다.

"어디에 놓았는가 하면 바로 엄마 뱃속에. 위엔위엔은 엄마 뱃속에서 서서히 자랐어."

위엔위엔의 눈에 신비의 빛이 번쩍였다. 난 이어서 말했다.

"그래서 위엔위엔은 아빠도 닮고 엄마도 닮은 거야. 넌 누굴 닮은 것 같아?"

내가 화제를 돌리자 위엔위엔은 더 이상 묻지 않고 자신이 누구를 닮았는지 골똘히 생각했다.

며칠이 지나고 위엔위엔은 이 일이 생각났는지 자신이 엄마 뱃속에서 어떻게 나왔는지 물었다. 난 "병원에 가서 배를 가르고 꺼냈어. 수술할 때 마취를 해서 아프지 않았어"라고 대답했다. 제왕절개건 자연분만이건 이렇게 대답하면 아이는 엄마 배에 칼자국이 있는지 없는지 더 이상 추궁하지 않는다.

얼마 후 위엔위엔이 또 호기심이 동해서 "엄마, 아빠 몸에서 무엇을 꺼냈기에 아기가 돼요? 혹시 살을 꺼냈어요? 꺼낼 때 아파요?"라고 물었다. 내가 대답했다.

"작은 살점을 꺼내는데 어른이라서 안 아파. 하지만 아이들은 꺼낼 수 없어. 위엔위엔, 밥 먹고 팅팅과 놀래 샤오저와 놀래?"

화제는 또다시 바뀌었다.

성은 사람의 천성이라서 때가 되면 걸음마를 배우는 것처럼 자연스럽게 이해하게 된다. 위엔위엔도 결국 언젠가 아기가 어떻게 태어나는지 알게 되겠지만 그때가 되면 어른들이 왜 그렇게 얘기했는지 이해하고 스스로 성에 대해서 공부하게 될 것이라고 믿었다.

성 가치관은 결코 따로 존재하지 않는다. 성 가치관은 사람의 전체적인 가치관이요, 인생관의 일부분이다. 따라서 좋은 가치관과 정확한 인생관을 가진 아이는 반드시 건강한 성 가치관을 갖는다.

요즘 성교육은 성에 관한 모든 생리 지식을 아이들에게 알려주는 추세다. 이리저리 숨기느니 나이가 어려 성욕이 생기기 전에 남김없이 모든 것을 알려줘 다시는 호기심과 궁금증을 갖지 않게 하려는 것 같다. 과연 이렇게 될까?

2007년에 타이완의 초등학교가 아이들에게 성교육 자료를 나눠 줬는데 남성과 여성의 생리적인 차이 및 생식 과정을 설명하고 남녀가 성교하는 삽화가 있어 많은 학부형들의 반발을 샀다는 뉴스를 인터넷에서 읽었다. 뉴스에 따르면 교재를 만들 때 의학 전문가도 참여했다.

비록 집필자들은 자신들이 만든 교재가 일리가 있다고 말했지만 이 교재가 어떤 교육이론을 토대로 했고 자신들의 행동이 옳은 것을 증명할 수 있는 교육가의 이론을 제시하지 못했다.

2007년 9월에 '광저우일보'는 어느 초·중학교 성교육 교재가 학부모에게 고발당했다고 보도했다. 기자가 본 결과 9~12세용 초등학교 교재는 피임, 산아 제한에 관한 지식을 간단하게 설명했고, 12~15세용 중학생 교재는 월경, 자위 등의 성교육 문제는 기본이고 임신 진단법, 3종 피임 조치, 유산 등의 내용을 자세하게 설명했다. 이밖에 동성애, 이성 심리장애, 인터넷 야동, 인터넷 연애 등의 문제에 관한 언급도 있었다. 이것이 성교육 교재인가, 성 계몽 교재인가? 아이들이 성을 이성적으로 대처하게 하려는 것인가, 호기심을 건드려 마음에 불씨를 당기려는 것인가? 유혹을 거절하게 하려는 것인가, 유혹에 흔들리게 하려는 것인가?

요즘 기괴한 현상 중에 하나는 의료계 사람들이 교육계의 일에 자주 참여하는 것이다. 국가가 학생 심리건강 수업을 개설하라고 하면 학교는 이 수업을 병원의 심리학과에 맡긴다. 부모는 아이가 말을 안 듣고 말썽을 피우면 과잉활동증일까봐 병원에 데려가고 성교육이 필요하면 생식의학 전문가가 쓴 교재를 사용한다. 이런 '협력'이 정상일까? 교육계 일에 의료계 인사가 참여하는 것은 교육인가 반교육인가?

난 의료계와 교육계의 협력에 반대하지 않는다. 하지만 아이 교육은 고유의 특수성이 있어 어른의 논리를 아이에게 대입하거나 의료계의 생각과 수단을 아이 교육에 운용하는 것은 터무니없는 짓이다. 루소, 듀이, 수호믈린스키³, 마카렌코, 타오싱즈 등 위대한 교육가의 저서를 읽고 그들의 사상을 이해하면 그들이 이런 성교육에 반대한 것을 알 수 있다. 성교육을 '성 지식 교육'으로 여기는 것은 매우 천박한 논리와 추리다. '성교육'이 아닌 '성에 대한 깨우침'을 줄 바에는 차라리 안 하는 것이 낫다.

청소년의 조기 임신, 성관계 등의 문제는 근본적으로 성에 대한 지식이 부족해서가 아니라 정신이 공허하고 도덕심이 미숙하고 자신을 사랑하고 타인을 사랑하는 능력이 부족해서 일어난다.

문제를 일으킨 아이는 결코 다른 아이들보다 성 지식이 부족하지 않다. 오히려 여러 경로를 통해서 더 많은 성 지식을 얻다가 흥미가 생긴 경우가 많다. 또한 이성적인 자제력이 부족하고 자신과 타인에 대한 책임감이 부족하고 결과를 생각하지 않고 마음대로 행동한다. 늘 다른 친구의 숙제를 베끼는 아이처럼 자신의 행동이 나쁘다는 것을 분명하게 알지만 고치려고 노력하지 않고, 불행하게도 어려서 불량한 교육 환경에서 자라 자존감이 없고 얼굴이 두껍다.

난 성교육을 크게 세계관 교육과 애정관 교육으로 나눈다. 교육의 임무는 아이가 어른이 되기 전에 정확한 세계관을 세우고 자신을 존중하고 사랑하는 의식, 선량함, 이해심, 활달함, 부지런한 품성을 키워서

---

3 러시아의 교육이론가(1918년~1970년). 『선생님들에게 드리는 100가지 제안』 등의 저서를 통해 '학생들이 스스로 생각하고 자신을 충분히 표현하는 것'을 돕는 것이 교육의 역할이라고 강조했다.

몸과 마음이 모두 건강하고 조화를 이루는 사람으로 발전하게 하는 것이다. 이 모든 것은 혼인 단계에 들어가기 위해서 하는 사전 준비다. 아이가 미래에 어떤 사람이 되고 어떤 면모로 이성과 어울릴지는 이 단계의 교육에서 결정된다.

아이가 다 커서 고등학교나 대학교에 다니면 부모는 아이와 성이나 사랑에 대해서 직접적으로 대화를 나눠도 된다. 부모는 아이에게 의식적으로 건강한 애정관을 심어주고 자신과 배우자가 사는 모습을 통해 모범을 보여야 한다. 아이는 부모를 보고 아름다운 남녀 관계를 이해하고 남성과 여성이 함께 사는 것에 자신감을 갖으며 건강한 마음으로 사랑, 아름다운 성, 일생의 행복을 찾는다.

아이에게 조기 성교육을 할 때 부모가 주의해야 할 점이 있다. 만약에 미취학 자녀가 성교를 모방하는 모습을 보면 대경실색하거나 욕하지 말고 평온하고 단호한 어조로 그런 놀이를 하면 안 된다고 말하고 아이의 주의력을 재빨리 다른 일로 옮겨야 한다. 이런 행동을 하는 것은 부모가 조심하지 않아서 아이가 봤을 가능성이 높다. 따라서 부모는 반드시 자신의 행동을 점검하고 아이에게 그런 모습을 보이면 안 된다는 것을 명심해야 한다. 또는 친구에게 배웠을 수도 있는데 만약에 가정에서 문제가 없는 것이 확실하면 아이가 같이 노는 친구의 상황을 관심 있게 지켜보고 그 부모에게 선의의 '깨우침'을 줘야 한다.

난 친구에게 믿을 수 없는 이야기를 들었다. 친구의 이웃에 사는 네 살 난 여자 아이가 친구네 집에서 아들과 노는데 아들에게 자기 몸 위에 올라가서 동작과 소리를 흉내 내라고 시켰다. 내 친구는 너무 깜짝 놀라서 여자 아이의 엄마를 찾아가 이 일을 완곡하게 말했다. 그러자 여자 아이의 엄마는 대수롭지 않게 "어머, 비디오에서 보고 배웠나 봐요"라고 대답했다. 알고 보니 여자 아이의 엄마, 아빠는 아이가 있는 곳에서도 에로비디오를 버젓이 봤다. 아이가 너무 어려서 봐도 모르고 아무 일도 없을 것이라고 생각했던 것이다.

얼마나 어리석은 부모인가! 그들은 아이도 사람이라는 것을 근본적으로 고려하지 않고 작은 동물 취급했다. 유년기의 모든 경험은 두뇌에 인상을 남긴다. 몇 개월 된 아기도 불결한 장면을 못 보게 하는데, 그들의 아이는 이미 네 살이고 철이 들었다. 그들은 아이에게 거대한 해를 끼치고 일생의 심신 건강에 나쁜 영향을 줬다.

또 어떤 엄마는 집에 목욕시설이 없다고 어린 아들을 데리고 공중목욕탕을 가는 데 이것도 잘못된 행동이다. 아들의 나이에 관계없이 여자 목욕탕에 데려가면 안 된다. 만약에 아빠가 아들을 데리고 목욕하러 가지 않으면 집에서 큰 대야에 물을 받아서 씻겨야 한다. 집에서도 아이가 혼자 씻을 수 있으면 혼자 씻게 하는 것이 좋다. 아이는 어느 정도 자라면 부모에게 자신의 나체를 보여주기 싫어하고 본인도 부모의 나체 특히 이성 부모의 나체를 보기 싫어한다.

아이가 열두세 살이 되고 청소년기에 접어들면 부모는 혼자 이성의 자녀를 데리고 자면 안 된다. 자료에 따르면 남자 아이가 장기간 엄마와 한 침대에서 자면 결혼한 뒤에 성기능 장애가 생길 수 있고 여자 아이가 장기간 아빠와 한 침대에서 자면 심리건강에 안 좋다.

하지만 아이 앞에서 부모가 사이좋은 모습을 보여주는 것은 괜찮다. 만약 아침에 출근하기 전에 뽀뽀를 하고 멀리 떨어져 있다가 오랜만에 만났을 때 포옹을 하면 아이는 부모가 서로 사랑하는 모습을 보고 가정생활의 행복을 느낀다. 단 이런 행동을 할 땐 마음이 편안하고 '불결'한 생각이 조금도 있으면 안 된다. 아이는 부모의 행동에서 사랑의 아름다움을 보고 감정을 정상적으로 표현하는 법을 배운다. 물론 이때 아이에게도 똑같이 뽀뽀와 포옹을 하는 것을 잊지 않아야 한다.

행복한 엄마가 있어야
행복한 아이가 있다

우리 가족은 옌타이에 둥지를 튼 뒤에 네이멍구의 고향집에 갈 때마다 베이징에서 기차를 갈아탔다. 하지만 옌타이에서 베이징에 도착하면 시간이 늦어서 베이징에서 하룻밤 자야 했다. 처음 이 노선을 이용해서 고향집에 갈 때 위엔위엔은 다섯 살이고 설을 앞두고 있었다.

우리 부부는 한 손으로 위엔위엔의 작은 손을 잡고 다른 손으로 큰 가방을 두 개 들고 붐비는 사람들 틈을 헤집고 베이징 기차역을 나왔다. 설이 코앞에 다가와서 그런지 사람들이 개미떼처럼 많았다. 우리 부부는 역을 나온 뒤에 어렵사리 좁은 공간을 찾아 짐을 내려놓고 어디에서 하룻밤을 묵을지 상의했다. 광장에는 근처 여관에서 호객행위를 하러 나온 상인들이 많았지만 속아서 먼 여관에 묵게 될까봐 걱정이 됐다. 우리는 고민 끝에 이튿날 기차를 편리하게 타기 위해서 가깝고 싸고 깨끗한 여관을 찾기로 결정했다. 베이징 역 주변의 빌딩숲을 보고 있자니 절로 눈이 어지러웠다. 위엔위엔이 기다리다 못해 물었다.

"아빠, 우리 어디에서 자요?"

우리는 이미 기차에서 어디에서 하룻밤을 날 것인가에 대해서 의견을 나눴다. 깨끗하고 찾기 쉬운 고급 호텔에서 자려니 너무 비싸서 돈이 많이 들고, 싼 곳에서 자려니 더러운 것이 마음에 걸렸다. 가격 대비 조건이 좋은 곳은 이미 사람들로 꽉 찬 데다가 가까운 곳에서 찾기가 어려울 것 같았다. 결국 우리 부부는 한숨을 쉬며 말했다.

"돈이 많으면 고민하지 않고 바로 5성급 호텔에 갈 텐데."

위엔위엔은 비록 대화에 참여하지 않았지만 엄마, 아빠가 곤란해하는 것을 눈치챘다. 위엔위엔은 세 살 때 작은 여관에서 잤었는데 불편해하며 침대에서 자려고 하지 않아 내가 안고 있다가 잠이 든 뒤에 침대에 눕혔던 경험이 있다. 때문에 질문하는 위엔위엔의 목소리에 걱정과 초조함이 가득했다.

남편은 다시 허리를 굽혀 가방을 들고 앞쪽의 높은 고급 호텔을 가리키며 과장된 말투로 "오늘밤은 5성급 호텔에서 자자!"라고 말했다. 위엔위엔이 놀라서 "정말요?"라고 말했다. 그 진지한 모습에 난 웃으며 "아빠가 농담하신 거야. 겨우 하룻밤 자는 건데 근처에 있는 싼 여관에서 잘 거야"라고 재빨리 알려줬다. 그러자 위엔위엔이 조금 실망했다.

우리 부부는 한 손으로 가방을 들고 다른 손으로 위엔위엔의 손을 잡고 걸으면서 주변에 괜찮은 여관에 있는지 살폈다. 길을 건너 조금 전에 남편이 말한 5성급 호텔을 지나갈 때 깔끔하게 차려입은 현관 안내인이 손님이 호텔에 들어갈 수 있게 정중하게 문을 열어주는 모습이 매우 신사답게 보였다. 위엔위엔은 호텔에 들어서는 사람들을 부럽게 쳐다봤다. 난 위엔위엔의 마음을 달래기 위해서 웃으며 말했다.

"위엔위엔은 나중에 커서 돈 많이 벌면 이런 5성급 호텔에서 자. 알았지?"

위엔위엔이 흥분해서 대답했다.

"나중에 돈 많이 벌면 날마다 5성급 호텔에서 잘 거예요."

나와 남편이 웃으며 말했다.

"그래. 돈 많이 벌어서 꼭 날마다 5성급 호텔에서 자."

위엔위엔은 갑자기 뭔가를 생각하고 우리에게 물었다.

"5성급 호텔은 어떻게 생겼어요? 안에 뭐가 있어요?"

내가 말했다.

"깨끗한 침대가 있어. 이불과 베개도 깨끗해서 매우 편안하게 잘 수 있어."

그러자 위엔위엔이 내 대답에 만족하지 못하고 고개를 갸우뚱거렸다.

"우리 집이랑 다를 게 없네요. 우리 집에 있는 침대도 깨끗하고 편하잖아요."

난 잠시 생각하고 말했다.

"5성급 호텔은 화장실이 깨끗해서 세면대와 욕조를 안심하고 마음껏 쓸 수 있어. 싸구려 여관은 그렇지 않고."

내가 보충 설명을 한 뒤에도 위엔위엔은 여전히 의아해했다.

"우리 집 화장실도 깨끗하고 안심하고 마음껏 쓸 수 있잖아요. 다른 것 없어요?"

난 또다시 생각하고 말했다.

"24시간 따뜻한 물이 나와서 언제든지 샤워를 할 수 있어."

위엔위엔이 바로 비교하기 시작했다.

"우리 집도 샤워하고 싶을 때 샤워할 수 있어요. 따뜻한 물도 날마다 나와요."

나도 모르게 웃음이 터져나왔다. 세상에, 5성급 호텔에 있는 것이 우리 집에도 모두 있지 않은가! 내가 얼른 다른 점을 찾으려고 하자 남편이 웃으며 말했다.

"5성급 호텔 방에는 냉장고에 맥주와 음료수가 있어서 마시고 싶을 때 마실 수 있어."

남편의 말에 위엔위엔이 놀랐다.

"그것도 우리 집이랑 똑같아요. 우리 집에도 냉장고에 맥주와 음료수가 있어서 마시고 싶을 때 마실 수 있어요. 우리 집 냉장고에는 다른 음식도 많아요. 진짜 다른 점 없어요?"

우리 부부는 곰곰이 생각했지만 도저히 새로운 것이 떠오르지 않았다. 5성급 호텔에 있는 것은 대부분 우리 집에도 있었다. 위엔위엔은 이제 완전히 알겠다는 표정을 짓고 감탄하며 말했다.

"이제 보니까 우리 집이랑 5성급 호텔이랑 똑같네요."

우리 부부는 '하하' 웃었다. 내가 말했다.

"그러네. 전에는 왜 우리 집이랑 5성급 호텔이랑 똑같다는 걸 미처 생각하지 못했지?"

위엔위엔은 뜻밖의 발견에 기뻐하고 더 이상 5성급 호텔에 들어가는 사람들을 부러워하지 않았다. 위엔위엔은 더 확실하게 알기 위해서 남편에게 물었다.

"아빠, 우리 집이랑 5성급 호텔이랑 똑같은 거 맞죠?"

남편도 새로운 사실을 깨닫고 대답했다.

"그럼. 똑같고말고. 지금까지 5성급 호텔에 살았는데 전혀 몰랐다가 위엔위엔 덕분에 알았네."

얼어서 벌게진 위엔위엔의 얼굴에 기쁨이 가득했다. 웃고 떠드는 중에 우리 가족은 꽤 괜찮아 보이는 여관 앞에 도착했다. 여관에 들어설 때 위엔위엔은 담담해했다. 날마다 5성급 호텔에 살고 있으니 어쩌다 한 번 작은 여관에서 자도 괜찮다는 표정이었다. 난 조금 전에 한 말로 위엔위엔에게 장난을 쳤다.

"위엔위엔, 앞으로 돈 많이 벌어서 날마다 진짜 5성급 호텔에서 자면 다시는 이런 여관에 올 일이 없겠네?"

위엔위엔이 말했다.

"전 5성급 호텔에서 안 자고 날마다 집에서 잘 거예요."

내가 이유를 묻자 위엔위엔이 대답했다.

"우리 집이 5성급 호텔이고 집에는 엄마, 아빠도 있잖아요."

위엔위엔은 마치 하느님이 가르쳐준 말을 하는 천사 같았다. 그렇다. 어떤 호화 주택이 온 가족이 즐겁게 사는 집보다 좋으랴. 집은 사랑이 있어야 비로소 집이고, 온 가족이 행복하게 함께 사는 곳이 곧 천국이다.

타이완대학교 철학과 교수 푸페이룽은 말했다.
"사람은 좋은 가정환경이 없으면 정상적인 삶을 살기가 어렵다."
모든 부모는 아이에게 아름다운 생활을 선사하고 가정을 행복한 천당처럼 만들기 위해서 노력해야 한다. 하지만 어떤 부모는 방법을 잘못 이용해서 집안에 가구를 들여 예쁘게 꾸미기만 하고 외려 가족의 분위기를 신경 쓰지 않아 가정을 부부가 이익을 두고 다투는 각축장이나 생기 없는 썰렁한 궁전으로 만든다. 이런 가정에서 아이는 원래 누려야 하는 행복을 마음껏 누리지 못한다.

내가 아는 어떤 가정은 부부가 모두 좋은 사람이다. 남편은 사업에 성공했고 부인은 아름답고 유능하며 딸은 귀엽고 똑똑하다. 이들의 생활은 원래 '5성급'의 편안함이 있었지만 좋은 시절을 다 보내고 지금은 '작은 여관' 수준으로 전락했다.
이 부부는 원래 큰 문제도 없고 서로를 잘 배려했다. 하지만 몇 가지 사소한 일로 오해가 쌓여 서로 싸워서 이기려고만 하고 양보하지 않는 사이가 됐다. 예전에 경제적으로 풍족하지 않을 땐 경제적인 문제로 싸웠다면 자가용과 두 채의 집을 사고 물질적으로 풍요로워진 지금은 아이 교육문제로 늘 싸운다. 다시 말해서 살면서 해결해야 할 모순이 생기면 그 즉시 싸우는 원인이 됐다. 한바탕 싸운 뒤에도 냉전은 계속돼 1~2개월씩 말하지 않고 지냈다. 이혼할 생각도 있었지만 부부 사이에 근본적인 문제가 있는 것은 아니어서 진짜로 이혼을 못하고 하루가 멀다하고 싸우기만 했다. 하지만 중년이 된 지금은 싸우는 것이 의미가 없다는 것을 뒤늦게 깨닫고 관계를 회복하고 다시 새로운 생활을 시작했다. 하지만 그동안 성장기 자녀에게 미친 나쁜 영향을 없던 일로 만들 수 없었다.

어린 딸은 엄마, 아빠가 언제 싸울지 모르는 살벌한 분위기에서 마음을 졸이고 살다가 신경질적이고 민감하게 변해서 어디에서 누가 조금만 언성을 높여도 놀라고 불안해했다. 그녀는 어려서부터 아빠나 엄마 둘 중에 한 명이 출장을 가기를 간절히 바랐다. 그래야 며칠간 집안이 평안했기 때문이다. 엄마, 아빠가 끝없이 싸우는 사이에 그녀는 어느새 중학생이 됐지만 성격이 우울하고 난폭하고 성적이 나쁘고 자신감이 부족해서 부모가 골머리를 앓았다. 부부는 딸이 대학에 못가고 자립하지 못할까봐 걱정스러운 나머지 딸에게 평생을 써도 다 못 쓸 재산을 물려주기 위해서 열심히 돈을 벌었다. 하지만 돈을 많이 벌어도 딸의 문제를 생각하면 늘 불안하고 만족스럽지 않았다.

가족이 함께 살다 보면 당연히 충돌이 일어날 수 있다. 세상천지에 안 싸우는 부부는 없고 좋은 가정이 언제나 허물없이 화목한 것은 아니다. 우리 부부도 자주 싸운다. 하지만 위엔위엔이 없는 곳에서 싸우고 최대한 문제를 빨리 해결하려고 노력한다. 위엔위엔이 있는 상태에서 싸울 땐 최대한 자제해서 적어도 위엔위엔이 놀라는 일은 없었다. 우리 부부는 위엔위엔의 관점이 비교적 객관적이라고 믿고 때때로 위엔위엔에게 판사가 돼 우리 부부의 잘잘못을 가리게 했다. 동시에 위엔위엔의 말을 진심으로 경청해서 아이의 시각에서 우리의 문제가 무엇인지 돌아봤다. 비록 위엔위엔은 어릴 때 판결을 공정하게 하지 않고 늘 내 편을 들었지만 남편은 그 마음을 이해하고 위엔위엔을 위해서 먼저 잘못을 인정했다. 나도 남편에게 자주 양보했는데 남편이 화가 너무 많이 났거나 싸움을 빨리 끝내고 싶어 하면 원칙과 이유를 버리고 먼저 잘못을 인정하고 남편에게 화해의 손을 내밀었다. 우리 부부는 싸움에 있어서 늘 속전속결이었지 결코 이튿날까지 싸움을 끌어서 집안 분위기를 험악하게 만들지 않았다. 사람과 사람 사이에 모순이 있는 것은 정상이다. 중요한 것은 어떤 태도로 해결하느냐다.

혼인은 가장 깊은 인간관계다. 진실한 인성, 문화 교양, 가치관, 사랑 등은 혼인을 통한 인간관계에서 남김없이 드러난다. 혼인은 두 성인이 함께 쓰는 생명의 자서전이고, 부부가 가장 사랑하는 아이가 생활의 행복을 느끼고 생명의 아름다움을 깨닫고 사람과 사람 사이의 관계를 인식하는 교재다.

이성과 체면만 원하면 설령 부부가 이혼하더라도 아이는 계속해서 고통스러운 싸움을 겪는다. 에리히 프롬은 말했다.

"불행한 결혼이 해체를 앞두고 있을 때 부부는 완전한 가정이 아이에게 주는 행복을 빼앗지 않기 위해서 서로 떨어져 지낼 수 없는 근거를 내세우며 헤어지지 않으려고 한다. 하지만 깊이 있는 연구에 따르면 가정의 긴장감과 불쾌한 분위기가 공개적으로 헤어지는 것보다 아이에게 더 해롭다. 적어도 후자는 아이에게 사람은 용감하게 결정하고 판단해서 참을 수 없는 상황을 끝낼 수 있다는 점을 가르쳐준다."

부모는 아이에게 돈을 많이 물려주고 싶어 하지만 아이의 즐거움은 돈을 많이 줘도 살 수 없다. 돈은 잃어버려도 다시 벌 수 있다. 하지만 아이가 자랄 때 가져야 할 행복과 교육의 기회는 한 번 잃으면 영원히 되찾을 수 없다. 아이가 행복한 가정에서 신체적·심리적으로 건강하고 몸과 마음이 조화를 이루는 사람으로 자라게 도와주는 것은 아이에게 평생 다 쓸 수 없는 풍요로운 부를 물려주는 것이나 마찬가지다.

만약에 가정의 상태를 호텔처럼 등급으로 나누면 화목하고 행복한 가정 분위기가 가장 높은 등급이다. 집이 좁고 가구가 낡고 전자제품이 부족해도 가정에 사랑과 행복과 친밀함이 넘치면 그곳이 5성급 호텔이다. 부모는 아이를 낳았으면 잘 키우고 행복하게 할 책임이 있다.

난 에리히 프롬의 말을 여러 부모님들과 함께 나누고 싶다.

"하나님이 아브라함과 그 후예의 땅(땅은 모성애를 상징한다)을 '사방에 젖과 꿀이 흐르는 땅'이라고 묘사하는 것을 허락했다. 젖은 사랑을 상징하는 동시에 관심과 긍정을 상징하고, 꿀은 생명의 달콤함, 생활의 행복, 생명에 대한 사랑을 상징한다. '젖'을 주는 어머니는 많지만 '꿀'을 주는 어머니는 소수다. 아이에게 꿀을 주려면 어머니가 반드시 스스로 '좋은 어머니'이자 행복한 어머니가 돼야 한다. 어머니가 아이에게 주는 영향은 아무리 과장해도 지나치지 않다. 어머니의 생명을 사랑하는 마음은 생명을 걱정하는 마음과 마찬가지로 아이를 감동시키고 이 두 가지의 태도는 아이의 인격에 깊은 영향을 준다. 확실히 사람은 아이건 어른이건 간에 '젖'만 얻은 사람과 '젖'과 '꿀'을 동시에 얻은 사람을 구분할 수 있다."

사랑의 매도
상처를 남긴다

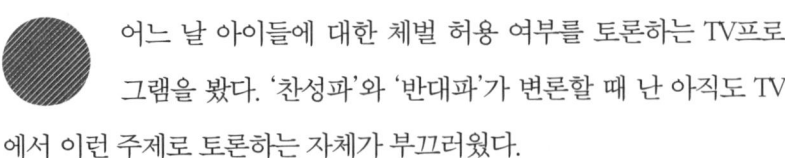어느 날 아이들에 대한 체벌 허용 여부를 토론하는 TV프로그램을 봤다. '찬성파'와 '반대파'가 변론할 때 난 아직도 TV에서 이런 주제로 토론하는 자체가 부끄러웠다.

이것은 백 년 전에 일부일처제를 해야 하느냐, 여성이 전족⁴을 해야 하느냐를 놓고 토론하는 것과 마찬가지다. 체벌이라는 주제로 찬반토론을 하는 것은 여전히 중국 사회에 '아이를 때리는 악습'에 대한 방관과 용인이 범람하고 있다는 뜻이다.

인류 문명이 전해진 뒤에 농업은 화전으로 밭을 일구는 수준으로 후퇴하지 않았고, 군사는 방패로 활을 막는 수준으로 후퇴하지 않았으

---
4 중국의 옛 풍습 중 하나로 여자의 발을 일부러 작게 만들기 위해서 헝겊으로 묶는 것을 일컫는다.

며, 의학은 무당이 점을 치고 굿을 하는 수준으로 후퇴하지 않았다. 하지만 가정교육은 야만적이고 난폭한 수준으로 후퇴했다. 같은 시대에 서로 다른 가정에서 사는 아이들은 부모의 교육관에 따라서 교육의 생태환경이 원시 수준에서 문명 수준까지 극명하게 갈린다.

아이를 때리는 것은 구닥다리 악습이다. 아이를 무력으로 정복한 어른은 재산이 많고 지위가 높고 학식이 뛰어나고 때리는 이유가 그럴싸해도 지혜가 부족한 것으로밖에 볼 수 없다. 자신이 위대하고 정의로운 것 같지만 실은 지혜가 부족하고 비겁하다. 부모가 아이 앞에서 이성을 잃고 사랑이라는 이름으로 폭력을 행사하면 부모의 행동은 야만스러운 행동이 되고 부모는 스스로 양복을 입은 야만인으로 전락하게 된다.

사람들은 요즘 아이들이 '오냐오냐' 커서 버릇이 없고 온종일 꿀단지를 독차지하고 산다고 말한다. 그런데 중국의 가정 폭력 현상이 매우 심각하다는 사실을 아는가? 2007년에 중국의 정파대학의 교수 두 명이 '가정의 체벌 현황'에 대해서 조사한 결과 전체 아이 중에 약 3분의 2가 가정 폭력을 경험한 것으로 나타났다. 조사를 받은 498명의 대학생 중에 54%는 초·중학교 때 부모에게 체벌을 받았고, 이 중에 88%가 손으로 맞았다.

사람의 본성은 약자 앞에서 가장 잘 드러난다. 많은 사람들은 직장 동료나 친구 앞에서는 겸손하고 교양 있는 척하다가 가장 사랑하는 아이 앞에서는 자신도 모르게 난폭하게 군다.

내 고향 친구 부부는 둘 다 베이징의 유명한 기업에서 일하는 진정한 화이트칼라다. 친구 부부는 위엔위엔과 비슷한 또래의 아들이 한 명 있는데, 아들이 될성부른 '떡잎'이 아닌 것을 받아들이지 못했다. 어쩌다가 한자리에 모이면 부부는 아들이 공부를 못하고 스스로 규칙을 안 지키고 성격이 난폭하다고 신세 한탄을 하고 내가 착한 딸을 둔 것을 부러워했다. 난 두 친구가 툭하면 아들을 때리고 욕하는 것을 알고 그러지 말라고 권유하며 아이가 훌륭해지는 것은 저절로 얻어지는 것이 아니라 교육으로 얻어지는 것이라고 말했다. 하지만 두 친구는 매번 순순히 받아들이지 않고 내가 좋은 딸을 둬서 심각성을 모르는 것이라고 여겼다.

어느 날 이 부부 중에 여자 친구와 아이들의 어릴 적 이야기를 할 때 그녀는 아들이 어려서부터 말을 안 듣고 상점에 가면 갖고 싶은 물건을 사줄 때까지 물건을 쥐고 바닥에 앉아 울었다고 말했다. 그녀는 약간 흥분해서 말했다.

"이런 일로 아이를 몇 번이나 때렸는지 몰라."

몇 번이나 때렸는지 모른다는 말은 이 문제가 지금까지 해결되지 않았다는 뜻이다. 친구의 아들은 이 문제로 엄마, 아빠에게 수차례 맞으면서도 상점에서 어떻게 해야 하는지 정확한 개념과 이성이 형성되지 않아 억울함과 반항심 사이에 갇혀 혼란스러워했다.

부모의 교육 방식에 문제가 있으면 아이는 번번이 문제를 해결하지 못한다. 때리고 욕하는 것은 부모가 가장 많이 사용하는 흔한 방식이지만 가장 효과가 없고 파괴적이다. 모든 아이는 때때로 부모의 말을 안 들는다. 난 아이가 말을 안 들을 때 때리거나 욕을 하지 않아도 문제를 해결할 수 있다고 믿는다.

아이가 상점에 가서 되는대로 물건을 사달라고 조르는 일은 나도 겪어봤다. 위엔위엔이 서너 살 때 어느 날 같이 시장에 갔는데 색소가 많은 음료수를 사달라고 졸랐다. 아무래도 다른 친구들이 마시는 것을 보고 사달라는 모양인데 난 곧 죽어도 사주지 않았다. 난 색소가 많은 음료수는 사달라고 졸라도 안 사줄 것이고 비위생적이라서 언제 어디서나 마시면 안 된다고 따끔하게 말했다. 그러자 위엔위엔은 화가 난 나머지 그 자리에 무릎을 꿇고 앉자 시끄럽게 울었다. 난 화를 내지 않고 위엔위엔이 평소에 모래를 만지고 놀 때처럼 아무 말도 하지 않고 가만히 기다렸다. 기다리는 동안에 난 다른 상품을 구경하고 점원과 대화를 나눴다. 위엔위엔은 내가 화를 내기는커녕 아랑곳하지 않는 것을 보고 더 크게 울었다.

차고 더러운 바닥에 앉아 울고 떼를 쓰느라 옷이 얼마나 더러워졌는지 지나가는 사람들이 모두 쳐다봤다. 난 위엔위엔이 더 이상 안 울 때까지 묵묵히 기다렸다가 무릎을 꿇고 온화한 말투로 물었다.

"그만 갈까?"

위엔위엔은 내가 관심을 보이자 다시 울기 시작했다. 난 마치 아무 일도 없는 것 마냥 다시 위엔위엔 앞에서 느긋하게 기다렸다. 울었다 그치기를 몇 번 반복해서 위엔위엔이 기운이 빠졌을 때 난 또 무릎을 꿇고 웃으며 말했다.

"위엔위엔 다 울었어? 우리 이제 그만 갈까?"

위엔위엔은 더 울어봤자 아무 소용이 없다는 것을 깨닫고 자리에서 조용히 일어났다. 난 위엔위엔의 손을 잡고 아무 일도 없었을 때처럼 즐겁게 상점을 나섰다.

난 위엔위엔을 꾸짖지도 않고 이치를 설명하지도 않았다. 색소 음료수를 마시면 안 되는 이유는 이미 설명했다. 위엔위엔은 이후에 다시는 색소 음료수를 사달라고 조르지 않았다. 또한 내가 단호한 태도로 안 사준다고 말하면 고집을 피우지 않고 말을 잘 들었다. 사실 아이를 대하는 방법은 매우 간단해서 욕하거나 때릴 필요가 없다. 아이와 작은 문제로 충돌하는 것은 모두 아이에게 새로운 학습의 기회가 되므로 부모는 인내심을 갖고 성실하게 문제를 해결해야 한다.

때리고 욕하는 것은 가장 나쁜 교육 방법이다. 난 "때리지 않으면 인재가 안 된다" "회초리 밑에서 효자가 난다"고 말하는 사람들은 자신의 신념을 성실하게 실천하며 살지 않을 것이라고 생각한다. 이렇게 야만적인 교육 방식은 '교육'의 영양소가 없고 부모의 화풀이에 지나지 않는다.

어느 날 고향 친구가 얼마 전에 중학교에 다니는 아들이 천 위안을 넘게 주고 산 수입 산악자전거를 산 지 한 달도 안 돼 잃어버려서 때렸다고 말했다. 세상에, 이것이 아이를 때릴 이유가 되는가? 난 위엔위엔이 7천 위안짜리 사진기의 렌즈를 깨서 2천 위안을 주고 바꿨을 때도 한마디도 하지 않았다. 심지어 "앞으로 조심해서 다뤄"라는 경각심을 주는 말도 안 했다. 사진기를 떨어트렸을 때 내가 괴로워하는 것을 보고 위엔위엔이 괴로워했으니 그것만으로도 이미 충분했다. 내가 굳이 경고하거나 깨우치지 않아도 앞으로 스스로 알아서 조심하지 않겠는가? 부모가 잔소리를 줄이면 아이가 부모의 말을 진지하게 듣는다.

아이는 일부러 말썽을 일으키지 않는다. 그런데 왜 부모는 아이가 실수로 저지른 잘못을 용서하지 않을까? 더욱이 아이는 잘못을 저지르면 스스로 괴로워하고 죄책감을 느낀다. 하지만 부모가 욕하고 때리면 자존심을 잃고, 자신보다 손실을 입은 돈과 물건을 더 사랑하고 자신을 이해하지 않는다고 생각해서 점차 반항하고 뉘우치지 않는다. 늘 이렇게 '교육'하면 아이는 결국 부모의 말을 안 듣고 모든 것에 신경 쓰지 않게 된다.

난 장난삼아 그 친구에게 물었다.

"너 저번에 잃어버린 휴대전화는 꽤 비싼 것 같던데 집에 가서 부인한테 안 맞았어?"

친구는 아들을 때린 것을 염두에 두고 내가 말하는 것을 알고 웃으며 말했다.

"넌 어떻게 나와 내 아들을 똑같이 생각해? 걔는 아이고 난 어른이야. 때리는 것도 다 잘 기억하고 자기 잘되라고 그러는 거야."

많은 부모는 가정교육을 할 때 이렇게 강도 같은 논리를 내세우며 아이를 잘되게 하기 위해서 또는 아이를 교육시키기 위해서 아이를 때린다고 말한다. 때리는 사람은 '사랑'이라고 말하지만 맞는 사람은 정이 떨어지니, 세상에 이렇게 말도 안 되는 이치가 어디 있는가?

아이를 대할 때 어른은 아이의 입장에서 아이가 무엇을 생각하는지 이해하기 위해서 노력해야 할뿐더러 아이가 즐겁게 받아들일 수 있는 방식으로 바르게 성장하게 지도해야 한다. 또한 아이를 '사람'으로 보고 평등하게 대우해야지 '작고 연약한 사람'이라고 생각하고 정복하려고 하면 안 된다.

물론 모든 부모는 성인이 아니라서 아이가 문제를 일으킬 때마다 감정에 기복이 생긴다. 하지만 자신의 감정이 내키는 대로 기쁠 땐 아이를 '구름' 위에 띄웠다가 언짢을 땐 때리는 식으로 막 대하면 안 되고 반드시 자신의 감정을 통제할 줄 알아야 한다. 아이가 몇 살이건 간에 언제 어디서나 어떤 이유로도 아이를 때리지 않겠다는 신념을 세워야 한다. 욕하고 때리는 방식으로 문제를 해결할 수도 있지만 온화한 교육 태도로도 해결할 수도 있다는 사실을 꼭 기억하시길 바란다.

아이를 때리고 욕하는 것이 습관이 되면 고치기 어렵다.

어떤 초등학생의 엄마가 내게 상담을 받으러 와서 말했다.

"아이를 때리고 난 뒤에 늘 후회하지만 제 성격이 나빠서 그런지 일단 아이가 화를 돋우면 제 감정을 통제할 수가 없어요."

난 몇 가지 조언을 한 뒤에 그녀에게 몇 마디 자극적인 말을 했다.

"어머님이 곰곰이 생각해보세요. 직장 상사가 화를 돋우면 어머님은 상사에게 욕하세요? 형제자매나 동료가 기분을 언짢게 하면 손으로 때리세요? 사실 사람은 어떤 행동을 할 때 순식간에 결과를 판단해요. 부모가 순간적으로 화를 못 참는 것은 아이를 때리면 화를 풀 수 있고 아이가 부모를 어떻게 못할 것을 속으로 이미 알아서예요. 어머님은 아이 앞에서 권위이자 주인이고 아이를 때린 뒤의 결과를 걱정하지 않아서 늘 감정을 못 참는 거예요."

가족 구성원의 관계는 인생에서 가장 깊은 인간관계다. 이때 가족 구성원 간의 좋고 나쁜 감정은 아이에게 평생 영향을 준다. 예상컨대 위에 상담을 받은 그녀도 어릴 때 가정 폭력을 당했을 것이다. 어려서부터 욕을 듣고 맞고 자란 아이는 본인이 가정 폭력의 피해자면서도 커서 가정을 이루면 똑같은 방식으로 아이를 대하고 아이의 감정을 보살피지 않는다. 자녀를 사랑하지 않고 사랑할 줄 몰라서가 아니라 사랑하는 능력이 부족해서다. 아이를 욕하고 때리는 부모는 마치 뱃속에서 성격을 타고난 것처럼 "제 성격은 부모님을 닮아서 안 좋아요"라고 말하는데, 성격은 유전되지 않고 일상생활을 체험하는 동안 심리적으로 전달된다.

수호믈린스키는 말했다.

"큰 소리로 꾸짖는 것은 사람 사이의 상호 관계에 대처하는 능력이 매우 낮은 사람의 기본적인 특징이다. 언성을 높이고 혼내는 곳에는 행동이 난폭하고 정서가 차갑고 삭막한 현상이 있다. 소리를 지르며 나무라고 주먹으로 때려서 교육한 아이는 다른 사람의 섬세한 감정을 느낄 수 없을뿐더러 주변의 아름다움을 보지도 느끼지도 못한다. 또한 매우 냉정하고 동정심이 없어서 때때로 사람이 표현하는 감정 중에서 가장 무서운 잔인함을 보인다."

내 친구 하나는 일도 잘하고 인간관계도 좋지만 집에서 아이를 욕하고 때린다. 어느 날 같이 만나서 수다를 떨 때 친구는 아버지 얘기를 하다가 "그 아버지에 그 딸"이라고 말했다. 알고 보니 친구는 어릴 때 아버지에게 많이 맞고 자랐다. 그녀는 당시에 아버지가 말도 안 되는 이유로 자신을 때렸다고 아버지의 행위를 멸시하고 증오했다. 뒤이어 아이들 이야기를 할 때 친구는 아이가 성실하지 않아서 때릴 수밖에 없었던 사례를 줄줄이 말했다. 내가 친구의 아이를 대하는 태도가 아버지의 난폭함에서 비롯됐다고 말하자 친구는 "나는 아버지와 달라. 아버지는 날 이유 없이 때렸지만 난 이유가 있어서 때렸어"라고 말하며 내 생각을 받아들이지 않았다.

    친구의 말은 일리가 있다. 내가 어릴 땐 집에 먹을거리가 부족해서 밥을 태우기만 해도 맞았다. 요즘 아이들은 시험을 못 보거나 인터넷을 많이 해서 부모에게 맞는다. 과연 내가 어릴 때 맞은 이유와 요즘 아이들이 맞는 이유가 뭐가 다른가? 사실 내 친구와 친구의 아버지는 자신을 화나게 했다는 서로 똑같은 이유로 아이를 때렸다. 친구와 친구의 아버지의 공통된 '교육 방식'은 주먹이다. 부모가 갖춰야 할 교양 수준이 친구나 친구의 아버지나 서로 비슷한 것이다.

    아이를 때리고 욕하면 당장 눈에 보이는 작은 문제를 해결할 수 있지만 아이는 숨은 폐해 때문에 평생 상처를 입고 산다. 자주 욕을 먹고, 매를 맞는 아이는 몸과 마음에 모두 상처를 받는다. 먼저 모욕감과 열등감을 느낄뿐더러 부모에게 난폭함을 배우고 반항심을 키운다. 추우면 원하지 않아도 닭살이 돋는 것처럼 부모에게 욕을 듣고 맞는 아이는 자신도 모르게 신체적·심리적으로 일련의 변화가 일어난다.

몬테소리[5] 박사는 "모든 성격의 결함은 아이가 어려서 잘못을 저질렀을 때 받았던 대우에 의해서 조성된다"고 말했다.

욕하고 때리는 방식은 결코 아이를 건강하게 자라지 못하게 하고 심리를 비뚤게 만든다. 마음에 장애가 있는 것은 몸에 장애가 있는 것보다 더 심각하고 무섭다. 2008년에 오스트리아에서 전 세계를 경악시킨 사건이 일어났다. 요제프라는 아버지가 지하실에 딸을 장장 24년간 감금한 것도 모자라 잔혹하게도 딸 사이에 일곱 아이를 낳았다. 또한 자신의 어머니를 다락에 가두고 죽을 때까지 밥을 굶기고 추위에 떨게 학대했다. 사회에 왜 이런 '슈퍼 야만인'이 존재할까? 대중매체는 요제프가 어릴 때 어머니의 폭력과 학대에 시달렸기 때문에 이 같은 끔찍한 일이 일어났다고 사태를 설명했다. 비록 이것은 극단적인 예이지만 기형적인 가정교육이 한 사람에게 얼마나 극악한 결과를 주는지 잘 보여준다.

엄격한 가정환경에서 자란 아이는 열등감이 많고 내성적이며 사람들과 소통하는 능력과 스스로 반성하고 자신을 관리하는 능력이 부족하다. 또한 성격이 나쁘고 타락하기도 하고 신체적으로 구토, 설사, 위장질환 및 불면증 등의 반응을 보인다.

어릴 때 체험한 모든 경험은 인생에 흔적을 남긴다. 아이에게 '보잘것없는 일'은 없다. 모든 작은 일은 아이가 자라면서 겪는 큰일에

---

[5] 이탈리아의 교육가이자 정신병학 박사(1870년~1952년). 아동의 자발성과 자유의 존중, 교육 환경 정비와 감각 기관의 훈련을 위한 놀이기구 사용을 중시하는 몬테소리식 교육을 창안함으로써 유·아동교육의 개혁과 체계를 세우는 데 공헌했다.

깊은 영향을 준다. 모든 사소한 일은 "남미에서 나비 한 마리가 날갯짓을 하면 미국에 태풍이 일어난다"는 말처럼 처음에는 주먹만한 눈 뭉치였다가 이내 눈사태로 번져서 아이에게 거대한 영향을 미친다.

물론 '때리지 않으면 그릇이 안 된다'는 관점을 증명하는 사례도 있다. 2005년에 인터넷에서 읽은 기사다. 열세 살짜리 소녀가 국제 청소년 피아노대회에서 우승했는데, 이 위대한 성적은 소녀의 아버지가 지난 3년간 소녀의 따귀를 4백여 차례 때려서 얻은 결과다. 이것은 전형적인 '때리지 않으면 그릇이 안 된다'는 사례다. 하지만 얼마나 많은 부모가 따귀를 때리면 아이가 '그릇'이 된다고 믿을지 모르겠다.

이삼 일이 멀다하고 따귀를 맞은 아이가 그것도 여자 아이가 어떤 사람으로 자랄까? 따귀를 맞은 자국은 금세 사라지지만 마음에 남은 상처가 쉽게 사라질까? 이 여자 아이는 비단 피아노를 치는 사람뿐만 아니라 다양한 역할을 하는 사람으로 자랄 것이다. 그럼 다양한 역할을 수행할 때 이 여자 아이는 어떤 면모를 보일까? 이 여자 아이의 사례는 성공적인 교육법이 아니라 기형적인 가치관의 위험성을 대표한다. 이 여자 아이의 아버지는 이 방법으로 단기간에 큰 성과를 이뤘지만 딸의 건강한 인격과 일생의 행복을 빼앗았다.

일전에 만난 어떤 엄마는 득의양양해서 말했다.

"아이는 때리면서 키워야 돼요. 우리 아이는 제가 한 대 때리거나 욕을 하면 바로 말을 들어요."

이 말을 듣고 난 그녀가 아이의 행복에 눈곱만큼의 관심도 없고 오직 눈앞의 편의만 생각한다는 것을 알았다. 그녀의 득의양양함은 진실하지 않아서 결코 오래가지 않을 것이다.

내가 아는 어떤 여자는 얼굴도 예쁠뿐더러 일도 잘하고 성격도 명랑하고 어디 하나 단점을 찾을 수가 없다. 다만 위가 안 좋아서 대학교 때 급성 위궤양으로 하마터면 목숨을 잃을 뻔하고 위의 3분의 1을 잘랐다. 의학계는 일찍이 만성 위장질환과 부정적인 성격이 서로 관계가 있다는 것을 밝혔다. 난 그녀의 질병과 가끔 드러나는 성격의 특징을 보고 어릴 때 심리적으로 거대한 스트레스와 상처를 받았을 것이라고 추측했다. 과연 어느 날 대화를 나누다가 그녀는 어릴 때 엄마에게 심하게 많이 맞았다고 털어놓았다. 어려서 학교 수업을 마치고 엄마 회사에 열쇠를 가지러 갔다가 돌아올 때 엄마 동료에게 인사를 안 한 적이 있었다. 그러자 엄마는 야근을 마치고 돌아와 한창 자고 있던 그녀를 깨워서 호되게 때렸다. 그녀는 단잠을 자다가 이유도 모른 채 맞은 적이 한두 번이 아니라고 말했다.

그녀는 엄마의 체면을 세우기 위해서 자신은 결코 엄마를 탓하지 않고 엄마가 엄격하게 키웠기에 오늘의 자기가 있을 수 있다고 말했다. 그러나 그녀는 닥치는 대로 군것질하고 자극적인 음식을 먹었다. 그 결과 위 절제 수술을 하고 얼마 지나지 않아 폭식 때문에 위출혈이 일어나서 한동안 식사를 못했고 증상이 조금 나아지자 다시 무절제하게 먹었다. 내가 군것질을 줄이라고 하자 그녀는 기분이 나쁠 때마다 간식을 먹으며 스트레스를 해소해서 어쩔 수 없다고 말했다. 어려서부터 모든 고통을 혼자 짊어진 그녀에게 간식은 심리의 고통을 줄여주는 진통제였다. 난 그녀의 엄마가 딸이 이런 고통을 겪는 것을 아는지 궁금했다. 만약에 딸의 정신적·신체적인 건강 상태를 알면 과연 딸을 자랑스러워할까?

많은 사람들이 아이를 때려서 키워야 한다고 단호하게 말한다. 본인들이 어려서부터 맞으며 컸고 결과적으로 잘 자랐기 때문이다. 성공한 사람 중에 부모에게 맞아서 철이 들었다고 말하는 사람을 심심찮게 볼 수 있다. 난 이들이 부모에게 맞은 사실과 성공한 사실을 의심하지 않지만 두 가지 사실이 서로 관계가 있다고 생각하지 않는다.

어떤 사람은 부모에게 맞은 뒤에 확실히 많이 달라진다. 하지만 달라진 원동력은 부모의 '주먹'이 아니라 이미 오랫동안 교육 받은 것이 욕을 듣고 맞는 사이에 효력을 발휘해서 스스로 달라진 것이다. 이것도 어쩌다가 한 번 맞아야 효과가 있지 자주 맞으면 효과가 있을까?

예전에 소리만 듣고 말을 못하는 아이가 실수로 마른 우물에 빠졌다가 급한 마음에 "살려주세요"라고 소리치게 됐고 그 뒤에 말을 할 수 있게 됐다는 기사를 읽은 적이 있다. 어떤 일은 조건이 형성되면 우연히 일어나기도 한다. 아이를 욕하고 때리면 인재가 된다고 말하는 것은 벙어리를 우물에 빠뜨리면 말을 할 수 있다고 하는 것이나 마찬가지다. 이것은 정말 억지로 원인과 결과를 짜 맞춘 말도 안 되는 소리다.

폭력적인 교육은 아이를 순종적으로 만들 수 있지만 똑똑하고 의젓하게 만들 수 없고, 아이가 말을 잘 듣게 할 수 있지만 스스로 발전하게 할 수 없다. 또한 일시적이고 표면적인 효과를 얻을 수 있지만 아이가 뒤처지고 의기소침해지는 대가를 치러야 한다. 욕하고 때리는 방식은 아이의 성적을 올리기는커녕 외려 아이가 공부를 싫어하게 만들고, 아이가 말을 듣게 하기는커녕 더 반항하고 고집을 부리게 만들며, 좋은 됨됨이를 갖기는커녕 심리를 왜곡시킨다.

사람들은 개인의 성공과 실패를 구분할 때 습관적으로 방대한 시각과 배경에서 접근한다. 하지만 동일한 문화에서 동일한 공공교육을 받으며 자란 아이가 커서 도덕, 인격, 능력 부분에서 큰 차이를 보이는 까닭은 가장 중요한 생활 장소인 가정에서 서로 다르게 생활하고 생애 최초의 계몽자인 부모의 교육 태도가 서로 달라서다. 개인이 쌓은 미덕에 대해서는 스스로 노력한 본인과 도움을 준 사회에 공을 돌려도 괜찮다. 하지만 어려서부터 키워준 부모에게 '상장'을 주는 것을 결코 잊으면 안 된다.

이에 비해 죄를 지은 사람 특히 형사범의 부모는 동정을 받을 이유가 없다. 물론 이들도 악의를 갖고 아이를 악의 길로 인도하지 않았다. 이들도 분명히 여느 부모처럼 아이가 좋은 사람이 되길 바랐을 것이다. 하지만 이들의 난폭한 교육 방식은 아이의 영혼을 삐뚤게 만들었고 아이가 타인을 악랄하게 대하게 가르쳤다.

모든 사람의 죄를 사회, 시대, 학교 탓으로 돌리면 문제의 근원을 찾을 수 없고 부모가 자신의 행위를 반성하지 않는다. 인격 성장의 계승성과 연속성을 볼 때 모든 죄인의 부모는 자식은 물론이거니와 사회와 인류에 사과해야 한다.

아이가 말을 잘 듣고 성적이 좋을 때만 예뻐하고 부모의 의견을 안 따른다고 해서 욕하고 때리면 안 된다. 부모는 무조건 자녀를 사랑하고 존중해야 한다.

책이나 주변 사람들을 보면 훌륭한 아이의 부모는 민주적이라서 어떤 일이 생겼을 때 아이와 온화하게 토론하고 해결 방법을 찾는다. 이들은 기본적으로 아이를 존중하고 신뢰해서 설령 아이가 잘못해도 주의만 주지 다른 일과 결부시켜 혼내거나 욕하고 때리지 않는다. 그 결과 부모가 걱정하지 않아도 될 정도로 아이가 매우 의젓하다.

러시아의 교육가 마카렌코는 "가정의 생활제도가 합리적으로 발전하면 더 이상 처벌이 필요하지 않다. 체벌이 영원히 안 일어나는 좋은 가정을 만드는 것이 가정교육의 가장 정확한 길이다"고 했다.

미국과 유럽의 일부 국가는 아이를 때리는 것을 엄격하게 금지한다. 중국에 아이를 때리는 현상이 보편적으로 일어나는 첫 번째 이유는 아이를 때려야 바르게 자란다는 전통 관념의 영향을 받아서고, 두 번째 이유는 법률에 제약이 없어서다.

지금 중국은 아동, 청소년을 보호하는 법규가 있지만 포괄적이라서 구체적이고 현실적인 구속력이 없다. 중국 사람들은 부모가 아이를 때리는 것을 남이 간섭하면 안 되는 집안일로 생각해서 아이가 맞아서 장애인이 되거나 죽지만 않으면 웬만해선 법률로 해결하지 않는다. 또한 사회 전반적으로 미성년자의 정신적인 손상을 무시하고 부모가 아이를 욕하고 때리는 것을 아동학대라고 생각하는 사람들이 적다. "귀한 자식 매 한 대 더 때린다"는 말의 가면 뒤에서 아이는 혼자 흉악함과 공포를 느낀다.

부모의 교양은 미래 국민의 교양과 관계있으므로 국가는 반드시 부모를 교육하고 부모의 자녀교육 수준을 높여야 한다. 동시에 법을 만들어서 아이를 욕하고 때리는 것을 금지해야 한다. 그리고 자격 미달인 부모의 보호·감독권을 빼앗아야 한다. 예컨대 가출한 아이를 찾아서 교육시키고 집에 돌려보내기만 할 것이 아니라 아이가 가정에서 스트레스를 견디다 못해 가출하게 만든 부모의 보호·감독권을 취소해야 한다.

양복만 입으면 신사가 되고 아이만 낳으면 부모가 되는 것이 아니다. 부모는 자녀를 어떻게 사랑해야 하는지 공부할 필요가 있다. 사랑하는 방법을 배우는 것은 인생의 큰 과제이므로 천천히 공부해야 한다.

가장 간단한 첫걸음은 더 이상 아이를 욕하고 때리지 않고 부모 스스로 양복 입은 야만인이 되지 않는 것이다.

이 시대 교육의 문제를 논(論)하다

부모의 역할은 무엇인가
아이를 맡기는 것에 대하여

■ 논의 배경

경제 발전을 주요한 목표로 삼고 달려온 중국에서 맞벌이는 가정 경제활동의 주요한 흐름이 됐다. 도시에 사는 대부분의 맞벌이 부부는 아이를 낳으면 기르는 것을 그들의 부모에게 맡기거나 경제적 여유가 있으면 보모에게 맡기는 경우가 많다. 엄마, 아빠와의 애착을 쌓는 것이 무척 중요한 시기에 부모와 떨어져 지내는 아이에게 생기는 감정 문제는 모두 아이의 몫이 된다. 인젠리는 이러한 시점에서 아이의 감정을 가장 잘 채워줄 수 있는 엄마와 보내는 시간이 절대적으로 부족한 아이에게 생길 수 있는 문제를 밝히고 부모 역할의 중요성을 강조했다.

위엔위엔이 생후 3개월 됐을 때 남편이 직장에 무급휴직을 신청하고 다른 지방으로 일을 하러 가는 바람에 나 혼자 직장생활을 하며 아이를 키우는 큰 어려움을 겪었다. 집안 어르신들은 모두 연세가 많아서 도움을 주실 수 없는 형편이었다.

당시에 친정 엄마는 내가 사는 곳에서 차를 타고 일고여덟 시간 떨어진 곳에 사셨고, 이미 다른 사람의 보살핌을 받아야 할 정도로 몸이 불편하셨다. 시어머니는 차를 타고 열 시간이 넘게 걸리는 더 먼 시골에 사셨고 집에 할 일이 산더미같이 많아서 집을 떠나실 수 없었다. 시어머니는 위엔위엔이 태어나기 전에 내게 아이를 낳은 뒤에도 계속 일할 생각이면 당신께서 키워주시겠다고 말씀하신 적이 있는데, 남편이 다른 지방에 일하러 간 것을 아시곤 아이를 잘 보살필 테니까 걱정하지 말고 보내라고 하셨다. 시어머니는 깔끔하고 부지런하신 분이다. 또 인자하셔서 나보다 위엔위엔을 더 잘 먹이고 깨끗하게 씻길 것이 분명하지만 감사하다고 공손하게 말씀드리고 사양한 채 혼자 위엔위엔을 키우기로 결정했다.

당시에 난 낮에 출근할 때 가까운 곳에 사는 나이가 지긋이 들은 아주머니에게 위엔위엔을 맡겼다가 퇴근할 때 데려왔다. 아주머니가 잘 돌봐주셨지만 부담은 여전했다. 아이가 태어나고 집안일이 거의 세 배가 늘었기 때문이었다. 남편과 함께 위엔위엔을 돌볼 때도 바빠서 정신이 없었는데 혼자 집안일을 하며 아이를 키우려니 갑자기 해야 할 일이 세 배 늘어난 것에서 다시 두 배가 더 늘었다.

위엔위엔이 걸음마를 배우기 시작할 때가 가장 피곤한 시기였다. 툭하면 넘어지고 부딪혀서 잠시도 안심할 수 없었고 호기심이 많을 때라 뭐든지 손으로 만지려고 했다. 난 잠시도 위엔위엔에게 눈을 떼지 않고 무슨 일을 하건 반드시 위엔위엔을 데리고 다녔다.

식사 준비를 할 때나 방을 닦을 땐 위엔위엔을 보행기에 앉혔다. 빨래를 할 땐 위엔위엔을 큰 세숫대야에 앉혀 위엔위엔이 '새로운 환경'에 정신이 팔려 있는 동안 재빨리 세면대에서 손으로 옷의 더러운 부분을 비벼 빨았다.

하지만 위엔위엔이 얌전히 있을 리 없었다. 내가 밥을 지을 때 다리를 붙잡고 안아달라고 떼쓰는가 하면 설거지를 할 때 장난감을 팽개치고 이야기를 해달라고 조르고, 밥을 먹고 출근하려고 하면 밥그릇을 엎어서 새 옷으로 갈아입혀야 했다. 팔이 여섯 개라면 모를까, 정말 아침부터 저녁까지 한시도 쉴 틈이 없었다.

원래 난 집안일에 소질이 없다. 위로 언니 둘과 오빠 둘이 있는 막내인지라 어려서부터 집안일을 잘 안 했고, 결혼한 뒤에는 부지런한 남편이 집안일을 거의 도맡았다. 이렇게 살던 내가 갑자기 혼자서 아이를 보고 집안일을 하고 출근까지 하려니 너무 피곤해서 급기야 믿을 수 없을 정도로 혈압이 떨어졌다. 의사가 입원해서 휴식을 취하라고 권했지만 난 변함없이 해야 할 일을 했다.

시어머니는 날 걱정하시며 재차 위엔위엔을 시골로 보내라고 하셨고 다른 도시에 사는 큰언니도 위엔위엔을 키워주겠다고 했다. 큰언니는 아들이 이미 초등학교에 다닐 정도로 컸고 마침 일도 바쁘지 않았다. 난 시어머니와 큰언니가 아이를 잘 돌보는 것을 알지만 여전히 직접 키우겠다는 마음을 바꾸지 않고 호의를 모두 사양했다.

내가 직접 아이를 키우려고 했던 이유는 두 가지다. 첫 번째는 아이의 교육을 위해서다. 시어머니는 정규 교육을 받으신 적이 없어서 이 부분은 내가 지도하는 것이 나을 것 같았다. 두 번째는 아이의 감정을 위해서였다. 할머니와 큰 이모가 무한한 사랑을 줘도 아이는 날마다 엄마를 봐야 한다. 엄마보다 아이의 감정을 더 잘 채워줄 수 있는 사람은 없다.

내 주변에 있는 많은 사람들은 자녀를 외지에 사시는 부모님께 맡기고 한 달이나 몇 달에 한 번씩 아이를 보러 간다. 그들은 아이들은 아무 것도 몰라서 며칠 울고나면 익숙해져서 엄마를 안 찾는다고 말한다. 하지만 실상은 이렇게 간단하지 않다. 이것은 아빠가 갑자기 안 보일 때 위엔위엔이 당황했던 것만 봐도 알 수 있다. 위엔위엔이 말을 못해서 그렇지 난 동작이나 더듬더듬 하는 몇 마디 말에서 오랫동안 아빠를 볼 수 없어서 힘들어하는 것을 느낄 수 있었다. 그런데 갑자기 엄마까지 못 보고 낯선 할머니와 큰 이모와 살면 얼마나 괴롭겠는가? 만약에 내가 마음을 독하게 먹고 위엔위엔을 할머니나 큰 이모에게 보내 3년 뒤에 데려오면 위엔위엔은 또다시 그들이 없는 공허함을 오랫동안 느껴야 한다.

미국의 저명한 아동심리학자이자 소아과 의사인 벤자민 스포크는 저서 『아이를 낳고 기르는 엄마가 알아야 할 아이 돌보기』[6]에서 말했다.

"아이는 태어나고 몇 개월 뒤부터 자신을 늘 돌봐주는 한두 사람을 사랑하고 의지하기 시작하고 이들이 자신의 안전을 보장한다고 생각한다. 생후 6개월 된 영아도 자신을 보살피는 아빠나 엄마가 갑자기 떠나면 사람과 사물에 흥미를 잃거니와 웃지도, 먹지도 않고 정신적으로 심한 압박을 받는다. 아이가 성인이 된 뒤에 생활 태도가 낙관적인가 비관적인가, 사람들에게 친절한가 쌀쌀맞은가, 사람이 믿음직스러운가 의심스러운가는 출생 직후 2년 동안 아이를 돌본 주요 사람의 태도에 달려 있다."

설령 이런 우려가 없어도 난 위엔위엔이 날마다 자라는 모습을 모두 보고 싶었다. 이 문제에 관해서 난 조금도 망설이지 않았다.

남편이 근무지를 옮긴 지 1년 뒤에 나도 회사에 무급휴직을 신청하고 함께 각지를 돌아다니는 생활을 하기 시작했다. 우리 부부는 몇 년간 생활이 불안정하고 일이 너무 바빠서 피곤했지만 단 하루도 위엔위엔과 떨어져 지내지 않았다.

물론 위엔위엔을 돌보는 것이 항상 괴롭고 힘들지만은 않았다. 오히려 '고통'의 시간은 짧게 빨리 지나갔고 점점 위엔위엔을 돌보는 것에 능숙해졌다. 엄마, 아빠의 보살핌 속에서 위엔위엔은 지능과 감정을

---

6 1999년에 나온 어린아이의 욕구, 질병 등 육아에 대한 상식을 알려주는 책이다. 부모가 아이에게 갖게 되는 걱정과 불만의 원인과 그 해결책, 어린 아이를 다루는 방법과 아이에게도 시켜야 할 일, 학교에 다니는 목적 등을 설명했다. 엄마의 세심한 주의가 아이를 훌륭하게 성장시키는 바탕임을 강조했다.

건강하게 발달시키고 우리가 걱정할 만한 병도 앓지 않았다. 우리 부부는 간단하고 순조롭게 아이를 먹이고 재웠다. 위엔위엔이 자랄수록 먹이고 재우기가 한결 여유로워졌다. 우리 부부는 충분히 놀아주지도 못했는데 갑자기 너무 빨리 자란 것 같아서 내심 아쉬웠다.

주변 사람들은 우리 부부가 특별히 신경 안 쓰는 것 같은데 위엔위엔이 공부를 잘하고 침착한 것을 보고 부모 노릇하기가 얼마나 편하냐고 부러워한다. 이럴 때마다 난 나도 모르게 아이가 어릴 때 아이에게 나태하게 군 부모들, 예컨대 일에만 전념하고 술 마시느라 바쁘고 도박에 미친 부모들을 떠올린다. 내가 만난 어떤 엄마는 시어머니가 동서의 아이를 봐주는 것을 질투해서 일부러 세 살 난 아이를 다른 도시에 사는 시어머니에게 맡겼다. 이런 부모는 아이가 어릴 때 아이의 감정과 교육에 신경 쓰지 않다가 아이가 커서 이런저런 문제가 생기면 아이를 원망하며 부모 노릇하기가 쉽지 않다고 신세를 한탄한다.

'낳기'와 '키우기'를 분리한 부모의 선택과 아이의 인생

아이가 영유아기일 때 부모가 조금만 더 신경 쓰면 천금을 캐는 효과를 볼 수 있다. 아이에게 신경 쓰는 것은 세상에서 가장 수지맞는 투자다. 어린 자녀에게 신경 쓰지 않고 교육을 대수롭지 않은 일로 여기면 커서 어떤 문제가 생길지 모른다. 이미 물감이 아무렇게나 칠해진 종이를 무슨 수로 깨끗이 만드는가?

2007년에 '베이징청년보(北京青年報)'에서 읽은 이야기다.

'천위'라는 이름을 가진 상하이 남학생이 대학을 자퇴하고 집을 나가 5년째 소식이 없다. 아들을 찾기 위해서 부모가 백방으로 노력했지만 성과가 없어 지금까지 아들이 어디에 있는지 모른다. 천위의 부모는 모두 지식인이다. 천위가 1987년에 태어났을 때 부부 모두 일이 너무 바빠서 아들을 다섯 살 때까지 외지에 사는 고모에게 맡겼다. 어린 나이에 갑자기 부모 곁을 떠나 낯선 환경에 놓인 천위가 얼마나 불안해했을지 상상해보시라. 하지만 천위는 다섯 살 때 집으로 돌아오는 바람에 이미 자신과 안정적인 감정을 형성하고 자신의 실질적인 부양자인 고모와 떨어져 다시 한 번 새로운 환경에 놓이게 됐다.

천위의 부모는 자신들의 필요에 따라서 아이를 이리저리 이동시켰다. 하지만 아들이 식물이나 동물이 아니라 풍부한 사상과 감정을 가진 사람이라는 것을 고려했으면 아들의 마음에 상처를 주는 일을 하지 않았을 것이다.

기사를 읽는 내내 세 명의 가족은 함께 모여 살 때도 좀처럼 정을 나누며 화목하게 지내지 않아 부모 자식 사이가 서먹서먹한 것을 알 수 있었다. 오랜 시간 다른 사람 밑에서 자라다가 부모 곁으로 돌아온 아이는 대부분 부모와 불화를 겪는다. 천위가 단호하게 가정을 떠나 스스로 '고아'가 된 것은 다년간 마음고생이 심했다는 것을 뜻한다. 하지만 천위의 부모는 퇴직한 뒤에야 비로소 영원히 아들을 잃었다는 것을 깨달았다. 얼마나 가슴 아픈 일인가!

지금까지 '천위 유형'의 부양 방식에 대해서 광범위하게 의논된 적이 없다. 믿을 수 있는 사람에게 아이를 맡기고 부모는 일에 전념하는

'낳기'와 '키우기'의 분리는 비판을 받기는커녕 일부 자기 분야에서 성공한 사람들이 칭송받는 증거가 됐다.

7, 80년대에 태어난 아이들이 어느새 부모가 되고 도시화의 추진으로 농촌 인구가 도시에 대량 유입하면서 낳기만 하고 키우지 않는 방식은 주류 현상이 됐다. 어른의 이익과 아이의 이익이 서로 충돌할 때 어른은 선택을 주도하는 강자가 되지만 아이는 선택을 당하는 약자가 되어 늘 희생과 양보를 한다. 아이를 키우는 책임을 남에게 미루는 양육 방식은 아이에게 당장 손해를 주지 않는다. 하지만 아이가 희생과 양보를 당하는 동안 성장 과정의 모든 나쁜 요소는 아이의 인생에 상처를 주는 동시에 인생의 질에 영향을 주는 병소가 돼 가정에 많은 폐해를 남긴다.

요즘에 부모가 도시에 일하러 가는 바람에 조부모나 친척 손에서 자라는 농촌 아이들의 문제가 사람들의 이목을 끌기 시작했다. 이렇게 자란 아이들이 어른이 되면서 보편적인 문제가 드러났기 때문이다. 하지만 일하는 부모 대신에 다른 가족들의 보살핌을 받으며 자란 맞벌이 부부들의 아이 문제는 아직 사람들의 관심을 못 받는다.

비용을 들여 아이를 돌보게 하고 부모가 얻는 것

도시에 사는 맞벌이 부부의 아이들이 모두 외지의 가족에게 보내지는 것은 아니다. 대부분은 부모와 함께 산다. 하지만 아이를 직접 돌보는 사람은 할아버지나 할머니, 보모다. 공간적인 의미에서 봤을 때 아이는 부모와 함께 살아도 날마다 조금씩이나 일주일에 한 번씩 부모의 얼굴을 볼 수 있다. 또한 도시에 일하러 간 부모 대신에 조부모 밑에서 자란 농촌 아이들과 똑같이 부모에게 충분한 관심을 못 받는 성장 환경에 놓이므로 주의가 필요하다.

3년 전에 겪었던 사례다. 열 살짜리 여자 아이였는데 성격이 괴상하고 학교 성적이 나빴다. 이 여자 아이는 부모와 잘 안 떨어지려 하고, 부모가 자신을 어떻게 대하는지 지나치게 신경 쓰는가 하면 부모의 말을 잘 안 들어 날마다 부모와 싸우고 충돌이 끊이지 않았다. 아이의 부모는 매우 유능해서 회사에서 중책을 맡았고 경제력이 좋아서 아이가 태어날 때부터 아이를 돌보기 위해서 집에 보모를 뒀다. 엄마는 아이를 낳고 3개월 만에 출근했고 아이를 키우는 일은 전적으로 보모가 도맡았다.

아이는 줄곧 부모와 함께 살았지만 부모가 아침 일찍 출근했다가 저녁 늦게 퇴근하고 툭하면 출장을 가고 너무 바빠서 아침부터 저녁까지 보모와 함께 생활했다. 심지어 잠도 보모와 함께 잤다. 아이는 부모의 집에 살았지만 할아버지, 할머니와 함께 사는 도시 아이처럼 부모와 함께 있는 시간을 가질 기회가 적었다. 이런 상황에서 아이는 보모에게 의지하는 마음이 생겼다. 보모도 아이를 매우 예뻐했고 두 사람의 감정은 매우 좋았다. 보모가 집에 가족을 만나러 갈 때면 아이는 엄마가 출장을 갈 때보다 더 괴로워하며 못 가게 말렸다.

그러다가 아이가 네 살 때 부모는 보수 문제로 보모와 사이가 틀어져 보모를 해고하고 새 보모를 찾았다. 하지만 아이가 새 보모와 사이 좋게 못 지내고 온종일 싸워서 부모는 또 다른 보모를 찾았으나 역시나 아이와 친해지지 못해서 어쩔 수 없이 또다시 새로운 보모를 찾았다.

수차례 보모를 바꾸는 동안 아이는 나이를 몇 살 더 먹었다. 그러자 더 이상 보모와 싸우지 않았다. 하지만 어떤 보모가 오건 대화를 모두 거절하고 날마다 집에 혼자 있었다. 부모는 너무 바빠서 아이와 자주 어울리지 못했는데 어쩌다 함께 있는 시간이 있으면 시험에서 몇 점을 받았냐고 묻거나 아이를 데리고 외식을 하러 가는 것이 고작이었다. 아이의 부모는 아이가 수업을 빼먹고 인터넷 채팅 사이트에서 알게 된 친구들과 어울린다는 전화를 받은 뒤에야 사태의 심각성을 깨달았다.

결국 아이의 엄마는 아이를 데리고 날 찾아와 자신은 반성할 생각을 하지 않고 아이에게 문제가 있으니까 '사상교육'을 시켜달라고 부탁했다. 내가 아이의 현황과 부모의 양육 태도에 관해서 얘기해도 받아들이지 않았다.

"아이를 전적으로 보모에게 맡기지 마시고 아이와 첫 번째 보모 사이에 일찍이 형성된 의존관계를 무시하지 마세요."

"다른 집도 보모가 아이를 키우고 문제가 있으면 보모를 바꿔요. 그래도 아이들은 멀쩡하기만 해요."

"어머님이 날마다 아이와 충분히 대화하시고 놀아주시고 함께 책을 읽으세요."

"일이 너무 바빠서 아이와 놀아줄 시간이 없어요. 저도 어릴 때 부모님이 신경 써주시지 않았지만 잘 자랐어요."

"만약에 다른 사람들보다 일이 특별히 더 많아서 아이를 돌볼 시간이 없으면 차라리 직장을 바꾸세요. 지금까지 아이에게 너무 차갑게 대하셨는데 반드시 많은 시간과 정성을 들여서 관계를 회복하셔야 해요. 아이가 벌써 열 살인데 이렇게 몇 년을 더 보냈다가 영영 관계를 개선할 수 없을까봐 걱정이 돼요."

직장을 바꾸라는 말에 그녀는 펄쩍 뛰었고 다시는 날 찾아오지 않았다. 최근에 소식을 들었는데 그 부모는 딸을 '군사학교'에 보냈다. 이 학교는 주로 학생들에게 군사훈련을 시키는데 날마다 행군을 하고 줄을 서고 긴급 집합 등을 하고 학생이 말을 안 들으면 때린다. 이 학교는 학비가 비싼데도 해마다 많은 학생들이 지원한다. 지원하는 학생들은 대부분 이 여자 아이처럼 부모가 바쁘고 집이 부유하지만 문제가 있어서 개선하기 위해서 보내진다. 소문에 따르면 이 학교의 교장은 문제아인 아들을 훈련시키다가 군사학교를 만들었다. 교장의 아들은 훈련을 받은 뒤에도 상황이 나아지지 않았지만 아버지는 뜻밖에 '교장'이 돼 떼돈을 벌었다.

난 나도 모르게 한숨을 쉬었다. 돈으로 '교육'을 사기는 얼마나 쉬운가! 하지만 돈으로 '교육'을 사려고 하는 부모는 자신이 마지막에 무엇을 사게 될지 모를 것이다.

아이보다 '나의 성공'을 먼저 생각하는 부모와 아이의 미래

지금 가정교육에서 가장 큰 문제는 부모가 아이를 위해서 목숨을 바치는 것도 두려워하지 않는 반면 기꺼이 시간과 관심을 쏟으려고는 하지 않는 것이다.

어떤 부모는 사업과 자녀교육을 서로 적대적인 문제로 생각하고 아이와 함께 화목한 시간을 보내거나 아이의 감정을 돌보지 않는다. 아이를 미워해서가 아니라 아이와 함께 시간을 보내는 것을 중요하게 여기지 않아서다. 이런 부모에게 아이는 보물이나 애완동물에 불과해서 잠시 믿을 만한 사람에게 맡겼다가 아무 때나 온전하게 찾아오려고 한다. 또한 아기를 생각과 감정이 있는 살아있는 사람으로 안 보는지라 희로애락의 감정을 느끼며 자라는 모든 순간에 아이에게 깊은 상처를 남긴다. 모름지기 강아지도 다른 집에 입양되면 주인이 갑자기 바뀐 것에 적응하지 못한다. 아이는 생각할 줄 모르는 도자기가 아니다.

어린 자녀가 부모에게 '아빠' '엄마'라고 부르는 것은 그렇게 부르기로 건성으로 약속해서가 아니다. 자신과 더 많은 시간을 함께 보내고 관심을 가져달라는 뜻이다. 아이를 낳기로 결정했으면 아이에게 책임을 지고 관심을 갖고 아이와 함께 시간을 보내는 것을 매우 중요하고 진지한 일로 여겨야 한다.

아이를 쉽게 부모님이나 친척에게 키워달라고 맡기지 마시라. 최대한 방법을 생각해서 아이를 곁에 두고 키우고 날마다 보는 것이 가장 좋다. 어려움이 있으면 부모가 극복해야 아이가 짐을 짊어지게 하면 안 된다.

아이와 함께 살아도 일과 인맥 쌓기에만 전념하지 말고 자신에게 남아 있는 모든 정력과 시간을 아이에게 쏟아야 한다. 아이의 요구를 본체만체하면 안 되고 아이와 함께 사는 일을 진지하게 대하고 아이를 좋은 집에 사는 외톨이로 만들면 안 된다.

어쩔 수 없는 이유로 반드시 아이와 떨어져 살아야 하면 아이가 최대한 감정적으로 상실감을 덜 느끼게 해야 한다. 예컨대 아이가 할아버지나 할머니 또는 임시로 키워줄 사람과 미리 친해지는가 하면 떨어져 있는 동안 부모가 아이에게 자주 전화해서 대화를 나누고 정기적으로 보러 가서 아이가 시시각각 부모의 관심을 느끼고 상실감이 안 들게 해야 한다.

하느님은 사람을 만들 때 부모가 자신의 아이를 정성껏 키우게 하기 위해서 자신의 아이를 사랑하게 만들었다. "일이 바빠요"를 포함한 어떤 것도 아이에게 신경을 덜 쓰는 것에 대한 이유가 될 수 없다.

부모가 열심히 일하는 이유는 가정의 미래, 조국의 미래를 더 아름답게 만들기 위해서다. 그런데 아이를 키우는 것을 귀찮게 여기면 가정과 국가를 위해서 일하는 것이 무슨 의미가 있는가?

부모의 역할이 얼마나 중요한가 하면 작게는 아이의 운명과 관계있고 크게는 민족의 미래와 관계있다. 따라서 반드시 나태해지지 않고 성실하게 수행해야 한다. 그렇지 않으면 직책을 더럽히는 죄를 짓는 것이다.

부모는 아이가 성장할 때 날마다 순간적으로 맞닥뜨리는 상황의 중요성을 이해하고 그 상황이 아이에게 거대한 영향을 준다는 사실을 알아야 한다. 이를 인식하면 아이를 직접 키우면서 일할 수 있는 능력과 방법이 자연스럽게 생기게 마련이다.

하고 싶은 일은 늘 이유가 있고 하기 싫은 일은 늘 핑계가 있다. 소설가 츠리는 "난 예나 지금이나 아이는 똑같지만 부모는 많이 변했다는 것을 발견했다. 지금 대다수의 부모는 아이에게 돈만 쓰려고 하지 시간, 에너지, 관심을 쏟으려고 하지 않는다. 실질적으로 부모는 명청하고 이

기적이고 맹목적이고 어리석고 게으르게 변했다"고 말했다. 실로 날카롭고 정곡을 찌르는 말이다.

하지만 부모만 비판할 수도 없다. 난 아이의 할아버지, 할머니나 외할아버지, 외할머니에게 아이를 키운 경험이 풍부하고 몸도 건강하고 퇴직해서 시간도 많고 아들딸이 도움을 필요로 해도 손자, 손녀를 도맡아 볼 필요가 없다고 말하고 싶다.

할아버지, 할머니 세대는 당신들의 아들딸이 손자, 손녀를 정성껏 키우게 해야 한다. 또한 아들딸이 부모가 된 뒤에도 계속해서 손자, 손녀를 경제적으로 책임을 지는 것 외에 감정과 교육을 제공해야 하는 책임을 외면하도록 두면 안 된다. 아이를 키우는 일에 관해서 아들딸이 더 많은 일을 하고 부모 역할을 하는 과정에서 성숙해지게 도와야 한다. 이것은 자식은 물론이고 손자, 손녀 세대에게도 매우 중요하고 의미 있는 일이다.

> 아이를 훌륭한 사람으로 키우고 싶다면
> 아이가 세상에 스스로 부딪혀볼 수 있도록 용기를 북돋고
> 생각과 표현을 자유롭게 할 수 있도록 해줘야 한다.
> 이렇게 하면 아이는 큰일을 이뤄서 부모에게 보답할 것이다.

3장

천하를 누빌 수 있는
용기와 자유를 심어주라

비판의식과 독립심을 키우는 방법

보호할수록
공포 심리는 강화된다

많은 사람들은 저마다 특정한 작은 동물을 두려워한다. 이것은 매우 고통스러운 경험이다. 아마 두려운 것이 없거나 두려운 것이 있어도 정도가 심하지 않은 사람은 결코 이 고통을 모를 것이다.

난 어떤 작은 동물을 매우 무서워한다. 눈앞에서 움직이는 것은 물론이거니와 사진을 보거나 이름을 듣는 것만으로도 무서움을 느낀다. 원래 「동물의 세계」라는 TV프로그램을 보는 것을 좋아했지만 우연히 화면에 잡힌 이 작은 동물을 보고 다시는 안 본다. 이 프로그램에 작은 동물과 관계없는 다른 동물이 나와도 우연하게 다시 보게 될까봐 겁나서 볼 수가 없다. 작은 동물을 두려워하는 문제에 관한 글을 쓰는 지금도 이 작은 동물의 이름을 쓰면 글을 계속 못 쓸 것 같아서 감히 쓰지도 못한다. 나도 내 상태가 심각하다는 것은 알지만 극복할 수가 없다. 이 작은 동물에 대한 두려움을 극복하는 것은 의지만으로 할 수 있는 일이 아니다. 이것은 마치 모든 병을 의지 하나로 치료할 수 없는 것과 같다.

대학교에서 심리상담 수업을 듣던 어느 날 작은 동물을 두려워하는 것을 극복할 수 있는 방법을 배웠다. 교수님은 환자의 과민반응을 없애는 이른바 '탈민 치료법'을 이용했다. 우리는 눈을 감고 저 멀리 무서운 것이 있다고 상상하며 조금씩 무서운 것이 있는 쪽으로 이동했다. 중간에 무서우면 잠시 멈췄다가 적응한 뒤에 조금씩 앞으로 나아갔다.

이렇게 해서 수업을 들은 학생들은 원래 자신이 무서워하는 작은 동물이 그렇게 무섭지 않고 친근한 동물이라는 것을 새롭게 인식하고 서서히 그 동물을 받아들였다. 하지만 몇몇 학생은 끝내 두려움을 극복하지 못했는데 내가 그중의 한 명이다. 난 그 작은 동물의 존재를 받아들일 수 없을뿐더러 가까이 가는 것은 더 더욱 싫고 모습만 봐도 놀라서 눈을 동그랗게 뜬다. 아무래도 심리치료를 이용해서 내 두려움을 없애기는 어려울 것 같다. 만약에 어렸을 때 이 방법을 이용했으면 쉽게 치료하지 않았을까?

난 두려움의 근원을 곰곰이 생각하다가 친정 엄마가 이 작은 동물을 두려워하는 것이 관계가 있을 것이라는 생각이 들었다. 내가 어릴 때 엄마가 갑자기 이 작은 동물을 보고 놀란 나머지 공포에 질린 표정을 지었던 것이 희미하게 기억난다. 엄마는 나까지도 이 작은 동물을 무서워한다는 것을 발견하고 내가 놀라지 않게 보호해주셨다. 예컨대 오빠가 이 작은 동물을 갖고 날 놀라게 할 때 엄마는 "동생이 무서워하는 거 몰라?"라고 오빠를 나무라셨다. 하지만 엄마가 이렇게 하셨던 것이 내게 심리적인 암시가 됐을 가능성이 높다.

원인이 어떻든 간에 난 이 작은 동물에 대한 두려움 때문에 많은 고통을 받았고 자식에게 같은 고통을 물려주기 싫었다. 특히 여자 아이는 무엇을 쉽게 무서워할 수가 있어서 난 위엔위엔이 어떤 것도 두려워하지 않게 많은 노력을 기울였다.

난 위엔위엔을 데리고 유리 상자 속에 있는 뱀부터 흙벽돌 아래에 사는 쥐며느리, 거미까지 각종 작은 동물을 관찰하고 감상했다. 원래 난 거미를 무서워하지만 참을 수 있는 정도였고 위엔위엔이 무서워하지 않게 하기 위해서 이를 꽉 깨물고 함께 관찰하고 대담하게 손으로 만졌다. 또한 겉으로 무서워하지 않는 척하는 것은 기본이고 몇몇 동물은 좋아하는 척까지 했다. 하지만 내가 가장 두려워하는 그 작은 동물을 보러 갈 땐 나 대신에 남편이 위엔위엔을 데리고 갔다. 남편은 위엔위엔과 함께 동물을 보러 가면 일부러 감상하는 말투로 위엔위엔에게 눈앞에 있는 작은 동물이 매우 귀엽다고 암시를 줬다.

유전인지 내 표정에서 암시를 받았는지 위엔위엔은 이 작은 동물을 처음 봤을 때 자꾸 남편 뒤로 숨었다. 하지만 남편의 끈질긴 지도로 서서히 받아들였다. 지금 위엔위엔은 이 작은 동물은 물론이거니와 다른 작은 동물도 전혀 무서워하지 않는다. 물론 싫어하는 작은 동물도 있지만 두려움의 고통을 느낄 정도는 아니고 단지 손으로 안 만지려고 하는 수준이다.

위엔위엔이 작은 동물을 무서워하지 않게 하기 위해서 노력하는 동안 난 몇 가지 방법을 터득했다.

첫째, 무서운 것이 있어도 아이 앞에서 표현하면 안 된다. 아이가 어리면 더 더욱 표현해선 안 된다. 난 위엔위엔이 어릴 때 내가 어떤 동물을 무서워하는지 모르게 했다. 위엔위엔에게 동화책을 읽어주다가 책에서 우연히 이 작은 동물을 봤을 때 예전 같으면 놀라서 책을 바닥에 던졌다. 하지만 위엔위엔이 놀라지 않게 하기 위해서 무서운 것을 억지로 꾹 참고 핑계를 대며 다음 장으로 빨리 넘겼다. 남편이 위엔위엔을 데리고 이 작은 동물을 보러갈 때도 내가 무서워서 같이 안 간다는 사실을 위엔위엔이 모르게 다른 일이 있어서 못 가는 척했다. 위엔위엔은 조금 큰 뒤에 내가 이 작은 동물을 무서워한다는 것을 알았지만 전혀 영향을 받지 않았다.

둘째, 만약에 아이가 이미 무엇을 무서워하면 무서워하는 대상을 서서히 접촉하고 받아들일 수 있는 기회를 만든다. 아이는 일단 한 번 받아들이면 그다음부터 쉽게 받아들인다. 나도 어릴 때 친구들이 데리고 노는 것을 보고 관심이 생겨서 이 작은 동물을 거의 받아들일 뻔했다. 하지만 당시에 아무도 날 격려하지 않았고 내가 막 두려움을 극복하려는 찰나에 누가 "너 이거 무서워하잖아. 갖고 놀지마"라고 말해서 두려움을 상기시켰다.

셋째, 아이를 보호하려면 공포심을 자극하지 않고 주의력을 돌린다. 예를 들어 아이가 무엇을 무서워할 때 사랑스러운 말투로 "무서워하지 마. 엄마, 아빠가 있잖아"라고 위로하면 안 된다. 위로가 외려 상이 돼 아이가 무서워하는 것을 당연하게 생각한다. 이럴 땐 여유로운 말투로 아이의 주의를 다른 화제로 돌려서 부모가 아이의 공포심에 개의치 않는다는 인상을 준다. 이렇게 하면 아이가 공포심을 느꼈던 대상을 무서워할 필요가 없다는 것을 깨닫는다.

넷째, 아이 앞에서 다른 사람에게 아이가 무엇을 무서워한다고 말하지 않는다. 안 그러면 아이의 공포 심리가 더욱 강화된다. 슬픔, 초조, 스트레스 등의 모든 부정적인 감정 중에서 사람에게 가장 큰 고통을 주는 것이 공포다. 살면서 두려운 것이 없는 상태는 쉽게 도달할 수 있는 경지가 아니므로 어려서부터 그리고 작고 구체적인 일부터 시작해야 한다.

아이가 '두려움'을 갖게 하지 말아야 한다. 작은 동물을 두려워하지 않는 것은 늑대, 경찰, 귀신을 두려워하지 않는 것과 같다.

상상력을 가둔
틀에 박힌 그림

위엔위엔이 다녔던 유치원은 어느 학기에 일주일에 두 번씩 특기적성반 수업을 열었다. 3백 위안(약 5만 원)만 내면 원생 누구나 수업을 들을 수 있었다. 아이들은 모두 수업에 참여하고 싶어서 저마다 무용반, 노래반 등을 신청했다. 어려서부터 그림 그리기를 좋아했던 위엔위엔은 미술반 수업을 듣고 싶어 해서 미술반을 신청해줬다.

특기적성반 수업이 시작되자 위엔위엔은 일주일에 두 번씩 유치원에서 연필로 그린 동물 그림을 가져왔다. 위엔위엔이 선생님의 그림을 보고 따라 그리면 선생님은 그림에 점수를 매겼는데 위엔위엔의 말에 따르면 선생님이 점수를 매기는 기준은 얼마나 똑같은가였다. 다시 말해서 최대한 똑같이 그리면 높은 점수를 받았다.

위엔위엔은 선생님과 그림을 똑같이 그리기 위해서 최선을 다했고, 똑똑하고 지혜로워서 선생님의 지도를 받고 곧잘 따라 그렸다. 그림이 비슷해지니까 점수도 점점 높아졌다. 하지만 한 가지 아쉬운 점을 발견했는데 그림의 선이 약해졌다. 그림을 똑같이 그리기 위해서 그렸다가 지우기를 무수히 반복한지라 예전에 거리낌 없이 멋지게 그렸던 그림에 비해서 말할 수 없는 소심함과 구속감이 느껴졌다.

얼마 후에 미술반에서 스케치 수업에 이어 색칠 수업을 시작하자 위엔위엔은 수업을 즐겁게 들었다. 위엔위엔은 원래 그림에 색깔을 칠하는 것을 좋아했다. 어느 날 미술반 선생님은 잘 그린 그림은 유치원 복도에 전시할 것이라고 말하며 아이들에게 소풍을 주제로 그림을 그려오라는 숙제를 냈다.

위엔위엔은 유치원에서 돌아오자마자 크레파스와 도화지를 찾아서 그림을 그리기 시작했다. 크레파스를 이것저것 바꿔가며 얼마나 몰입해서 그림을 그리는지 밥 먹으라는 소리도 못 들었다. 위엔위엔은 식사도 하는 둥 마는 둥 대충 한 숟가락 뜨고 다시 그림을 그렸다. 내가 설거지를 마친 시점과 비슷하게 숙제를 마친 위엔위엔은 의기양양하게 그림을 보여줬다.

그림을 본 내 첫 소감은 위엔위엔이 그림을 열심히 그렸고 색깔도 어울리게 잘 칠했다는 것이다. 붉은 태양이 한 송이 꽃처럼 오색찬란한 빛을 내뿜는가 하면 도화지의 흰 부분을 그대로 남겨서 파란 구름이 두둥실 떠있는 하늘로 만들었다. 도화지 아래쪽에 있는 잔디밭은 어린 여자 아이들이 손을 잡고 뛰어놀았고 아이들 옆으로 분홍색 시냇물이 흘렸다. 분홍색은 여자 아이들이 좋아하는 색이다. 위엔위엔은 사람들이 그것이 시냇물인지 알 수 있게 특별히 물결과 작은 물고기를 그려 넣었다. 다섯 살짜리 꼬마가 삐뚤빼뚤하게 선을 그리고 과감하고 과장되게 채색한 그림을 보니까 아이의 천진함이 그대로 느껴져서 기분이 저절로 즐거워졌다. 정말이지 아무것에도 얽매이지 않고 순수하게 그린 그림은 감동적이었다. 내가 진심으로 위엔위엔에게 그림을 잘 그렸다고 칭찬하자 위엔위엔은 매우 기뻐했다.

이때까지 그린 그림 중에 가장 공을 들여서 그림을 그린 위엔위엔은 내심 자기 그림이 유치원 복도에 전시되기를 기대하며 말했다.

"엄마, 만약에 이 그림이 유치원 복도에 걸리면 엄마가 유치원에 저 데리러 올 때마다 만날 볼 수 있어요."

난 꼭 날마다 볼 수 있게 됐으면 좋겠다고 말했다.

내가 얼른 뒷정리를 하고 자라고 하자 위엔위엔이 그림을 책가방에 넣으면 구겨지는데 어떻게 하냐고 해서 종이로 그림을 돌돌 말아 책가방에 조심스럽게 넣어줬다.

이튿날 오후에 유치원에 위엔위엔을 데리러 갔을 때 위엔위엔은 평소처럼 친구들과 즐겁게 뛰어놀다가 내게 달려왔다. 내가 위엔위엔을 데리고 복도에 그림을 구경하러 가려고 하자 위엔위엔은 갑자기 뭐가 생각났는지 억울한 표정을 짓고 날 못 가게 막았다. 왜 그러냐고 묻자 전날 그린 그림이 안 뽑혔다고 말하고 눈물을 뚝뚝 떨어뜨렸다.

난 눈물을 닦아주고 왜 안 뽑혔냐고 물었다. 위엔위엔은 작은 입을 오물거리고 잠시 머뭇거리다가 작은 소리로 말했다.

"시냇물을 분홍색으로 색칠해서요."

"분홍색으로 색칠하면 안 된대?"

"선생님이 시냇물은 파란색이라서 분홍색으로 칠하면 안 된대요. 그리고 구름도 파란색이 아니라 흰색으로 색칠하는 것이 맞대요."

말하는 위엔위엔의 표정이 어두웠다. 난 갑자기 망치로 머리를 쾅 얻어맞은 기분이 들었다. 그림은 전시되지 않아도 괜찮다. 하지만 이런 이유로 안 뽑히고 아이에게 그림을 틀리게 그렸다는 생각을 주입하고 좌절감을 심어주는 것은 문제가 있다.

난 마음이 아파서 위엔위엔을 꼭 안아주고 뽀뽀해줬다.

"괜찮아. 위엔위엔, 선생님이 네 그림을 안 뽑아준 것에 너무 신경 쓰지 마."

위엔위엔은 힘없이 고개를 끄덕였다.

난 위엔위엔을 데리고 집에 가는 길에 이 일에 대해서 위엔위엔에게 뭐라고 말해야 할지 곰곰이 생각했다. 위엔위엔에게 선생님께 그림을 냈느냐고 묻자 안 뽑히면 안 내도 돼서 책가방에 그대로 있다고 대답했다.

집에 돌아온 뒤에 위엔위엔에게 그림을 꺼내라고 했더니 접혀서 다 구겨진 그림을 꺼냈다. 난 위엔위엔을 무릎에 앉히고 함께 그림을 보다가 위엔위엔에게 물었다.

"왜 시냇물을 분홍색으로 칠했어?"

위엔위엔은 잠시 생각하다가 입을 삐죽거리고 말했다.

"분홍색이 예뻐서요."

"맞아. 그림은 보기 좋아야 해. 사람들도 그림이 '좋다' '나쁘다'라고 말하지 '맞다' '틀리다'라고 말하지 않아."

위엔위엔은 동의의 뜻으로 고개를 끄덕이다가 갑자기 부정하며 말했다.

"아니에요. 시냇물은 분홍색이 아니라 파란색인데 제가 틀리게 그렸어요."

난 시냇물이 분홍색이 아니라 파란색인지 어떻게 아느냐고 물었다. 사실 위엔위엔은 시냇물이 푸른 잔디를 가로지르며 흐르는 것을 직접 본 적이 없다. 위엔위엔이 아는 시냇물은 예전에 그림책에서 본 것과 그날 미술반 선생님이 말해준 것이 전부였다. 위엔위엔은 내 물음에 선뜻 대답하지 못하고 한참을 생각하다가 약간 짜증을 내며 말했다.

"어쨌든 시냇물은 파란색이에요."

위엔위엔에게 물이 무슨 색인지 알려주기 위해서 위엔위엔을 주방에 데려갔다. 난 흰 밥그릇에 물을 받아 식탁에 놓고 위엔위엔에게 무슨 색이냐고 물었다. 위엔위엔은 밥그릇을 한 번 쳐다보고 뭐라고 말해야 할지 몰라서 날 물끄러미 쳐다보기만 했다. 내가 무슨 색이냐고 다시 물어도 위엔위엔은 대답을 안 하고 고개를 저었다. 내가 끝까지 무슨 색이냐고 묻자 위엔위엔은 한참을 생각하다가 이상하다는 듯이 "흰색이요"라고 대답했다. 난 다시 빨간색 플라스틱 바구니에 물을 담아서 위엔위엔에게 "흰색이니?"라고 물었다. 위엔위엔은 바구니에 빨간 물이 가득 찬 것을 보고 쑥스러워했다. 그러다가 이내 약이 오르는지 "무슨 색인지 엄마가 말씀해보세요"라고 되받아쳤다. 난 미소를 지은 채 바구니의 물을 싱크대에 따라버리며 말했다.

"이것 봐. 물은 색깔이 없고 그냥 맑고 투명하지?"

위엔위엔은 내 말을 듣고 호기심이 동해서 물줄기에 손가락을 넣어 물이 손가락을 타고 내려가게 했다. 물이 모두 내려가자 위엔위엔은 고개를 들고 날 보며 감탄했다.

"엄마, 물은 색깔이 없어요!"

난 위엔위엔이 감탄하는 것을 보고 이야기를 마무리하기 위해서 다시 그림으로 화제를 돌렸다.

난 다시 위엔위엔을 안고 그림을 보며 말했다.

"위엔위엔, 물은 어떻게 칠해야 하지?"

위엔위엔은 고민하지도 않고 바로 대답했다.

"아무 색이 없게 칠해야 돼요."

"그럼 어떤 크레파스를 써야 할까?"

위엔위엔은 갑자기 말문이 막혀서 대답하지 못했다.

"이런. 물 색깔의 크레파스가 없네."

위엔위엔은 고개를 끄덕였다. 내가 계속해서 물었다.

"그럼 시냇물을 어떻게 그리지?"

위엔위엔은 뭐라고 대답해야 할지 몰라서 미간을 찌푸리고 곤혹스러운 눈으로 날 쳐다봤다. 위엔위엔은 이제 겨우 물에 색깔이 없다는 것을 알았는데, 이대로 시냇물을 못 그리는 것인가! 난 위엔위엔이 고민하는 것이 안쓰러워서 볼에 뽀뽀했다.

난 시냇물에 원래 색을 찾아주기 위해서 부득이하게 시냇물의 색을 지웠다. 그리고 위엔위엔에게 천천히 말했다.

"시냇물을 꼭 파란색으로 칠하라는 법은 없어. 시냇물은 원래 색이 없으니까. 하지만 그림은 반드시 색으로 표현해야 하는데 진짜 색으로만 그림을 그리려고 하면 영원히 시냇물 색깔의 크레파스를 찾지 못할 거야."

위엔위엔은 고개를 끄덕였다.

"크레파스 중에 색깔을 찾을 수 없는 물건은 이것 외에도 매우 많아. 하지만 모두 그림으로 그릴 수 있어. 위엔위엔, 좋고 나쁜 그림은 있어도 맞고 틀린 그림은 없어. 네가 칠하고 싶으면 아무 색이나 칠해도 괜찮아. 네가 좋으면 시냇물이 분홍색이어도 괜찮고 다른 색이어도 괜찮아."

위엔위엔은 시냇물 색깔 문제를 해결하고 신나게 놀았다. 하지만 난 여전히 걱정이 가시지 않고 무기력하기만 했다. 내가 그릇에 물을 받아가며 물의 색깔을 설명한 것은 위엔위엔의 상상력을 보호하기 위해서였다. 그런데 이번 일은 이렇게 지나간다고 쳐도 앞으로 어린 위엔위엔을 데리고 어떻게 부당한 교육에 맞서야 할까? 당장 위엔위엔을 미술반에 계속 보내야 할지도 고민됐다.

위엔위엔은 계속해서 선생님 말씀에 따라서 시냇물을 분홍색으로 색칠하지 못했고, 선생님은 수업 때마다 아이들에게 틀에 갇힌 그림을 그리게 가르치며 아이들의 상상력을 서서히 경직시켰다. 미술반은 아이의 상상력을 급속도로 빈곤하게 만들었다. 하지만 그렇다고 미술반에 안 보낼 수도 없었다. 다른 친구들이 특기적성반 수업을 들을 때 위엔위엔만 의자에 멀뚱하게 앉아 있으면 얼마나 수업이 듣고 싶겠는가? 또한 갑자기 미술반 수업을 못 듣는 것에 대해서 어떻게 생각하겠는가? 나의 이런 걱정을 위엔위엔에게 어떻게 설명해야 할까?

    난 한숨을 쉬며 3백 위안을 더 내는 한이 있어도 유치원에서 미술반 수업이 폐강되기를 바랐다.

세상에는
나쁜 사람도 있단다

몇 년 전에 신문에서 읽은 기사다. 어느 날 베이징의 모 중학교에 다니는 여학생이 학교에 가는데 어떤 아줌마가 와서 뭘 물었다. 여학생은 아줌마가 뭐라고 하는지 잘 못 들었지만 왠지 도와달라고 하는 것 같아서 무슨 문제가 있냐고 되물었다. 그러자 아줌마는 초조해서 말까지 더듬더니 차에 타서 얘기하자며 여학생을 다짜고짜 옆에 서 있는 차로 떠밀었다. 여학생은 그 길로 농촌에 팔려갔다. 당시에 열서너 살이었던 여학생은 6~7년 뒤인 스무 살 때 극적으로 도망쳐서 집에 돌아왔다. 여학생의 친구들은 모두 대학생이 돼 한창 나이에 할 수 있는 것을 즐겼지만 여학생은 중학교도 못 졸업하고 농촌에서 아기까지 낳아 몸과 마음에 상처를 입었다. 여학생이 인신매매범의 악행에 일생을 망친 기사를 읽고 있자니 마음이 매우 아팠다.

신문과 TV를 통해서 아이들의 납치, 유괴 소식을 심심찮게 들을 수 있는데 몇몇 사건이 피해 아이에게 남긴 상처는 차마 눈 뜨고 못 봐 줄 지경이다. 난 이런 사건이 일어나면 반드시 위엔위엔에게 말해서 조심하게 했다. 각양각색의 아동 대상 범죄는 아이가 생활에 관련된 상식과 경계심이 부족할 때 일어난다.

아이에게 안전교육을 할 때 다른 사람의 경험에서도 생활의 교훈을 얻을 수 있다. 부모는 아이에게 세상의 아름다움과 주변 사람들의 친절함을 알려주기 위해서 최선을 다한다. 하지만 수시로 생활의 다른 면을 보여주고 탐욕, 거짓말, 폭행 등의 어두운 면도 알려줄 필요가 있다.

어린아이는 매우 순진해서 나쁜 사람은 동화 속에나 존재하지 자신의 주변에서 진짜로 존재할 수도 있다는 것을 대부분 잘 모른다. 위에위엔은 일상생활에서 나쁜 사람을 만난 적이 없다. 그래서 난 위에위엔이 나쁜 사람은 TV드라마처럼 한눈에 알아볼 수 있다고 잘못 생각해서 만나는 모든 사람을 경계하지 않고 마냥 친절하게 대할까봐 줄곧 걱정했다.

일상생활은 가장 좋은 교육 현장이다. 위엔위엔은 여덟 살 때 나와 함께 상하이에 놀러 갔다가 '운 좋게' 두 명의 사기꾼을 만나는 바람에 매우 좋은 수업을 받았다. 우리 모녀는 상하이에 오고갈 때 모두 기차를 탔다. 상하이에 갈 때 점잖은 중년의 남자가 맞은편 침대를 썼는데, 그는 상하이 억양의 표준어를 쓰고 주변 사람들과 화기애애하게 대화를 나눴다. 그는 자신이 상하이에서 회사를 운영하고 상하이에 대해서 잘 안다고 말했다. 당시에 우리 모녀는 숙소를 정하지도 않았고 상하이에 아는 사람도 없어서 상하이에 도착했을 때 그에게 교통이 편리하고 가격이 합리적인 숙소를 물었다. 그는 시설이 깨끗하고 교통이 편리한 여관을 알려줬다. 내가 어떻게 가냐고 묻자 마침 자기도 같은 방향으로 가니까 택시를 타고 데려다주겠다고 말했다.

내심 걱정됐지만 그가 그리 나쁜 사람인 것 같지 않고 설령 나쁜 사람이어도 대낮이어서 많이 위험할 것 같지 않았다. 더욱이 난 경계심이 매우 투철해서 각종 속임수에 안 넘어갈 자신이 있었다. 난 그에게 감사의 인사를 하는 동시에 어쩌면 그가 순수하게 친절을 베푸는 것일 수도 있으니까 무조건 의심하지 않기로 했다.

기차에서 내린 뒤에 택시 승차장에서 택시를 탔다. 난 그가 기사에게 어디로 가자고 말하는지 잘 못 들었지만 택시가 번화한 시내를 달려서 일단 안심했다. 약 30분 뒤에 그가 거의 다 도착했으니 먼저 내리겠다고 했다. 내가 재빨리 그 여관을 가려면 어느 쪽으로 가야 하냐고 묻자 그가 손가락으로 앞쪽을 가리키며 "이 길을 따라서 조금만 더 가면 있어요"라고 말했다. 내가 좀 더 자세하고 물으려고 하자 그는 황급히 택시 문을 닫고 뒤도 안 돌아보고 가버렸다. 택시 기사가 내게 어디에 가냐고 물어서 그가 알려준 여관 이름을 댔더니 자신이 이 일대를 잘 아는데 그런 이름을 가진 여관은 없다고 말했다. 그제야 난 그가 공짜로 차를 얻어 탄 사람이라는 것을 알아차렸다. 위엔위엔은 무슨 일이 일어났는지도 모르고 "그런 여관이 없는데 왜 그 아저씨는 있다고 말했지?"

라고 혼잣말을 했다.

우리 모녀는 우여곡절 끝에 마침내 적당한 여관에서 짐을 풀었다. 위엔위엔은 뒤늦게 어떻게 된 일인지 알고 "아까 그 아저씨가 공짜로 차를 타려고 여관 이름을 속인 거예요?"라고 물었다. 난 그렇다고 대답하며 웃었다. 뒤이어 우리 모녀는 방금 일어난 일은 대수롭지 않아서 다행이지만 만약에 큰 위험이 도사리고 있으면 어떻게 해야 하는지 대화를 나눴다. 또한 처음부터 이런 위험과 무모함에 따른 손해를 예방할 수 있는 방법을 분석했다.

당시에 난 조금 화가 나서 "이래서 사람들이 상하이 사람들은 영리하다고 말하는구나"라고 말했다. 하지만 스스로 너무 극단적으로 말한 것을 발견하고 행여 위엔위엔이 상하이 사람은 나쁘고 돼먹지 못했다고 생각해서 상하이에 친근감을 못 느끼고 여행하는 내내 불쾌해할까봐 걱정됐다. 그래서 다시 말했다.

"영리하다는 말은 좋은 의미야. 진짜 영리한 사람은 영리한 머리로 좋은 일을 해. 상하이가 이렇게 발달한 건 이곳 사람들이 영리한 머리를 올바른 곳에 사용해서야. 아까 그 아저씨처럼 잔꾀를 부리면 발전할 수 없어. 전국 어디에나 잔꾀를 부리는 사람이 있는데 이런 사람은 지역의 대표가 될 수 없어. 상하이에도 분명히 좋은 사람이 많을 거야. 택시 기사 아저씨도 좋고 여관 사람들도 좋잖아. 안 그래?"

내 말을 듣고 위엔위엔은 방금 겪었던 일에 대한 앙금을 풀었다. 난 이 일이 큰 손해를 안 본 선에서 끝난 것만도 수확이라고 생각했다.

상하이에 있는 일주일 동안 위엔위엔은 매우 기쁘게 놀았다. 하지만 상하이를 떠나기 전에 역에서 기차표를 사다가 또다시 좋은 수업이 될 만한 일을 겪었다. 우리 모녀가 역 광장을 향해서 걸어갈 때 어떤 청년이 매우 급하게 우리 옆을 지나갔다. 청년은 주머니에서 뭘 꺼내다가 지갑을 떨어뜨린 것도 모르고 바삐 걸어갔고 우리 모녀가 불러도 못 듣고 뒤도 안 돌아보고 갔다. 그런데 위엔위엔이 지갑을 주워서 청년에게 뛰어가려고 한 순간 난 조금 이상한 생각이 들어서 못 가게 막았다. 언뜻 생각해도 매우 두툼한 지갑이 땅에 떨어지는 소리와 우리 모녀가 부르는 소리를 못 듣는 것은 말이 안 됐다. 하지만 정말 못 들었을 수도 있어서 난 위엔위엔과 함께 청년에게 뛰어가서 지갑이 떨어졌다고 말하고 10여 미터 뒤쪽에 떨어진 지갑을 가리켰다. 청년은 그제야 멈춰 서서 우리를 원수 보듯이 쳐다보고 한마디도 안 한 채 지갑을 주워서 맞은편으로 건너갔다.

위엔위엔은 청년 때문에 기분이 상했다. 고맙다는 말도 안 하고 그 표정은 또 무엇인가? 난 위엔위엔에게 그 청년 같은 사람이 진짜 사기꾼이라고 알려줬다. 전에 위엔위엔과 함께 신문을 읽다가 속임수에 관한 기사를 읽었는데 청년의 행동과 비슷한 점이 있다. 기사에 나온 사기꾼은 함정을 파놓은 뒤에 지갑이라는 미끼를 던지고 기다리다가 누가 주우면 미리 짜놓은 방법을 이용해서 돈을 뜯어냈다. 우리 모녀는 각종 속임수가 형식은 서로 다르지만 사람의 탐욕을 이용하는 기본 맥락은 똑같다는 결론을 내렸다.

위엔위엔은 상하이에 오기 전까지 말로만 남에게 안 속는 방법을 배웠다가 이 두 번의 체험을 통해서 진짜로 남에게 안 속은 경험을 쌓았다. 난 위엔위엔에게 앞으로 다른 사람이 물건을 떨어뜨리는 것을 보면 어떻게 할 것이냐고 물었다. 위엔위엔은 진짜 떨어뜨렸을 수도 있으니까 모르는 척하지 않고 직접 주워주는 대신에 말로 알려줄 것이라고 대답했다. 난 위엔위엔의 대답에 흡족해하고 칭찬했다.

난 위엔위엔이 사기꾼을 만난 적이 없는지라 모든 사기꾼이 험상궂게 생겼다고 생각해서 진짜 사기꾼을 만났을 때 경계심을 안 가질까 봐 줄곧 걱정했다. 마침 상하이에서 만난 두 사람이 험상궂게 생기지 않아서 위엔위엔에게 물었다.

"처음 두 사람을 봤을 때 사기꾼 같다는 생각이 들었어?"

위엔위엔은 아니라고 대답했다. 위엔위엔에게 말했다.

"사기꾼이나 나쁜 사람들은 '나 나쁜 사람이요'라고 명찰을 달고 다니지 않아. 그냥 보통 사람들과 똑같이 생겼고 심하게는 더 친절하기도 해. 그래서 잘 모르는 사람이나 일을 대할 땐 경계심을 가져야 해."

상하이 여행에서 겪은 두 번의 일은 비록 나쁜 일이지만 며칠 동안 구경한 자연 박물관, 고대 이집트 문명전, 진마오빌딩, 와이탄처럼 이번 여행에서 기억할 가치가 있는 내용이 돼 우리 모녀의 여행을 한층 더 재밌게 만들고 위엔위엔에게 중요한 교훈을 줬다.

상하이에서 돌아오고 며칠 만에 겪은 일은 생각만 해도 무섭고, 한편으로 위엔위엔의 이해력이 좋고 민감한 것을 감사하게 생각한다. 내 생각에 위엔위엔은 상하이 여행에서 정말 교훈을 얻은 것 같다.

그날은 토요일이라서 난 여느 주말처럼 얼후를 배우기 위해서 위엔위엔을 데리고 차를 타고 한 시간 거리에 있는 얼후 선생님 댁에 갔다. 수업을 마치고 돌아오는 길에 우리 모녀는 둘 다 화장실에 가고 싶어서 방금 지나쳐온 호텔에 되돌아갔다. 호텔은 그리 크지 않고 전에도 화장실을 이용하기 위해서 몇 번 들렀던 곳이었다. 호텔은 장사가 잘돼서 늘 사람들이 북적거렸다. 호텔 1층의 로비는 크지만 화장실이 없고 공중화장실은 2층에 있어서 우리 모녀는 매번 2층으로 올라갔다. 화장실이 조금 외진 곳에 있어서 그렇지 조명도 밝고 실내도 깨끗했다.

그런데 그날 호텔에 도착했을 때는 평소와 많이 달랐다. 문도 굳게 닫혔고 내부도 컴컴했다. 문을 열고 들어가자 로비도 어둡고 조명도 꺼졌으며 그 많던 사람이 한 명도 안 보였다. 대체 호텔에 무슨 일이 일어난 건지 우리 모녀는 놀라서 사방을 둘러봤다. 그러다가 구석에서 어떤 사람이 소파에 앉아 우리 모녀를 차갑게 쳐다보는 것을 발견했다. 아무리 생각해도 너무 이상해서 그에게 호텔에 무슨 일이 있느냐고 물었다. 그는 "내부 인테리어를 다시 하기 위해서 잠시 영업을 중단했습니다"라고 말했다. 내가 호텔에 묵으려고 찾아온 것이 아니라 화장실을 잠깐 쓰기 위해서 왔다고 말하자 그는 여전히 우리 모녀를 차갑게 쳐다보고 손가락으로 위쪽을 가리키며 "2층에 있습니다"라고 말했다. 난 그를 문지기라고 생각하고 위엔위엔을 데리고 2층에 올라갔다.

호텔은 전체적으로 조용하고 계단에 전등도 안 켜져서 어두웠다. 그런데 우리가 막 두 계단을 올랐을 때 위엔위엔이 갑자기 날 잡고 "엄마, 우리 그냥 화장실 가지 말고 여기서 나가요"라고 말했다. 위엔위엔이 조용히 한 말은 순식간에 내 마음을 불안하게 만들어서 심장이 떨리고 식은땀이 났다. 내가 위엔위엔을 데리고 되돌아나오자 문지기가 일어나서 우리를 쳐다봤다. 난 그에게 미소를 짓고 문을 향해 걸어가며 "남편이 밖에서 기다리는데 화장실 가고 싶어 할 것 같아서요"라고 말했다.

문지기가 어떤 반응을 보이건 말건 난 위엔위엔을 데리고 안정적이고 빠른 걸음으로 호텔 정문을 향해 걸어갔다. 호텔을 빠져나왔더니 안도감이 저절로 들었다.

어쩌면 화장실에 가도 아무 일도 안 일어났을 수도 있다. 하지만 화장실에 가는 것은 무모한 모험이었다. 시간이 많이 지난 지금도 난 이 일을 생각하면 가슴이 쿵쾅거리고 당시의 어리석음에 죄책감이 든다. 동시에 위엔위엔에게 감사한데, 당시에 여덟 살짜리의 경각심이 얼마나 뛰어났는지 부러울 정도였다.

일상생활은 가장 좋은 교실이고 모든 경험은 의미가 있다. 부모는 아이가 생활의 아름다움을 더 많이 누릴 수 있게 아이에게 세상의 어두운 면과 위험을 알려야 한다. 그래야 아이가 자기 자신을 더 잘 보호할 수 있다.

이번엔 혼자서 가볼래?

몇 년 전에 인터넷에서 한 아가씨가 초·중학교 때 걸어서 혼자 전국 방방곡곡을 누비고 다녔다는 기사를 봤다. 그녀의 아버지는 교육의식이 매우 투철해서 아이에게 혼자 멀리 여행을 가게 격려했다. 그 아가씨는 전국을 유람하며 지식을 키우고 능력을 단련시켜서 인성과 지식을 모두 갖춘 훌륭한 어른이 됐다. 이 기사는 내게 깊은 인상을 남겼다.

사실 아이는 자아 보호의식이 뛰어나서 매사에 분별없이 덜렁거리지 않고, 능력을 단련할 수 있는 기회가 많이 주어지면 더 훌륭하게 자란다.

위엔위엔은 아홉 살 때 처음으로 혼자 멀리 여행을 갔다. 당시에 남편은 베이징에서 일했는데, 위엔위엔은 아빠를 보기 위해서 노동절 연휴에 혼자 옌타이에서 베이징까지 기차를 타고 열일곱 시간을 달려갔다. 친정 엄마는 내가 위엔위엔을 혼자 기차에 태워 보냈다고 하자 매우 걱정하셨다. 솔직히 나와 남편도 매우 걱정했다. 위엔위엔도 분명히 나와 함께 갈 때보다 혼자 가는 것이 더 어렵고 불편했을 것이다. 위엔위엔을 키울 때 우리 부부는 항상 안전을 가장 많이 걱정했다. 위엔위엔을 네 살 때 잃어버린 경험이 있는데 그때 했던 걱정이 마음의 병이 돼 지금까지 고쳐지지 않는다.

그때 우리 부부는 위엔위엔을 데리고 친구 집에 놀러갔었다. 친구의 집은 아파트 1층이고, 모임에 부모를 따라온 서너 명의 아이들은 아파트 앞 놀이터에서 놀았다. 우리는 창문으로 아이들이 노는 것을 확인하며 마음껏 술을 마셨다. 그런데 식사가 거의 끝났을 때 밖에 나왔다가 위엔위엔이 사라진 사실을 발견했다. 아이들에게 물어도 다들 어디 있는지 몰랐다. 그러자 우리 부부는 물론이고 친구들까지 술이 확 깰 정도로 초조해져서 사방으로 위엔위엔을 찾으러 다녔다. 그 결과 약 한 시간 반 만에 위엔위엔을 아파트 정문 잔디밭에서 찾았다. 위엔위엔은 아파트 정문까지 걸어갔다가 방향을 잘못 잡아서 집을 못 찾아왔는데 다행히 울면서 뛰어다니는 위엔위엔을 인심 좋은 슈퍼마켓 주인이 우리가 찾으러 올 때까지 먹을 것을 주며 데리고 있었다.

우리 부부는 이 일에 깊은 자극을 받아서 위엔위엔이 고등학교에 갈 때까지 이후 10여 년 동안 활 소리만 들어도 깜짝 놀라는 새처럼 수시로 잃어버리는 악몽을 꿨다. 위엔위엔이 초·중학생 때 잠시만 어디에 있는지 몰라도 매우 걱정돼서 학교에 있을 때를 제외하고 내 옆에 꽁꽁 묶어두고 싶었다. 하지만 자유를 제한할 수 없다는 것을 스스로 잘 알기에 속마음과 달리 혼자 활동하게 부추겼다. 위엔위엔이 혼자 기차를 타고 베이징에 간 것도 실은 내가 "엄마가 너무 바빠서 노동절에 아빠를 보러 같이 못 갈 거 같은데, 괜찮으면 위엔위엔 혼자 갈래?"라고 권해서다.

위엔위엔은 처음에 내 제의를 조금 의심했지만 거듭되는 권유에 점점 혼자 가고 싶어 했다.

위엔위엔이 떠나기 전에 난 매우 초조해서 여러 가지 상황을 가정하고 이럴 땐 이렇게 하고 저럴 땐 저렇게 하라고 끊임없이 가르쳤다. 그런데 내가 너무 의외의 상황만 가정했는지 위엔위엔이 갑자기 말했다.

"엄마가 자꾸 그러니까 무서워서 못가겠어요."

난 지나치게 걱정한 나머지 위엔위엔에게 자꾸 위험한 상황을 인지시키고 겁을 줬다는 사실을 뒤늦게 깨달았다.

이 일을 통해서 난 아이가 혼자서 어떤 일을 하게끔 격려할 때 부모가 앞서서 근심 걱정을 하고 불안해하면 안 된다는 것을 배웠다. 진지하게 아이의 능력과 일의 실행 가능성을 평가해서 가능성이 있으면 긴장감과 근심 걱정을 드러내지 않고 믿음과 여유와 즐거움을 표현해야 한다.

사실 위엔위엔은 매우 순조롭게 옌타이와 베이징을 오갔다. 비록 출발지와 도착지에 마중하고 배웅하는 사람이 모두 있었지만 혼자 기차를 탄 것을 스스로 자랑스러워하고 자신 있어 했다.

이듬해에 베이징으로 이사한 뒤에 열 살인 위엔위엔은 소꿉친구를 만나러 갈 때 베이징에서 칭다오까지 혼자 기차를 타고 갔다. 우리 부부가 베이징에서 배웅할 때 위엔위엔은 혼자 집에 돌아올 테니까 역에 마중 나오지 말라고 말했다. 난 그러겠다고 대답했지만 마음이 놓이지 않았다. 베이징 역에서 집까지 오려면 지하철을 탄 뒤에 버스를 갈아타야 하는데 거리가 멀어서 한참을 걸어야 하고, 베이징에서 칭다오까지 가는 것보다 역에서 집을 찾아오는 것이 더 복잡했다. 그래서 난 기차가 도착하는 시간에 맞춰서 위엔위엔을 데리러 역에 갔다. 마음이 놓이지 않았던 이유도 있지만 며칠 동안 못 봤더니 너무 보고 싶고 위엔위엔에게 뜻밖의 기쁨을 주고 싶었기 때문이었다.

위엔위엔은 기차에서 내리다가 날 보고 깜짝 놀라고 기뻐했다. 하지만 곧 왜 마중 나왔냐고 원망하며 투덜댔다. 집에 오는 길에 난 위엔위엔이 집까지 돌아오는 교통편을 훤히 꿰뚫고 있고 안전에 매우 주의한다는 사실을 발견했다. 예컨대 지하철에 탈 때 사람이 많으면 본인은 물론이거니와 나까지 벽에 바짝 붙으라고 말하는 등 위엔위엔은 혼자 다니는 데 전혀 문제가 없었다. 내 '열정'이 위엔위엔이 혼자 떠난 첫 번째 여행의 완벽한 감회를 망친 것 같아서 기차역에 마중 나간 것을 매우 후회했다. 내 심정만 고려하고 위엔위엔의 바람을 고려하지 않았다. 만약에 위엔위엔의 안전이 걱정됐으면 역에 숨었다가 위엔위엔이 알아서 집까지 돌아오는 것을 가만히 지켜보는 편이 더 나았다.

중학교 때 위엔위엔은 친구들과 몇 차례 쇼핑을 갔는데 아침 일고

여덟 시에 나가서 오후 대여섯 시에 돌아왔다. 난 내심 위엔위엔을 못 나가게 하고 싶었다. 열한두 살 된 여자 아이들이 우르르 몰려다닐 때 조용히 다니는가? 하지만 난 이내 중심을 되찾고 안전과 관련된 주의사항을 알려주며 대화를 나눈 끝에 위엔위엔의 안전의식이 매우 뛰어나다고 판단하고 외출을 흔쾌히 허락했다. 사실 위엔위엔이 놀러나간 하루는 내가 걱정하며 전전긍긍하는 날이었다.

특히 어쩌다가 위엔위엔이 집에 전화하는 것을 잊으면 너무 걱정이 돼서 앉지도 못하고 눕지도 못하고 안절부절못하며 기도만 하는가 하면 한편으로 화가 나서 위엔위엔이 돌아오면 제대로 혼내겠다고 다짐했다. 하지만 초인종이 울리고 어린 아가씨가 온종일 신나게 놀다가 집에 무사히 돌아오면 감사함과 즐거움에 화가 눈 녹듯이 사라져서 다음에 또 놀러간다고 하면 흔쾌히 보내줬다.

부모의 눈에 아이가 스스로 알아서 하는 것은 자신을 단련시키는 것이 아니라 시험하는 것처럼 보인다. 하지만 그래도 아이의 시험을 용기 있게 받아들여야 한다.

내 친구의 아이는 중학교 2학년이고 학교에서 기획한 겨울방학 캠프에 참가하고 싶어 한다. 이번 동계 캠프는 하얼빈에서 열려서 선생님, 친구들과 함께 빙등도 구경하고 스키도 탈 수 있다. 하지만 아이와 떨어져 지낸 적이 없는 그녀는 행여 아이가 자신을 잘 돌보지 못할까봐 걱정스러운 나머지 캠프에 참가하지 못하게 하고 자신이 방학하면 직접 데리고 가겠다고 말했다. 아이는 엄마의 조치를 매우 달가워하지 않았다. 내 친구는 비록 학교에서 가는 캠프와 일주일의 시간차가 나지만 어차피 똑같이 하얼빈에 가서 빙등을 보고 스키를 타는데 엄마의 보살핌까지 받으면 더 좋을 것이라고 생각했다.

내 친구가 걱정하는 것은 일리가 있다. 모든 부모는 아이가 집을 떠나서 자야 할 때 자신을 잘 돌볼 수 있는가, 안전한가를 고려한다. 하지만 부모가 미처 생각하지 못하는 부분도 있다.

첫째, 부모는 아이가 친구를 사귈 필요가 있고 또래 친구들과 함께 어울려야 한다는 것을 생각하지 못한다. 빙등을 보고 스키를 타는 것은 겨울방학 캠프의 몇 가지 활동에 불과하고 아이는 친구들과 함께 멀리 여행을 온 것에서 진짜 즐거움을 느낀다.

둘째, 아이가 자신을 단련할 수 있는 기회를 빼앗는다. 아이가 자신을 돌보는 능력이 떨어지는 이유는 단련할 수 있는 기회가 부족해서이므로 아이에게 어렵게 찾아온 기회를 부모가 빼앗으면 안 된다.

셋째, 멀리 떠나는 일로 부모와 자녀가 의견이 충돌할 때 결국 부모가 시키는 대로 하게 되면 아이는 자신의 의견이 무시됐다고 생각한다. 그 결과 반항하거나 주관을 잃고, 다른 사람의 감정은 고려하지 않은 채 오직 자기만 아는 사고방식을 갖게 된다.

부모가 아이에게 스스로 자신을 돌보는 능력을 단련시킬 수 있는 좋은 기회를 주지 않고 걱정만 앞세운 채 본인이 편안하기 위해서 아이의 행동을 강제로 막는 것은 이기적이다.

아이를 가만히 내버려두는 것은 모험이 아니다. 아이는 이 기회를 통해서 담력과 능력을 단련하고 위험을 경계할 수 있다. 외출했을 때

의외의 상황이 생길까봐 걱정스러운 나머지 부모가 엄격하게 보호만 하면 아이는 진짜로 일이 생겼을 때 대처할 수 있는 능력과 용기가 없어서 당황한다. 이것은 아예 넘어질 일이 없게 아이에게 걸음마를 못 배우게 하는 것과 같은데 제때 걸음마를 못하면 나중에 못 걷는다. 아이를 지나치게 보호하는 것은 아이의 안전을 위협하는 것과 같다.

부모는 학교와 공동으로 안전문제에 관해서 사소한 부분까지 연구해서 아이가 마음껏 활동할 수 있게 하고, 평소에도 안전교육을 실시해서 아이가 스스로 자신을 돌보고 보호하게 해야 한다. 이렇게 할 때 아이가 혼자서 각종 활동을 할 수 있는 시기가 빨라진다. 일단 혼자서 각종 활동을 할 수 있게 되면 부모는 아이가 기쁘게 활동할 수 있게 가만히 내버려둬야 한다.

내가 아는 어떤 부부는 사회적으로 성공했고 아들도 매우 똑똑하다. 이들의 아들은 초등학교부터 대학교까지 줄곧 좋은 성적을 유지했고 리더십도 뛰어나서 줄곧 학급에서 반장 같은 중요한 직책을 맡았다. 고등학교 때 공부하느라 바쁜 중에도 학교와 학급의 일을 도맡아서 하는가 하면 기업의 협찬을 받아서 친구들과 함께 학급신문을 성공적으로 창간했다. 우연히 이 학생의 엄마와 대화를 나눌 기회가 있었는데, 그녀의 말에서 이들 부부가 매우 지혜로운 부모라는 것을 알 수 있었다. 이들 부부가 아들을 키우는 가장 기본적인 원칙은 '아이가 스스로 하게 하라'다. 이들이 얼마나 이 원칙을 기적처럼 지켰는지 정말 믿을 수 없을 정도였다.

아들이 유치원에 다닐 때 집에서 유치원까지 가려면 버스를 타고 세 정거장을 가야 했다. 부부는 아들이 다섯 살 때 이미 혼자서 유치원에 갈 수 있다고 판단하고 주의사항을 여러 번 일러준 뒤에 아침에 혼자 유치원에 보냈다. 유치원은 버스에서 내린 뒤에 도로를 안 건너고 쭉 걸어가면 멀지 않은 곳에 있었다. 하지만 저녁에 돌아올 땐 길을 건너 버스를 타야 해서 이들 부부가 데리러 갔다. 아들을 유치원에 혼자 보내고 처음 며칠 동안 마음이 놓이지 않아서 몰래 뒤따라갔지만 아무 문제가 없는 것을 확인한 뒤에는 뒤따라가는 일을 완전히 그만뒀고 이후 아들은 안전하게 유치원을 졸업했다.

　　부부의 아들은 또래 아이들보다 훨씬 성숙해서 일곱 살 여름방학 때 혼자 기차를 열 시간 동안 타고 멀리 사시는 할머니, 할아버지 댁에 갔고, 이때부터 방학 때마다 혼자 할머니, 할아버지 댁에 가거나 멀리 여행을 떠났다. 아이가 여행을 간 곳은 모두 믿을 만한 친척이나 친구가 있어서 도착하면 마중을 나오고 며칠간 함께 여행한 뒤에 안전하게 기차역까지 배웅했다. 그래서 부부의 아들은 초·중학교 때 많은 곳을 여행했다. 이밖에 부부는 사업이 바빠서 아이에게 집안일을 많이 시키고 아이가 스스로 할 수 있는 일은 결코 안 도와줬다. 부부의 아들은 주말이나 방학 때 부모가 퇴근할 시간에 맞춰 미리 장을 봐서 밥을 짓고 반찬을 만들었다.

　　그렇다고 부부가 사업이 너무 바빠서 아이를 돌보는 일을 소홀히 했던 것은 아니다. 겉으로 보기에 부부가 집에서 아무것도 안 하는 것 같지만 사실 아들을 위해서 마음을 많이 썼다. 부부는 아들이 간단하게 할 수 있는 일을 멋대로 간섭하지 않고 아이가 안전하고 독립적으로 일할 수 있는 방법을 연구하는 데 많은 시간과 정성을 투자했다. 아이의 엄마가 말했다.

"부모가 아이의 일을 대신해주는 것은 매우 쉬워서 모든 부모가 할 수 있어요. 외려 어려운 것은 부모가 아이의 일을 대신 안 해주는 거예요. 예를 들어 아이를 유치원에 혼자 보내는 일만 해도 우리 부부는 사소한 부분까지 고려해서 수차례 토론한 끝에 아이의 안전의식과 등하굣길의 안전 상황을 모두 파악하고 아이를 유치원에 혼자 보냈어요. 아이가 혼자 할머니, 할아버지 댁에 갈 때도 마찬가지였고요. 사실 부모가 데리고 가는 것이 훨씬 쉽지 아이를 혼자 멀리 여행 보내기는 정말 어려워요."

충분히 공감가는 말이다. 그녀가 말한 '아이의 일을 대신 안 해주는 것'은 겉보기에 자녀에게서 해방된 것처럼 보이지만 사실 부모는 속으로 더 많이 걱정하며 심리적인 시험을 치르게 된다. 아이의 일을 도맡아 처리하고 아이가 혼자 힘으로 뭔가를 못하게 하는 부모는 겉으로 보기에 노력을 많이 하는 것 같지만 아이의 독립심을 키우는 것의 중요성을 모르고 자기 위주의 사고방식을 가져서 아이의 요구를 진지하게 고려하지 않는다. 또한 빈틈없는 '보호'와 '지도'로 아이의 자아교육과 자아성장의 기회를 번번이 빼앗는다. 그 결과 아이의 잠재 능력이 퇴화되면 부모는 다시 '철이 없네' '장래성이 없네' '게으르네' 하며 아이를 나무란다.

내가 이 부부의 사례를 언급한 것은 아이에게 독립적으로 뭘 할 수 있는 기회를 주는 교육 이념을 강조하기 위해서다. 사실 아이를 혼자 유치원에 보내는 일은 아이의 능력, 지역의 안전성, 교통의 편리성, 기후 조건 등 고려해야 하는 요소가 너무 많아서 함부로 따라 하면 안 된다.

아이가 혼자서 무슨 일을 하고 싶어 하면 반드시 상황의 면면을 종합적으로 균형 있게 살펴서 안전지수가 높은 일을 선택하게 해야 한다. 보호자인 부모는 어떤 상황에서도 아이의 안전을 책임질 필요가 있다.

형식상 아이를 밖에 혼자 내보내느냐 아니냐는 사실 중요하지 않다. 가장 중요한 것은 기회가 있을 때마다 아이가 혼자서 뭔가를 하고 스스로 책임지고 문제를 해결하는 것이다. 아이가 혼자 힘으로 뭘 생각해서 하려고 할 때 부모가 서둘러서 아이디어를 내고 대신해주려고 하지만 않으면 부모와 함께 여행하고 일해도 괜찮다. 이때 부모는 아이 앞에서 아무것도 몰라서 못하는 척하고 아이에게 각종 기회를 양보해야 한다.

예컨대 아이와 함께 기차를 타러 갈 때 아이에게 가방을 맡기고 부모는 홀가분하게 타는가 하면 호텔에 가서는 아이에게 입실 수속을 하라고 시키고 소파에 앉아서 쉰다. 여행 자료를 볼 때도 아이에게 먼저 점검하라고 한 뒤에 말해달라고 할 수도 있다.

'독립'은 자립과 같은 말이고 아이가 성장할 때 반드시 갖춰야 하는 조건이다. 세간에 "젊은이는 취직하고 결혼한 뒤에도 심리적으로 엄마의 젖을 못 뗀다"는 말이 있다. 많은 사람은 이 말을 그저 재밌는 현상으로 치부하지만 개인 나아가 민족의 입장에서 생각하면 매우 슬픈 일이다. 이 슬픔은 당장은 심각하지 않지만 머지않아 모두가 걱정할 일이 될 것이다. 철학자 에리히 프롬은 『사랑의 기술』에서 '엄마가 아이에게 양질의 사랑을 줬는지 테스트할 수 있는 시금석은 엄마가 아이를 충분히 내버려뒀는가, 아이에게 자주성과 독립성을 키워줬는가'라고 했다.

아이를 사랑한다면 어린 론 레인저(1950년대의 유명한 미국 TV 시리즈의 영웅)가 천하를 누빌 수 있게 용감하게 내버려둬도 좋다.

"선생님이 틀렸다고 말해도 돼요?"

위엔위엔이 초등학교 5학년 때 왜 노인을 존중해야 하냐고 질문을 했는데 선생님은 "할머니, 할아버지는 젊을 때 국가에 공헌을 많이 했잖아요"라고 답했다. 위엔위엔은 집에 돌아와서 이 얘기를 꺼내며 인정할 수 없다고 말했다.

"할머니, 할아버지 중에 젊을 때 도둑이었던 사람도 있잖아요!"

난 위엔위엔의 생각을 이해할 수 있었다. 위엔위엔은 사회에 공헌을 해서 마땅히 존경받아야 하는 사람 외에 지금은 늙어서 평범하고 연약하지만 젊어서 행동거지가 나빴던 사람도 생각했다. 그들도 존중받아야 마땅하지만 위엔위엔은 어려서 많은 것을 분석하지 못하고 그저 직감으로 선생님의 말씀이 불공평하다고 생각했다.

난 아이의 관점을 매우 좋아한다. 어린 위엔위엔이 이익을 추구하는 사고방식을 초월해 인류를 사랑하는 정신과 연민의 정으로 문제를 생각하기 시작한 것은 확실히 칭찬할 만한 일이었다.

위엔위엔과 잠시 이 문제에 대해서 대화를 나누며 위엔위엔의 생각을 인정해주는 동시에 위엔위엔에게 타인을 존중하는 것은 사람 됨됨이의 기본이라는 것을 분명하게 가르쳤다. 또한 존중도 여러 단계가 있는데 사회와 국가를 위해서 공헌한 사람은 당연히 공경하고, 죄인이라도 사람으로서 가장 기본적인 존중은 해줘야 한다고 알려줬다. 하물며 동물도 존중하지 않는가?

우리 부부는 아이가 독립적인 견해를 갖고 모든 일을 남이 말하는 대로 따라 하지 않게 격려했다. 동시에 실사구시(實事求是)[7]의 태도를 키워줘 언제 어디서나 타인의 생각이나 습관에 순종하지 않고 큰 틀에서 문제를 보게 지도했다. 이 모든 것은 아이에게 비판의식을 키워주기 위해서였다.

혹자는 비판 정신은 인류 문명의 중요한 상징이고 자연계와 인류 사회의 발전은 방대한 비판의 과정이었다고 말한다. 다윈의 생물진화론을 보면 생물의 발전은 자신에 대한 끊임없는 비판에서 비롯됐다. 서양의 교육계는 학생에게 비판하는 사고 능력을 키워주는 것을 중시한다. 비판적인 사고는 학습에서 빠지면 안 되는 부분이고, 비판적으로 사

---

7 사실에 바탕을 두어 진리를 탐구한다는 말로, 즉 현실의 일들에서 뜻이나 원리를 구한다는 사상이다. 중국 청나라 때 공리공론을 떠나 정확한 고증을 바탕으로 과학적·객관적으로 학문을 탐구했던 고증학의 학문 태도가 대표적인 예다.

고하고 문제를 해결하는 것은 사고의 양대 기본 기능이다.

아이의 비판의식을 발전시키는 것은 교육의 중요한 임무다. 초·중학생 특히 초등학생의 비판의식을 키우려면 아이에게 새로운 관점을 제시하라고 요구하기보다 먼저 아이가 자신의 생각을 과감하게 말하게 해야 한다. 요컨대 선생님의 말과 행동에 의심이 들거나 모르는 점이 있으면 질문하게 해야 한다.

선생님은 아이가 사회에서 접하는 첫 번째 '권위'라서 많은 아이들이 선생님에 대해서 공경심과 두려움을 느낀다. 따라서 부모는 선생님과 함께 있을 때는 선생님을 존중하되 두려워하거나 맹목적으로 숭배하지 말고 평등의식을 갖고 선생님에게 잘못이 있으면 용기를 내서 선생님이 틀렸다고 말하라고 지도해야 한다.

다음은 친한 친구가 내게 해준 이야기이다.

친구의 아들이 초등학교 2학년 때 국어 선생님이 새로 오셨다. 1학년 때 국어 선생님은 남자 분이셨는데 새로 오신 선생님은 여자 분이었다. 여자 선생님은 수업 첫날 아이들의 관찰력을 키우기 위해서 예전 선생님과 자신의 차이점을 말해보라고 했다.

아이들은 저마다 "선생님은 머리카락이 긴데 예전 선생님은 짧았어요" "선생님은 쌍꺼풀이 있는데 예전 선생님은 없었어요" "선생님은 안경을 쓰셨는데 예전 선생님은 안 썼어요"라고 왁자지껄하게 말했다. 심지어 어떤 아이는 새로 온 선생님의 입 옆에 난 점까지 발견하고 예전 선생님은 없었다고 말했다. 친구의 아들은 처음부터 많은 차이점을 발견하고 손을 높이 들었지만 선생님이 발표를 시키지 않자 친구들이 차이점을 하나둘씩 말할 때마다 속이 타들어갔다. 그런데 아이들의 발표가 거의 끝나갈 즈음 갑자기 또 다른 차이점이 생각나서 손을 번쩍 들었다. 선생님이 발표를 시키자 친구 아들이 말했다.

"선생님은 여자라서 고추가 없는데 예전 선생님은 있었어요."

반 아이들은 웃고 난리가 났지만 선생님은 기분이 언짢아져 수업이 끝나고 친구 아들을 교무실로 불러 의식이 나쁘고 생각이 불량하다고 혼을 냈다. 친구 아들은 너무 억울해서 집에 가서 엄마에게 의식이 나쁜 게 무슨 뜻이냐고 물었다. 친구는 아들의 말을 듣고 아들에게 잘못이 없다고 생각했지만 막상 말은 다르게 나왔다.

"이런 말썽꾸러기 같으니라고. 머릿속에 이상한 생각밖에 없지? 네가 그렇게 말하니까 선생님이 화를 안 내? 선생님한테 혼나도 싸다 싸. 앞으로 선생님께 버릇없이 굴면 안 돼!"

친구가 재밌게 얘기해서 웃기는 했지만 한편으로 창의적으로 생각하고 자기 의견을 자신 있게 말하는 용기를 키울 수 있는 기회를 놓치고 아이를 평범하고 무비판적인 사고방식에 한 걸음 더 가깝게 끌어다 놓은 선생님과 친구의 행동에 아쉬움이 남았다.

지금까지 학교교육과 가정교육은 '말 잘 듣는 아이'를 키우는 데 열중했다. 집에서는 부모가 '정확성'을 대표해서 아이에게 말을 잘 들으라고 요구하고 학교에서는 교사가 '권위'를 대표해서 학생이 '튀는 행동'을 하는 것을 용납하지 않는다. 많은 아이들은 어른이 된 뒤에 생각이 없고 창의력이 부족하다고 지적받는다. 하지만 자랄 때 줄곧 앵무새처럼 부모와 교사의 말을 따라 하라고 강요받고 꼭두각시처럼 조종당했는데 어떻게 독립적으로 생각할 수 있겠는가?

친구 아들의 선생님은 화를 내면 안 됐다. 설령 아이의 말에 기분이 나빴어도 아이의 말을 유쾌하게 받아들여야 한다. 어린아이의 생각은 매우 단순해서 교사가 생각하는 것처럼 많은 것을 생각하지 못한다. 아이가 도움을 청했을 때 내 친구는 마땅히 상황을 이해한 뒤에 아이의 생각이 틀리지 않았고 다른 아이들이 미처 발견하지 못한 점을 발견한 것을 칭찬했어야 한다. 또한 선생님이 불쾌해하는 것은 사람들이 그렇게 말하는 것에 익숙하지 않아서이므로 앞으로 교실에서 그런 말을 하지 말라고 알려줬어야 한다. 안타깝게도 내 친구는 자신의 말이 아이에게 어떤 영향을 주는지 의식하지 못하고 무심코 던진 말로 아이의 체면을 깎아내렸다. 단언컨대 분명히 부정적인 영향을 미친다.

어떤 엄마가 내게 이런 이야기를 했다.

초등학교 4학년인 그녀의 아들이 어느 날 선생님이 나눠준 수학 시험지를 학교에 두고 왔다. 하필이면 그날의 숙제는 그 시험지를 푸는 것이었다. 숙제를 하기 위해서 그녀의 아들은 아래층에 사는 같은 반 친구에게 시험지를 빌려서 공책에 고대로 베껴 적고 문제를 풀었다. 사실 그녀의 아들은 숙제를 한 번 더 한 셈인데 어린아이에게 시험지를 베껴 적는 것은 결코 쉬운 일이 아니다. 그녀의 아들은 시험지를 가져오지 않았지만 숙제를 제때 마친 것에 매우 기뻐하며 선생님이 칭찬할 것이라는 기대감에 부풀었다.

하지만 이튿날 아이는 수업을 마치고 집에 오자마자 울음을 터트렸다. 알고 보니 선생님이 공책에 옮겨 적어서 문제를 푼 것을 숙제로 인정하지 않아서 학교에 남아서 똑같은 시험지를 한 번 더 풀었다. 아이가 풀기 싫다고 하자 선생님은 아이를 교무실로 불러서 시험지를 안 풀면 집에 안 보내겠다고 을렀다. 아이는 어쩔 수 없이 울면서 시험지를 풀었는데 당연히 기분 좋을 리 없었다. 그러자 선생님은 아이가 자신에게 반항한다고 생각하고 엄마를 학교에 불렀다. 그녀는 아이를 데리고 교무실에 가서 수학 선생님을 찾았다. 수학 선생님이 그녀에게 말했다.

"아이가 시험지를 학교에 놓고 가서 벌을 줬어요. 다시는 아무 데나 자기 물건을 흘리고 다니지 않게 하려고요. 같은 시험지를 두 번이나 풀게 한 것은 다 아이를 위해서예요."

선생님이 지나치다고 생각했지만 언성을 높이기 싫어서 선생님에게 고맙다고 말하고 아이를 데리고 집에 돌아왔다. 집에 돌아온 뒤에도 아이가 계속 침울해하자 그녀가 말했다.

"선생님 말씀도 일리가 있어. 오늘 벌 받았으니까 다시는 교실에 시험지 두고 오지 마. 시험지 한 번 더 푼 건 공부 한 번 더 했다고 생각하고. 너, 선생님 말씀 잘 들어야 돼. 선생님이 다 너 잘되라고 하시는 말씀이니까."

선생님과 똑같은 말로 아이를 타일렀지만 아이는 여전히 기분을 풀지 않았다. 그녀는 혹시 자신이 말을 잘못한 것이 아니냐는 생각이 들어서 마음이 불편했다. 이 일을 겪은 뒤에 내게 이런 상황이 생기면 어떻게 해야 하냐고 물었다.

그녀의 혼란은 대표성이 있다. 그녀에게는 두 개의 가치관이 있는데, 하나는 세속적인 것과 관계가 있고 다른 하나는 내면과 관계가 있다. 먼저 세속적인 것과 관련해서 부모는 교사가 하는 것은 모두 다 아이를 위한 것이므로 의문을 갖거나 비판하면 안 된다고 생각한다. 하지만 내면의 소리는 아이도 마땅히 존중받아야 하고 이런 방식으로 벌을 주는 것은 옳지 않다고 말한다. 그녀는 이 두 가지 가치관이 충돌하자 전자를 선택했다. 이것은 그녀가 평소에 비판 정신이 부족한 것과 관계가 있다. 판단력이 부족하면 중요한 순간에 무의식적으로 기존의 방식대로 일을 처리한다. 하지만 겉과 속이 다르면 자신의 마음도 달랠 수 없거니와 다른 사람의 마음도 달랠 수 없다. 때문에 그녀와 아이는 모두 고통스러울 수밖에 없었다.

내가 그녀에게 말했다.

"선생님 앞에서 언성을 안 높이신 것은 잘하셨어요. 선생님의 생각을 바꿀 수 없으면 그 자리에서 급하게 시시비비를 따질 필요가 없어요. 괜히 선생님에게 미운 털만 박히게요? 하지만 집에서 아이에게 그렇게 말씀하실 필요는 없었어요. 어머님은 자신의 생각을 솔직하게 말씀하시고 객관적인 입장에서 아이와 이 일에 대해서 대화를 나누셨어야 해요. 엄마가 자신을 이해해주길 아이가 얼마나 바랐을지 생각해보세요."

내 말에 확실한 증거를 얻은 그녀의 눈에 한줄기 의아해하는 빛이 비쳤다. 그녀가 물었다.

"보시기에도 학교 선생님이 잘못한 거죠?"

"학교 선생님의 처리 방식은 부당했어요. 비록 아이가 시험지를 교실에 두고 온 건 잘못이지만 방법을 적극적으로 생각하고 친구에게 시험지를 빌려서 제때 숙제를 마쳤잖아요. 만약에 선생님이 아이의 적극적인 면을 높이 평가했으면 아이가 기대한 대로 칭찬해주시거나 적어도 혼내지 않으셨을 거예요. 하지만 아이의 잘못만 보고 어리석게도 벌을 주셨어요. 아이를 위해서라고 하지만 아이는 선생님이 가혹하고 터무니없는 말로 억지를 부린다고 생각할 거예요."

그녀는 내 말에 일리가 있다고 생각하고 고개를 끄덕였다. 하지만 여전히 기운이 없었고 다시 물었다.

"아들에게 선생님이 잘못했다고 말해도 될까요?"

난 그녀의 불안함을 이해할 수 있었다.

"아들에게 선생님도 가끔 잘못할 때가 있다고 말씀하세요. 이건 뒤에서 선생님을 헐뜯는 게 아니니까 편안하게 말씀하셔도 돼요. 선생님도 사람이고 사람은 누구나 실수할 수 있어요. 아들에게 선생님이 잘못했다고 솔직하게 말씀하세요."

그녀가 난색을 표하기에 내가 다시 말했다.

"학부모님들은 선생님을 비판하는 것에 익숙하지 않아요. 선생님이 말하고 행동하는 것은 다 옳다고 생각하시죠. 사실 중국은 초·중학교 선생님이 되기 쉬워요. 도덕의식, 소질을 검증하지도 않고 교사를 뽑으니까요. 또 다른 직종에 근무하는 사람들에 비해 학력이 뛰어나게 높은 편도 아니에요. 그러니 선생님은 무조건 옳다고 생각하는 것은 객관적이지 못해요. 이렇게 환상에 가까운 기대는 교사에게 스트레스를 주고 교사가 발전하는 데도 도움이 안 돼요. 교사는 교사로서 마땅히 갖춰야 하는 소질을 계발해야 해요. 우리도 누가 교사라고 해서 그가 결점이 하나도 없는 사람이라고 생각하면 안 되고요."

내 말에 의문을 풀고 개운해하던 그녀가 잠시 생각하고 말했다.

"지금까지 아이에게 선생님을 존경하라고 가르쳤는데 선생님이 잘못할 수도 있다고 말하면 위신이 떨어져서 아이가 말을 안 들으면 어떡하죠?"

"사실 이 점 때문에 아들에게 선생님이 틀렸다고 시원하게 말씀하시지 못할 거예요. 하지만 걱정 마세요. 마땅히 선생님을 존경해야 하지만 선생님의 권위를 신봉하면 안 돼요. 지금 사회 전반에 걸친 잘못된 점은 선생님이 권위를 너무 앞세우는 거예요. 특히 초등학교에서요. 스승과 제자 사이에 강자와 약자, 군주와 신민, 지식과 무식, 정확함과 틀림의 극단적인 의식이 있어요. 이것은 바람직하지 않아요. 아이가 선생님을 존경하지 않게 만드니까요. 누가 자신을 불편하게 만드는 권위를 진심으로 존중하겠어요? 아이에게 선생님이 잘못했다고 말하는 것은 선생님을 존경하지 말라고 가르치는 것이 아니라 권위에 잘잘못을 따지라고 가르치는 거예요. 아이를 우습게 보지 마세요. 잘 지도하면 다른 사람을 존중하지 않을 아이는 없어요. 사실 모든 아이는 착하고 선생님을 숭배하고 존경하는 마음이 있어요. 어른이 샛길로 인도하지 않으면 아이는 본인의 감각으로 바른길을 잘 찾아가요. 존경하는 선생님은 존경하지 말라고 해도 존경하게 돼 있어요."

"구체적으로 제가 어떻게 하면 되죠? 이 일에 대해서 아이와 어떻게 대화해야 할까요?"

"만약에 제가 어머님이라면 이렇게 하겠어요. 먼저 선생님과 대화가 통할 것 같으면 대화를 나누는 것이 가장 좋아요. 그런 '호의'는 아이에게 별로 도움이 안 된다는 것을 선생님이 알 수 있게요. 숙제를 한 번 더 하면 공부의 기초가 더 튼튼해진다는 논리는 항상 성립하지 않아요. 아이가 반감을 가졌을 때 숙제를 한 번 더 하는 것은 외려 덜 하는 것보다 못해요. 사실 많은 착한 선생님들은 학부모의 의견을 듣고 싶어 해요. 그들도 교사로서 배우고 있는 중이니까요. 만약에 아이 선생님과 대화가 안 통할 것 같으면 아무 말씀하지 마세요. 괜히 기분만 상할 테니까요. 하지만 집에 돌아가셔서 꼭 아이와 대화를 나누세요."

뒤이어 한 말은 그녀가 가장 궁금해하는 내용인지라 눈이 기대로 가득 찼다.

"아이에게 어떤 일이나 생각을 이해할 수 있게 지도할 때 가장 좋은 방법은 묻고 대답하는 거예요. 부모의 지도를 받으며 아이가 자신의 생각을 말하고 정리하는 것은 부모가 일방적으로 이치를 설명하는 것보다 더 효과적이에요. 예컨대 이 일의 경우 먼저 아이에게 기분이 불쾌한가, 억울한가 물어보시고 아이의 정서를 안정시키고 이해해주세요. 그다음에 선생님이 잘못했나, 그렇다면 무엇을 잘못했나, 숙제의 의의는 무엇인가, 선생님의 행동은 숙제의 의의를 실현하는 데 적합했나, 선생님은 왜 별로 안 중요한 시험지를 중요하게 여기는가, 선생님과 아이의 인식은 어떻게 다른가, 누구의 인식이 학습에 도움이 되는가, 선생님이 어떻게 하는 게 옳은가, 만약에 네가 선생님이라면 어떻게 처리하겠는가 쭉 물어보세요. 묻고 답할 땐 반드시 감정적으로 말하지 않고 객관적이고 공정해야 해요. 또 문제 자체를 논해야지 선생님을 공격하면 안 돼요. 아이는 연달아 묻고 대답하는 과정에서 이 일의 근본적인 잘못은 선생님의 잘못된 관념에 있고 자신에게 시험지를 다시 푸는 것을 거부할 수 있는 권리가 있다는 것을 이해하게 돼요. 그러면 다음에 비슷한 일이 생겼을 때 아이가 용기 있게 자신의 생각을 말할 거예요."

그녀는 생각을 정리하고 고개를 연거푸 끄덕였다. 하지만 여전히 큰 고민을 해결하지 못하고 물었다.

"요새는 관리가 엄격해서 선생님이 아이를 때리고 욕하지 않지만 만약에 아이가 자신의 생각을 말했다가 선생님의 화를 돋워서 불이익을 당하면 어쩌죠?"

"선생님이 당장은 화를 낼 수 있어요. 하지만 두고두고 시시콜콜 따지지 않을 거예요. 만약에 운이 없게 선생님이 옹졸해서 아이를 냉대하면 부모가 얼른 나서서 아이와 선생님의 관계를 조정해야 돼요. 방법은 간단해요. 각종 방법을 동원해서 선생님과 소통하고 좋은 관계를 유지하는 거예요. 무슨 일이 있어도 아이 혼자 선생님의 냉대를 받게 하면 안 돼요. 심각한 상황이 아닌 이상 교장 선생님이 개입하는 것은 반대해요. 잘못하면 부모가 교장 선생님에게 항의 전화를 했다고 생각해서 선생님과 충돌할 수 있으니까요. 교사도 평범한 사람인데 누가 뒤에서 자기를 안 좋게 말하면 기분 좋겠어요? 특히 그 말이 상사의 귀에 들어가면 더 더욱 싫을 거예요."

그녀는 고개를 끄덕였다. 난 속으로 내 말이 도움이 되길 바랐다.

교사는 존경받는 직업이다. 부모는 아이에게 선생님을 존경하라고 가르치는 것이 마땅하다. 하지만 융통성 없이 지나치게 존경을 강요하면 안 되고 아이가 선생님의 행동에 이의를 제기하고 선생님을 비판하고 선생님 앞에서 자신의 생각을 밝히는 것을 허락해야 한다. 무조건 선생님만 옳다고 하고 아이를 조롱하는 것은 아이의 비판 능력을 억압하는 동시에 마음에 없는 말을 하라고 가르치는 것이라서 아이가 아첨을 잘하고 노예근성이 몸에 밴 사람으로 자라게 된다.

아이가 독립적으로 생각하는 훈련을 할 때 생각이나 주장이 극단적으로 흐르는 경우가 있다. 그러면 부모는 일단 긍정적인 태도로 아이의 생각을 분석하고 아이가 정확한 인식을 갖게 객관적으로 지도해야 한다. 이것은 부모가 책임져야 할 교육의 의무이다.

비판 정신이 있는 사람은 개성이 있다. 모름지기 개성이 있으면 독특한 부분이 있어서 평범함과 충돌하게 마련이다. 부모는 아이가 개성을 키울 수 있게 격려하는 동시에 다양한 사람과 일을 이해하고 받아들이게 지도해야 한다. 건강한 비판 정신을 가지려면 넓은 시야, 일정한 수준, 관용의 기개가 필요하다.

듀이는 "이성과 지혜는 유일하게 영원히 중요한 자유가 있다"고 했다. 이 말은 사상의 독립과 자유의 중요성을 강조하는 동시에 사람의 이성과 지혜를 억압하면 안 된다는 가르침을 준다. 듀이의 말은 추상적이고 평범해 보이지만 교육적으로 매우 중요한 이념이므로 부모와 교사가 염두에 두고 깊이 생각하고 생활 속에서 실천해야 한다.

곧 어른이 되는
너에게

2006년 12월 29일에 위엔위엔의 중학교에서 '18세 성인식'이 거행됐다. 학교는 학부모에게 아이가 성인식 때 읽을 수 있게 미리 편지를 써오라는 숙제를 냈다. 다음은 내가 위엔위엔에게 쓴 편지다.

사랑하는 위엔위엔에게

학교가 고맙게도 이런 기회를 마련해서 네게 편지를 다 쓰는구나. 성인식이라니, 막상 편지를 쓰려니 조금 놀라워. 1991년도에 태어난 아기가 눈 깜짝할 사이에 '성인'이 되다니 말이야. 네가 태어나고 엄마, 아빠는 아침저녁으로 널 보살피고 네가 웃을 때, 몸을 뒤집을 때, 엄마, 아빠라고 말할 때, 걸음걸이를 배울 때, 초·중학교에 들어갈 때……. 네가 자라는 모습을 하나도 빼놓지 않고 지켜봤어. 그런데 네가 벌써 '성인'이 되다니, 엄마, 아빠는 여전히 놀라서 믿을 수가 없어.
편지를 쓰기 전에 어떤 내용을 쓸지 상의하면서, 엄마, 아빠는 마치 약속이라도 한 것처럼 가장 먼저 너에 대한 사랑을 떠올렸어. 엄마, 아빠가 우리 아기에게 가장 하고 싶은 말은 "사랑해"야.

엄마, 아빠는 어떻게 네가 어려서부터 그렇게 똑똑하고 점잖았는지 모르겠어. 우리 기억 속에 넌 거의 울지 않았고 네 작은 입은 나팔꽃처럼 늘 즐거워했어. 유아원에 다닐 때도 다른 아이들은 주사를 맞고 엉엉 우는데 너 혼자만 간호사에게 "선생님, 전 안 울 거예요"라고 말했지. 두 살 땐 무더운 여름에 길을 걷다가 나무 그늘에 들어가자 시인처럼 "엄마, 우리가 큰 나무 모자를 썼어요"라고 말했어. 일곱 살 땐 참을성 있게 하나 남은 조각 케이크를 집에 놀러온 사촌동생에게 양보했고. 초등학생 땐 엄마보다 감각이 더 예민해서 네 덕에 위험한 일을 면한 적도 있었어. 돌이켜 보니 정말 너로 인해 재밌었던 일이 참 많았다.
넌 아빠와 농담도 자주 주고받지? 저번에 네 배를 두드리면서 "덕이 많군"이라고 말하고 아빠 배를 두드리면서는 "똥이 가득하군"이라고 말해서 온 가족이 박장대소했었잖아.
평소에 넌 온화하고 초등학교부터 중학교까지 공부를 잘했지만 스스로 남보다 뛰어나다고 생각하지 않았어. 엄마, 아빠는 겸손한 네가 참 대견해. 겸손한 척하는 것이 아니라 진짜 뼛속까지 겸손하잖아. 그래서 앞으로 더 많이 발전할 수 있을 것 같아서 엄마, 아빠는 기쁘고 안심이 돼.

넌 아직 열여섯 살이라 남들보다 이른 성인식을 치르는 것이지만 네 가치관, 일을 처리하는 방식, 생각하는 수준, 판단 능력 등은 너무 성숙해서 엄마가 다 감탄할 정도야. 엄마, 아빠가 네게 어떤 문제에 대해서 물을 때는 그냥 한 번 물어보는 것이 아니고 진심으로 물어보는 거야. 네가 매우 대범하게 분석하니까 말이야. 너를 보며 엄마, 아빠는 성숙함은 나이만 먹는다고 생기는 것이 아니라 아름다움과 덕이 쌓여야 한다는 걸 배웠어.

'성인식'은 이전의 시간에 감사하고 앞으로의 세월에 아늑한 제시를 주는 대단한 상징을 갖고 있어. 또 네 날개가 튼튼해져서 혼자 파란 하늘을 향해 날 수 있다는 뜻이기도 해. 예전에는 가정과 학교의 보호를 받으며 생활했지만 지금부터는 네 스스로 자신과 가정에 책임을 지고 사회에 공헌해야 돼.

엄마, 아빠는 어른이 된 네가 앞으로 착하고 마음이 넓고 정직한 사람이 되길 바라. 또 생활 속의 모순과 불쾌함을 해결하는 법을 배우고, 문제가 생겨도 연연하지 않고 네가 즐겁게 생활하고, 좋은 생활 습관을 갖고 시간이 날 때마다 운동을 열심히 해서 건강도 잘 챙겼으면 좋겠어.

마지막으로 말하고 싶은 점은 네가 만난 모든 사람과 일에 감사하라는 거야. 부모님, 선생님, 친구, 학교, 사회가 있어서 오늘의 귀여운 네가 존재할 수 있는 거란다.
엄마, 아빠는 특별히 네게 이 말을 꼭 해주고 싶어.
고맙다, 우리 딸!

날마다 행복하길 바라며
2006년 12월 22일 엄마, 아빠가

"
부모는 아이의 운명을 쥐고 있다.
아이를 바꾸는 계획은 반드시
부모 자신을 먼저 바꾸는 것에서 시작해야 한다.
부모의 교육 이념에 따라서 아이의 운명은 천양지차로 달라진다.

4장

아이의 문제보다 부모인 나의 문제를 본다

정서·행동 습관의 문제를 해결하는 방법

아이는 천성적으로
거짓말을 못 한다

위엔위엔이 네 살 때 우리 가족은 베이징에서 2년간 살았다. 베이징에 호적[8]도 없고 살 집도 없어 우리는 성이 고씨인 사람과 함께 방이 세 칸 있는 작은 단독주택에 세를 들었다. 위엔위엔은 고씨를 아저씨라고 불렀다. 고씨도 위엔위엔을 매우 좋아해서 위엔위엔과 자주 이야기를 나눴다. 당시에 우리는 호적과 집 문제를 모두 해결할 수 있는 곳을 찾고 베이징에 정착하려고 했는데 갑자기 옌타이의 두 연구소에서 남편에게 면접을 제의해 위엔위엔을 데리고 함께 면접을 보러 갔다. 베이징을 떠날 때 면접이 채용으로 연결될지 확신할 수 없어서 남편은 다른 사람에게 알리지 않았다. 고씨를 만났을 때도 고향인 네

---
8 중국은 농촌 호적자가 도시에 이주할 경우 교육, 주택, 의료 등의 혜택을 거의 못 받는다.

이멍구에 간다고 말했다.

옌타이에 도착한 뒤에 남편은 한 연구소와 조건이 잘 맞아 그곳에서 일하기로 결정했으나 일주일간 인턴 생활을 해야 한다기에 위엔위엔을 데리고 먼저 베이징에 돌아왔다. 남편이 일주일간 일한 뒤에야 채용 여부를 확실하게 알 수 있었기 때문에 베이징으로 돌아가는 기차에서 위엔위엔에게 "돌아가서 고씨 아저씨 만나면 우리가 옌타이에 갔었다는 말을 하지마"라고 말했다. 위엔위엔은 고개를 끄덕였다.

그 결과 위엔위엔은 집에 가자마자 고씨 아저씨를 보고 재빨리 "아저씨, 제가 어디에 다녀왔는지 아저씨에게 말 못해요"라고 선포했다. 고씨가 "네이멍구에 다녀오지 않았어?"라고 묻자 위에위엔은 "아니요. 엄마가 어디 다녀왔는지 말하지 말래요"라고 말해 이실직고할 수밖에 없었다.

우리 가족이 옌타이로 이사 가자 연구소는 호적을 처리하고 방이 세 칸 있는 집을 구해줬다. 지난 몇 년 동안 떠돌이 생활을 하다가 아름다운 해변 도시에 정착하니까 너무 행복하고 연구소 소장님께 감사한 마음이 들었다. 그래서 소장님께 감사의 인사를 드리기 위해서 설에 고향에 갔을 때 2백 위안짜리 작은 은그릇을 사왔다. 은그릇은 네이멍구의 특색 공예품이다.

상사에게 한 번도 선물을 한 적이 없는 우리 부부는 비록 감사하는 마음에서 '선물'을 준비했지만 다른 사람이 알까봐 쑥스럽고 조심스러웠다. 위엔위엔은 우리의 마음도 모르고 마치 자신이 다른 사람에게 뭔가를 주는 것 마냥 매우 즐거워했다. 선물을 주고 돌아오는 길에 같은 건물에 사는 남편 동료를 만나자 위엔위엔이 한껏 신나게 "아저씨, 우리 방금 소장님 할아버지께 선물 주고 왔어요"라고 말해 남편이 멋쩍게 씩 웃었다.

지금 생각하면 재밌는 일이지만 당시에 우리 부부는 계면쩍어서 계단도 못 내려갔다. 하지만 우리 부부는 위엔위엔을 나무라지도 않고 사태를 수습하려고 애써 변명하지도 않았다. 만약에 당시에 체면을 차리기 위해서 아이 앞에서 거짓말을 했으면 우리 부부는 난처한 상황을 모면했겠지만 아이에게 거짓말을 가르치는 꼴이 되니 합리적이지 않다.

우리 부부는 위엔위엔을 성실하게 키우려고 노력했고 돌발 상황이 발생해서 선의의 거짓말을 해야 할 때를 빼놓고 결코 거짓말을 못하게 가르쳤다. 또한 우리 스스로 모범을 보이기 위해서 성실한 사람이 됐다. 거짓말을 안 하는 것은 행복한 인생을 살기 위한 기본 조건이다. 입만 열면 거짓말을 하는 사람은 세상의 기준으로 봤을 때 '성공'했어도 실제로 행복하지 않다. 도덕심이 텅 비었기 때문이다.

어린아이는 매우 똑똑해서 어른의 반응을 매우 세심하게 살핀다. 위엔위엔이 "소장님 할아버지께 선물 주고 왔어요"라고 말한 날, 우리 부부가 순간적으로 곤란한 표정을 짓자 집에 돌아와서 자신이 잘못한 줄 알고 불안해했다. 우리는 "괜찮아. 네가 굳이 말할 필요는 없었지만 말해도 상관없어"라고 위로해줬다. 남편은 상을 주는 것처럼 위엔위엔을 안고 "아빠의 작은 비밀이 네 덕분에 밝혀졌어"라고 말해 위엔위엔이 공을 세운 듯한 기분이 들게 했다. 우리 부부가 웃자 위엔위엔은 금세 긴장을 풀었다.

위엔위엔이 자라고 철이 들면 우리 부부가 무슨 일을 해도 결코 사람들에게 우리 부부의 비밀을 말하지 않을 것이다. 어떤 일은 나이가 들면 자연스럽게 이해하게 되는데, 아이는 심리가 건강하면 말해도 되는 것과 안 되는 것을 잘 파악한다.

만약에 아이에게 거짓말하는 버릇이 있으면 틀림없이 성장 환경에 문제가 있다. 아이가 거짓말을 하는 원인은 크게 두 가지다. 첫째는 어른을 흉내 내는 것이고 둘째는 스트레스를 받아서다. 모든 아이는 이런 이유로 처음에 거짓말을 한다.

먼저 어른을 흉내 내는 경우를 살펴보자. 세상에 아이에게 일부러 거짓말을 가르치는 부모는 없다. 평소에 거짓말을 자주 하는 부모도 자식이 거짓말을 하면 싫어한다. 하지만 부모가 아이에게 말을 듣게 하기 위해서 거짓말을 하거나 평소에 남에게 거짓말을 자주 하면 아이가 서서히 보고 배운다. 어른들의 사회에서 아첨이 필요할 때 마음에도 없는 말을 하는 것은 비록 도덕적으로 옳지 않지만 일종의 사회생활의 기술로 볼 수 있다. 하지만 이것 역시 어린 자녀는 거짓말로 여기고 보고 배운다.

묵자는 실이 물드는 것을 교육의 영향에 비유하며 탄식했다.

"染于蒼則蒼 染于黃則黃. 所入者變 其色亦變, 故染不可不愼也."
염 우 창 즉 창 염 우 황 즉 황   소 입 자 변 기 색 역 변   고 염 불 가 불 신 야

이 말은 '파란 물감을 들이면 파랗게 되고 노란 물감을 들이면 노

랗게 된다. 넣는 물감이 변하면 그 색깔도 변하므로, 물들이는 것을 신중하게 해야 한다'는 뜻이다. 따라서 아이가 거짓말을 하면 부모는 반드시 자기 자신부터 반성해야 한다.

아이가 거짓말을 하는 또 다른 원인은 스트레스다. 부모가 엄격해서 아이의 모든 잘잘못을 낱낱이 따져 꾸짖고 욕하고 때리거나 너무 독단적이어서 아이의 생각과 소원을 자상하게 돌보지 않으면 아이는 평소에도 긴장하고 불안감을 느낀다. 그래서 혼나지 않고 소원을 이루거나 정서의 안정을 찾기 위해서 거짓말을 한다.

어떤 엄마는 딸이 거짓말을 하는 문제로 내게 도움을 구했다. 그녀와 남편은 모두 박사였는데, 지식인의 교양이 물씬 풍기는 것이 딸이 부모에게 거짓말을 배웠을 것 같지 않았다. 당시에 그녀의 딸은 초등학교 3학년이었다. 난 그녀와 구체적인 일부터 대화를 나누기 시작했다.

"최근 일을 말씀드릴게요. 제가 딸에게 천 위안짜리 컬러 전자사전을 사주고 잃어버리지 말라고 당부했어요. 아이가 어려서부터 물건을 잘 잃어버렸거든요. 제가 몇 번을 말해도 고치지 않아서 남편이 방에서 두 시간 동안 꼼짝 않고 서 있는 벌을 준 적도 있어요. 딸은 전자사전을 받고 매우 기뻐하며 절대로 잃어버리지 않겠다고 약속했어요. 하지만 그 비싼 사전을 한 달 만에 잃어버렸지 뭐예요. 잃어버리곤 제게 말도 안 했어요. 사전이 없어진 걸 알고 제가 어디에 있냐고 묻자 친구에게 빌려줬다기에 당장 찾아오라고 했는데 며칠이 지나도 찾아오지 않았어요. 처음 며칠은 친구가 깜빡 잊고 안 가져왔다고 말하더니 그다음에는 친구가 가져왔는데 또 다른 친구에게 빌려줬다고 말하는 거예요. 전 의심하면서 이틀 뒤에 반드시 가져오라고 말했죠. 이틀 뒤에 딸은 친구가 가져왔는데 교실에 두고 왔다고 말했어요. 제가 안 믿고 이튿날 학교에 따라간다고 하자 침착하게 그러라고 하더군요. 하지만 이튿날 아침에 진짜 학교에 따라가려고 하자 아이가 울면서 사실은 사전을 잃어버렸다고 말하면서 며칠간 저를 속인 것을 인정했어요."

그녀는 예전에는 아이가 거짓말을 할 때 부자연스러웠는데 지금은 부모를 며칠씩 속이고도 진짜처럼 군다며 "아이를 잘 교육시켰는데 왜 거짓말을 하는지 모르겠어요. 물건을 잃어버리는 것은 용서할 수 있지만 거짓말을 하는 것은 용서할 수 없어요"라고 말했다.

그녀가 화를 내는 것을 이해할 수 있었지만 그녀가 물건을 잃어버리고 거짓말을 한 잘못만 따지고 그동안 아이가 속으로 어떤 고통을 받았을지 세심하게 이해하지 않는 것이 안타까웠다.

"이 일은 아이가 거짓말을 했다기보다 숨겼다는 표현이 맞을 것 같아요. 아이는 사전을 잃어버리고 아무 일도 없는 척했지만 실은 속으로 매우 괴로웠을 거예요. 이런 상황에서 아이들은 대부분 부모에게 도움을 청하는데 따님은 왜 어머님께 도움을 청하지 않고 거짓말을 했을까요? 아마 부모님과 불행을 분담하고 싶지 않아서일 거예요. 아이가 이런 반응을 보이는 건 분명히 비슷한 경험이 있기 때문인데 혹시 평소에 아이가 잘못하면 많이 꾸짖으시나요?"

그녀는 고개를 끄덕이고 아이를 엄격하게 키운다고 대답했다.

"어머님은 자녀를 엄격하게 키우는 것이 좋다고 생각하시지만 자녀 분의 생각은 달라요. 따님은 이 일을 부모님께 말씀드리면 사전을 찾아올 수도 없거니와 호되게 혼나기만 할 걸 알아요. 그래서 문제를 두 가지나 만드느니 그냥 숨겼던 거예요."

"일리 있는 분석이네요. 하지만 우리는 아이를 때리거나 욕한 적이 없어요. 단지 잘못하면 몇 마디 꾸짖고 벌을 준 게 전부에요. 별것 아니잖아요, 부모님께 안 혼나는 아이는 없으니까요. 더욱이 종이는 불을 이기지 못하는 법인데 며칠씩 거짓말을 할 필요가 있을까요?"

그녀는 아이도 체면을 중요하게 생각한다는 사실을 몰랐다. 어른이 보기에 대수롭지 않은 일을 아이는 매우 중요하게 여길 때가 많다. 부모는 결코 어른의 감각으로 아이의 스트레스를 평가하면 안 된다. 어른이 별 뜻 없이 꾸짖은 몇 마디가 아이에게 매우 부정적인 정서를 남길 수도 있다. 어느 날 거짓말이 탄로날 것을 알지만 부모에게 당장 꾸중을 안 듣기 위해서 거짓말에 거짓말을 더하는 것은 참으로 아이다운 사고방식이다.

거짓말로 상황을 모면하는 동안 아이가 긴장하지 않을 것 같지만 실은 긴장 속에서 생활한다. 어른이건 아이건 어떤 일을 숨기기 위해서 끝없이 거짓말을 하는 것은 똑같이 고통스럽다. 누구도 거짓말하는 것을 좋아하지 않는다. 아이가 고통스럽게 거짓말로 상황을 모면하고 부모에게 진실을 숨기는 것은 사실 부모와 자녀 사이에 문제가 일어났을 때 자녀가 부모를 안 믿고 배척한다는 일종의 신호다. 따라서 적극적이고 강압적인 부모는 반드시 지난 일을 돌이켜 반성하고 스스로 변해야 한다. 그렇지 않으면 앞으로 더 많은 문제가 생긴다.

내가 이 많은 얘기를 다 해주자 그녀는 고개를 끄덕였다. 진실로 반성하는 것을 알 수 있었다. 그녀가 조금 난처해하며 물었다.

"그럼 앞으로 어떡하죠? 아이가 잘못해도 모르는 척해야 하나요? 그래도 괜찮을까요?"

"이건 아는 척 모르는 척하는 문제가 아니고 어머님이 따님을 이해해야 하는 문제예요. 전에는 아이가 잘못을 저지르면 용서하지 않고 꾸짖으셨잖아요. 마치 꾸짖지 않으면 아이가 변하지 않고 부모로서 책임을 다하지 않는 것처럼 말이죠. 사실 잘못을 저지르는 것은 아이가 자라면서 겪는 필수 과정이라서 아이가 잘못하면 꾸짖기만 하실 게 아니라 받아들이셔야 해요. 아이가 잘못을 인식하고 고치는 과정에서 '말하지 않는 것'은 종종 가장 좋은 '말하기'일 때가 많아요. 아이는 잘못을 저지르면 스스로 괴로워해요. 이럴 때 부모가 이해해주면 꾸짖는 것보다 더 좋은 가르침을 줄 수 있어요. 설령 꾸짖더라도 아이의 체면을 깎으면 안 돼요.

아이에게 물건을 잘 잃어버리는 버릇이 있는데 부모님이 여러 번 주의를 주고 벌을 세워도 효과가 없으면 그 방법은 소용이 없는 거예요. 계속해서 같은 방법을 사용하면 물건을 잃어버리는 문제도 해결할 수 없거니와 아이의 거짓말만 더 늘어요. 앞으로 꾸짖는 방식으로 아이를 교육하지 마시고 새로운 방법으로 아이를 도와주세요."

난 그녀에게 내 경우를 말했다. 위엔위엔이 어느 날 택시에 모자를 벗어놓고 그냥 내렸는데 며칠 뒤에 새로 산 옷을 또 깜빡하고 택시에 놓고 내렸다. 그래서 우리 모녀는 앞으로 택시를 타면 물건을 좌석에 놓지 않고 반드시 손에 들고 있고 가방은 문 옆에 놓아서 두고 내리는 일이 없게 했다.

예방 방법을 세우는 것은 꾸짖는 것보다 더 효과적이다. 만약에 아이가 버릇을 끝까지 못 고치면 큰 문제가 아닌 이상 그대로 내버려둬도 괜찮다. '이해'와 '방법'으로 해결하지 못한 버릇은 '꾸지람'으로도 해결할 수 없다. 사랑은 상대방의 결점도 받아들이는 것이 아닌가?

그녀는 박사답게 학습 능력이 매우 뛰어났고 만나본 사람 중에 가장 성실하게 연구하고 반성하는 부모였다. 그녀는 상담이 끝난 뒤에도 몇 번이나 전화해서 조언을 구했다. 또한 아이의 체면을 살려주라는 점을 명심하고 부부가 문제를 처리하는 방식을 다양하게 생각해서 더 이상 아이와 충돌하지 않았다. 그러자 아이가 더 이상 거짓말을 하지 않고 성격도 많이 차분해지고 성적도 많이 올랐다. 그녀의 목소리만 들어도 변화한 가정의 여유로움을 느낄 수 있었다.

사람들은 아이의 품성에 문제가 있으면 습관적으로 아이를 탓하고 꾸짖는다. 하지만 나나 다른 사람의 경험을 보면 아이의 품행이나 습관은 부모의 교육 방식과 직결돼 있다. 따라서 아이의 문제를 개선하는 작업은 '자신의 교육 방식을 어떻게 바꿀까'에서 시작해야 한다. 설령 문제가 아이에게 있어도 부모는 스스로 변화해서 아이의 변화를 이끌 책임이 있다. 그렇지 않으면 아이를 변화시킬 수 있는 길을 영원히 찾을 수 없다.

2007년 7월 30일에 베이징TV에서 「숙제, 거짓말」이라는 프로그램을 봤다. 어떤 여자 아이가 툭하면 숙제를 안 하고 거짓말을 했는데 부모가 욕하고 때려도 소용이 없어서 온 가족이 전문가에게 해결 방법을 알려달라고 방송국에 찾아왔다. 부모가 증언한 결과 문제의 핵심은 부모의 부당한 교육 방법에 있었다. 아이가 공부를 싫어하고 벌을 안 받기 위해서 거짓말을 하는 문제를 고치려면 부모의 양육 태도부터 고쳐야 했다.

하지만 프로그램에 초청된 '심리전문가'는 부모에게 진지하게 반성하라는 귀띔은 주지 않고 아이의 교육에 중점을 둔 채 '똑똑함과 지혜'에 대해서 논리적으로 분석하기만 했다. 부모에게는 그저 "부모님도 조금은 잘못이 있어요"라는 말만 했다. 전문가는 틀리게 말하지 않았지만 그렇다고 '전문'적인 말을 한 것도 아니다. 가여운 어린아이에게 골치가 아파도 똑똑함과 지혜를 발휘해서 숙제를 하고 싶은 원동력을 찾으라는 말은 누구나 할 수 있다. 프로그램이 끝나기 전에 사회자의 노력으로 아이는 앞으로 숙제를 열심히 하고 거짓말도 안 하겠다고 그 자리에서 약속했다. 사회자가 무서운 나머지 현장 분위기에 이끌려서 약속한 경향이 있지만 스스로 좋게 변화하고 싶어 하는 갈망이 엿보였다.

난 아이가 진지한 마음으로 약속했을 것이라고 믿는다. 하지만 프로그램이 끝나고 집에 돌아갔을 때 '교육 생태환경' 특히 부모의 태도가 바뀌지 않으면 아이는 변하지 않고 금세 원래대로 돌아올 것이 분명하다. 이렇게 되면 아이는 스튜디오에 억지로 끌려가서 또다시 크나큰 '거짓말'을 한 것이 된다. 추측컨대 이 여자 아이가 거짓말을 하는 원인은 아이가 처음에 숙제를 열심히 안 했을 때 부모에게 혼나고 엉겁결에 앞으로 숙제를 열심히 하겠다고 약속한 것이다. 아이는 종종 약속을 이행할 수 있는 능력과 이성과 흥미를 고려하지 않고 부모의 압력에 덜컥 약속부터 한다. 만약에 이때 부모가 세심하게 이해하고 지도하지 않으면 아이는 여러 가지 원인으로 결국에 약속을 또 어긴다.

아이가 약속을 어기면 부모는 스스로 한 말에 책임을 지지 않았다고 아이를 나무라며 불만을 표시하는가 하면 심하게는 업신여기고 깔본다. 이렇게 되면 아이도 스스로 자신을 무시하고 자신감과 자존심을 잃고 타인의 요구와 자신의 말을 하찮게 여기고 벌을 안 받기 위해서 아무 때나 거짓말을 한다. 또한 열심히 공부하지 않고, 거짓말하는 기술이 늘어서 얼굴도 두꺼워진다.

거짓말과 철면피는 종종 관계가 있다. 수호믈린스키는 "부끄러움을 모르는 것은 자신의 약속을 지키지 않는 데서 비롯된다"고 말했다. 거짓말을 자주 하면 어느 것이 진짜고 가짜인지 본인도 구분하지 못하고 도덕심도 타락한다.

어느 날 어떤 고등학생의 아빠가 아이가 늘 거짓말을 한다고 말하는 것을 들었다. 예컨대 용돈이 있는데도 친구들 앞에서 거드름을 피우거나 돈을 더 많이 쓰기 위해서 아들이 각종 거짓말로 그에게 용돈을 타가고 서랍에서 돈을 몰래 꺼내갔다. 그는 아이를 탐욕스럽게 생각하고 어쩌다가 저런 아들을 낳았나 신세를 한탄했다. 그의 고뇌를 이해할 수 있었지만 그는 원인과 결과를 잘못 판단했다. 아들이 거짓말을 밥 먹듯이 하는 것은 돈이 필요해서가 아니라 자랄 때 일련의 사건을 겪으며 도덕심을 잃었기 때문이다.

아이가 거짓말하는 문제를 해결하려면 부모는 반드시 아이가 왜 거짓말을 하는지 살피고, 어떤 한 가지 일을 단편적으로 보지 않고 전후 관계와 숨겨진 응어리를 봐야 한다. 응어리를 풀어야 문제를 근본적으로 해결할 수 있다. 원인이 없으면 아이는 거짓말로 자신을 난처하게 만들지 않는다. 아이는 천성적으로 거짓말을 못한다.

엄격한 엄마와
말 안 듣는 아이

부모가 아이에게 말을 잘 들으라고 요구하는 것은 매우 평범한 일이다. 또한 사람들은 아이를 평가할 때 얼마나 말을 잘 듣고 착한가를 본다. 하지만 우리 부부는 나름대로 생각이 있어서 위엔위엔에게 말을 잘 들으라고 하지 않고 우리 스스로 말을 잘 들어주는 부모가 됐다.

위엔위엔이 두 살 때 어느 날 위엔위엔을 데리고 친척 한 명과 함께 천안문에 놀러갔다. 집에서 버스정류장까지 가려면 다리를 건너야 했는데 혼자 '지름길'을 개척하는 것을 좋아하는 위엔위엔은 멀쩡한 계단을 두고 다리 양쪽에 10센티미터 너비로 쌓인 진흙탕을 걸으려고 했다. 친척이 진흙을 밟지 말고 계단으로 올라가서 빨리 버스를 타자고 해도 위엔위엔은 말을 듣지 않았다. 난 친척에게 그냥 진흙탕을 걷게 내버려두라고 말했다. 위엔위엔은 두 손으로 다리의 난간을 잡고 천천히 올라갔고 난 위엔위엔이 넘어지지 않게 옆에서 보호했다.

이때 맞은편에서 위엔위엔보다 나이가 조금 많은 남자 아이가 걸어왔다. 남자 아이는 위엔위엔이 걷는 것을 보고 자기도 따라서 반대편 난간을 잡고 걸었다. 그러자 남자 아이의 엄마가 "똑바로 걸어야지. 말 들어!"라고 말하며 아이의 팔을 강제로 잡아끌었다. 위엔위엔은 힘들게 다리의 높은 곳까지 오르자 매우 기뻐하며 다시 난간을 잡고 가려고 했다. 그러자 친척이 말했다.

"위엔위엔, 착하지. 아까 꼬마처럼 말 듣고 계단으로 가자. 얼른."

난 친척의 기분을 생각해서 위엔위엔에게 말했다.

"이리 와서 빨리 가자. 이렇게 가니까 너무 느려서 안 되겠어."

위엔위엔은 싫다고 말하고 계속해서 난간을 잡고 걸음을 천천히 옮겼다. 위엔위엔이 너무 즐거워하기에 난 그냥 내버려뒀다.

마침내 다리를 건너고 내려갈 때 위엔위엔은 여전히 호기심을 못 참고 난간을 잡고 내려갔다. 하지만 반쯤 내려갔을 때 더 이상 신기하지도 않고 불편하기만 하자 스스로 계단을 내려가기 시작했다. 우리는 1분이면 건널 수 있는 다리를 10분 만에 건넜다. 친척은 지루해하다가 날 보고 웃으며 말했다.

"넌 정말 좋은 엄마다. 아이가 말을 안 듣는데 이렇게 잘 참는 걸 보면. 이건 아이가 엄마 말을 듣는 게 아니라 엄마가 아이 말을 듣는 것 같아. 아이가 뭘 하고 싶어 하면 그냥 다 하게 내버려두고."

난 이 친척을 잘 안다. 당시에 그녀는 아이가 없어서 아이들마다 말을 안 듣는 부분이 있다는 것을 잘 몰랐다. 나는 속으로 친척에게 사과했다. 어른의 이익과 아이의 이익 중에서 난 아이의 이익을 선택했다. 설령 데려간 아이가 위엔위엔이 아니고 그녀의 딸이라고 해도 난 아이를 보호하며 다리를 천천히 건넜을 것이다. 어차피 아이와 함께 놀기 위해서 밖에 나왔는데 꼭 천안문 광장만 의미가 있고 다리를 건너는 것은 의미가 없는가? 어느 곳에서 놀건 아이가 즐거워하면 그만이지 않은가? 어쩌면 위엔위엔은 천안문 광장보다 다리를 건너는 것이 더 재밌을지도 모른다.

때때로 다른 사람의 눈에 나와 남편이 아이의 말을 듣는 것은 유별나게 보일 것이다. 위엔위엔이 열두 살 때 우리 가족은 베이징에서 직접 차를 몰고 네이멍구에 가서 설을 보냈다. 8일째 되는 날 우리 부부는 원래 계획대로 베이징에 돌아가기 위해서 아침 일찍 밥을 먹고 짐을 챙겼다. 하지만 위엔위엔은 가지 싫은지 옷을 꾸물거리며 입으면서 할머니 댁은 오래 있었지만 외할머니 댁은 겨우 이틀밖에 못 있어서 외사촌 언니 두 명과 실컷 못 놀았다고 아쉬워했다. 심지어 위엔위엔은 외사촌 언니들과 헤어지기 싫어서 울먹거렸다. 하루 늦게 가서 큰일 날 것은 없지만 만약에 이렇게 되면 우리 부부는 반나절만 쉬고 이튿날 바로 출근해야 했다. 상의 끝에 우리 부부가 하루 더 묵기로 결정하고 외투를 벗고 트렁크에 실었던 짐도 도로 꺼내오자 세 아이들은 기뻐서 펄쩍펄쩍 뛰었다. 친정 엄마는 우리 부부가 너무 아이가 하자는 대로 하고 하루 늦게 갔다가 푹 쉬지도 못하고 피곤할까봐 걱정했다.

하지만 우리 부부의 '방임'은 결코 위엔위엔을 자기만 아는 유아독존형의 사람으로 만들지 않았다. 외려 위엔위엔은 사람들의 마음을 잘 이해해서 아는 사람들에게 철이 들어서 의젓하다는 소리를 많이 들었다. 위엔위엔은 확실히 우리 부부보다 더 완벽하게 자랐다. 우리 부부는 진심으로 위엔위엔의 다양한 생각을 존중했고, 철이 든 뒤에 어떤 문제의 해결 방법을 상의할 때 위엔위엔의 생각을 귀담아들어서 진실로 아이의 말을 들어주는 부모가 됐다.

물론 우리 부부가 사사건건 아이의 의견을 따른 것은 아니다. 의견이 달라서 충돌할 때도 많았다. 하지만 지금 생각하면 의견이 충돌했을 때 위엔위엔에 대한 이해가 부족했거나 문제를 해결하는 방식이 적절하지 않은 등 대부분 우리에게 문제가 있었다.

위엔위엔이 네 살 때 우리 모녀는 내 친구 모녀와 함께 공원에 놀러갔다. 나와 친구는 좁은 흙길을 따라서 천천히 걸어 올라갔고 위엔위엔과 친구의 딸은 예쁘고 깨끗한 옷을 입고 우리보다 앞서 폴짝폴짝 뛰어갔다. 우리는 보기만 해도 흐뭇한 두 꼬마 숙녀를 뒤에서 보호하며 수다를 떨었다. 그런데 멀쩡히 잘 가던 아이들이 갑자기 무릎을 땅에 대고 네 발로 기어가는 게 아닌가! 나와 친구는 재빨리 일어나라고 했지만 두 아이가 말을 안 듣고 계속 기어가는 바람에 결국 둘이 뛰어가서 아이들을 일으켜 세우고 옷에 묻은 흙을 털었다. 옷이 더러워져서 꾸짖자 두 아이 모두 시무룩해졌다.

이후 난 살면서 겪는 여느 일처럼 이 일을 잊고 지냈는데 위엔위엔이 초등학교 4학년 때 내가 자기를 잘 이해하지 못한다고 불평하며 이야기를 꺼냈다. 당시에 위엔위엔은 딸의 친구와 함께 처음으로 산에 오르는 것이 매우 신기했다고 한다. 그러다가 문득 사람들이 산 정상을 향해 걸어가는 것을 왜 '산을 기어오른다(중국어로 등산은 '爬山'인데 '爬'는 기어간다는 뜻이다)'라고 표현하는지 궁금해졌고 '기어오른다'는 단어가 재밌게 느껴진 나머지 진짜 산을 기어오르기 위해서 네 발로 기었다. 그런데 네 발로 기자마자 나와 친구가 달려와서 아이들의 흥을 깼다는 것이다.

난 당시의 기억을 떠올리고 후회가 돼 위엔위엔에게 물었다.

"그때 말하지 그랬어. 엄마가 네 귀여운 생각을 알았으면 안 막았을 텐데."

"그땐 너무 어려서 생각을 조리 있게 말할 수 없었어요. 만약에 엄마랑 아줌마가 왜 기어가느냐고 천천히 물었으면 우리도 잘 말했을 거예요. 어른들은 늘 깊게 생각하지 않고 아이들을 마음대로 지휘한 뒤에 말을 안 듣는다고 꾸짖어요."

위엔위엔의 말에 난 깊게 공감했다. 그렇다. 왜 산을 기어오르면 안 되는가? 기어오르면 얼마나 재밌을까? 옷은 더러우면 빨면 되고 설령 무릎 부분이 헤져서 구멍이 나도 큰일이 아니다. 옷이 더러워진다는 보잘것없는 이유로 아이의 재밌는 시도를 망치다니, 얼마나 큰 실수인가!

지금껏 이런 실수를 얼마나 많이 했는지 생각하기 부끄러울 정도다. 만약에 시간을 되돌릴 수 있으면 다시는 터무니없는 실수를 안 하고 반드시 예전보다 더 잘할 것이다.

아이의 의식과 언어 표현 능력은 동시에 발달하지 않는다. 그래서 자신이 생각을 분명하게 말하지 못하고 원래의 생각과 거리가 멀게 말한다. 아이가 가장 많이 이용하는 표현 방식은 말을 듣는 것과 안 듣는 것, 복종하는 것과 반항하는 것, 웃는 것과 우는 것이다. 어른은 말을 듣고 복종하고 웃는 것은 좋은 것이고 말 안 듣고 반항하고 우는 것은 나쁜 것이라고 생각하면 안 된다. 또한 옳고 그름을 구분하지 않은 채 아이가 무조건 말을 듣게 하면 안 되고 반드시 아이가 다양하게 표현하는 것에서 마음의 소리를 들어야 한다.

갑자기 위엔위엔이 세 살 때 있었던 일이 생각난다.

그때 남편은 외지에서 근무하다가 몇 달에 한 번씩 집에 돌아왔다. 위엔위엔은 늘 아빠가 보고 싶어서 아빠가 언제 돌아오느냐고 묻는가 하면 이웃에 사는 친구의 아빠는 왜 외지에서 일하지 않느냐고 물었다. 당시에 TV에서 「당신이 잘 지내기만 한다면」이라는 연속극이 한창 방영되고 있었다. 내용은 'SOS 어린이 마을'에서 몇 명의 고아를 정성껏 키우는 엄마가 한 남자와 사랑에 빠지지만 끝내 이뤄지지 않는다는 거였다. 위엔위엔은 나를 따라서 이 드라마를 몇 편 봤다.

어느 날 이 드라마에서 아이들이 말을 안 들어서 엄마가 집을 나갔다. 그러자 아이들은 아무런 보살핌도 못 받고 굶주린 채 엄마가 돌아오기를 안타깝게 기다렸다. 위엔위엔은 이 장면을 주의 깊게 봤다.

드라마가 끝난 뒤에 잘 시간이 돼서 위엔위엔에게 물을 마시고 이를 닦으라고 했다. 하지만 위엔위엔은 물도 안 마시고 내 말도 들은 체만 체하고 계속해서 드라마에 대해서 물었다. 난 위엔위엔이 드라마 속

엄마가 왜 아이들을 버리고 집을 나갔고 언제 돌아오는지 궁금해한다는 것을 알았지만 꼬치꼬치 묻는 질문에 일일이 대답하기 귀찮아서 그만 질문하고 빨리 자라고 했다. 그러자 위엔위엔이 물컵을 억지로 받아들고 뭔가를 말하려고 하다가 갑자기 울음을 터트렸다. 평소에 잘 안 우는 아이가 울어서 난 깜짝 놀랐다. 처음에는 드라마 속 아이들이 안타까워서 자기가 아이들의 엄마에게 다음 회 때까지 꼭 돌아오라고 말하고 싶어 하는 줄 알았는데 계속 우는 것을 보면 그것도 아니었다. 그렇다고 배가 아프거나 몸이 아파서 우는 것도 아닌 것 같아서 위엔위엔에게 물었다.

"위엔위엔 왜 울어? 엄마한테 말해봐."

내가 위엔위엔의 눈물을 닦아주며 몇 번을 물은 끝에 울면서 겨우 대답했다.

"그 아이들의 아빠는 어디에 있어요?"

난 위엔위엔을 안고 말했다.

"아빠가 보고 싶어서 우는구나? 울지 마. 아빠 다음 달에 오실 거야. 내일 아빠께 전화 드리자, 알았지?"

이것도 위엔위엔이 원하는 대답이 아닌지 위엔위엔은 고개를 젓고 계속해서 울었다. 이상하게도 위엔위엔이 울음을 그치지 않아서 볼에 뽀뽀를 하고 왜 우는지 말하라고 얼렀다. 위엔위엔은 울음을 그치고 말하려고 했지만 막상 어떻게 말해야 할지 몰라 초조해했다. 그래서 질문을 바꿔서 물었다.

"엄마가 해야 할 일이 있으면 말해. 엄마가 들어줄게."

위엔위엔은 고개를 끄덕이고 가까스로 말했다.

"엄마, 우리 방 바꿔요. 제 방은 별로 안 좋아요."

그러곤 계속해서 울었다. 위엔위엔의 뜬금없는 말에 난 어리둥절했다. 위엔위엔은 뭔가 억울하고 당황한 것처럼 보였다. 내가 왜 방을 바꾸고 싶으냐고 묻자 위엔위엔이 훌쩍거리며 말했다.

"제 방은 별로 안 좋아요. 방 바꾸고 싶어요."

위엔위엔이 무슨 생각을 하는지 알 수 없어 손수건으로 눈물을 닦아주며 그만 울라고 달래고 방을 어떻게 바꾸고 싶으냐고 물었다. 위엔위엔은 울음을 그치려고 안간힘을 썼다. 무척이나 대답을 하고 싶은 모양이었지만 또 말을 못하고 우물거렸다. 난 잠시 생각하고 물었다.

"방이 마음에 안 들어?"

위엔위엔은 고개를 끄덕였다. 난 위엔위엔이 왜 갑자기 방이 마음에 안 든다고 하는지 종잡을 수 없었다. 틀림없이 다른 이유가 있는 것이 분명했다. 난 또 조심스럽게 물었다.

"위엔위엔, 방에 마음에 안 드는 물건 있어? 있으면 엄마에게 말해줄래?"

위엔위엔은 잠시 생각하다가 다시 울면서 말했다.

"빨간 바구니가 싫어요. 엄마, 우리 방 바꿔요."

내가 빨간 바구니가 뭐냐고 묻자 위엔위엔은 울면서 손가락으로 바닥에 있는 장난감 바구니를 가리켰다. 그 순간 난 위엔위엔이 왜 우는지 알았다. 드라마에 '야야'라는 서너 살 된 아이가 나오는데 야야는 장난감을 늘 빨간 바구니에 담는다. 야야의 빨간 장난감 바구니는 위엔위엔의 것과 똑같았다. 빨간 장난감 바구니는 드라마에 수차례 나왔는데 그때마다 난 위엔위엔에게 "야야도 위엔위엔과 똑같은 장난감 바구니가 있네"라고 말했다. 위엔위엔은 그날 드라마에서 야야의 엄마가 집을 나가고 야야의 신세가 불쌍해지자 앞뒤 줄거리를 모르는 상태에서 이렇게 추측했다. '아! 방에 빨간 장난감 바구니가 있으면 아빠도 집에 없고 엄마도 집을 나가는 구나!' 그래서 위엔위엔은 겁에 질려서 울음을 그치지 못한 것이다.

질문을 통해서 위엔위엔에게 생각을 천천히 말하게 한 결과 마침내 위엔위엔이 우는 이유를 알게 됐다. 난 위엔위엔이 알아들을 수 있게 위로하는 동시에 엄마는 무슨 일이 있어도 집을 안 나갈 것이고 머지않아 아빠도 집에 와서 함께 살 것이며 아빠가 다른 지역에 있는 것은 빨간 장난감 바구니와 아무 관계가 없다고 이해시켰다.

그러자 위엔위엔은 안심하고 기쁘게 잠들었다. 난 달콤한 잠에 빠진 위엔위엔을 보며 아이의 마음을 이해하는 것이 얼마나 중요한지 새삼 깨달았다. 단순히 철부지라고 생각해서 위엔위엔의 말을 진지하게 안 듣고 마음의 응어리도 풀어주지 않은 채 내가 멋대로 화를 냈으면 위엔위엔이 얼마나 불안하고 괴로웠을까?

일상생활을 하다보면 심하게 말을 안 듣는 아이를 볼 수 있다.
어느 날 친구들과 함께 식사를 하는 자리에 한 친구가 일고여덟 살 된 아들을 데리고 왔다. 음식이 모두 나오고 먹으려고 할 때 아이가 갑자기 밖에 가서 장난감을 사달라고 졸랐다. 그러자 내 친구는 밥 먼저 먹고 나중에 사러가자고 말했다. 하지만 아이는 당장 가자고 조르며 내 친구를 끝없이 귀찮게 하고 소란을 피워서 급기야 모임의 분위기마저 불편하게 만들었다.

이 아이는 확실히 내 친구의 말을 안 듣고 다른 사람을 조금도 배려할 줄 몰랐다. 그 자리에 모인 친구들이 각종 방법을 동원해서 밥을 먹고 장난감을 사러 가자고 달랬지만 아이는 한술도 뜨지 않고 막무가내로 굴었다. 내 친구는 더 이상 자기 아들을 신경 쓰지 않고 친구들에게 마저 식사를 하자고 말했다.

결국 보다 못한 어떤 아저씨가 아이에게 '건배'를 제의하며 콜라를 줬다. 아이가 콜라를 받아든 것을 보면 아저씨의 제의를 받아들인 것 같았다. 그런데 아이가 막 콜라를 딸 때 내 친구가 못 마시게 말리며 아몬드 음료를 마시라고 말했다. 그래도 아이가 끝까지 콜라를 마시려고 하니까 아예 콜라를 빼앗고 아몬드 음료를 손에 쥐어줬다. 그러자 아이가 화를 내며 말했다.

"왜 엄마는 만날 콜라를 못 마시게 하고 우유랑 아몬드 음료만 마시라고 해요!"

"엄마가 콜라는 영양가가 없다고 몇 번을 말했어. 이런 걸 왜 마시려고 해!"

아저씨가 "오늘 한 번만 마시게 해줘요"라고 말하자 내 친구는 상의의 여지도 없이 "콜라는 한 모금도 마시면 안 돼. 엄마 말 듣고 이거 마셔!"라고 엄격하게 말하고 아몬드 음료를 컵에 따라줬다. 하지만 아이는 씩씩거리며 아몬드 음료를 거절했다. 난 엄마가 아이의 말을 이렇게 안 듣는데 아들이 엄마의 말을 잘 들으면 오히려 더 이상했을 것이라는 생각이 들었다.

부모는 아이에게 최초의 본보기이요, 가장 중요한 본보기다. 때문에 부모가 모든 일을 자기 생각대로 추진하고 온종일 아이에게 자기 말을 들으라고 강요하면 아이가 무의식중에 똑같은 방법으로 다른 사람을 대한다. 어린아이는 눈 깜짝할 사이에 부모를 꼼짝 못하게 하는 방법을 배우는데, 말을 안 듣는 것은 아이들이 습관적으로 이용하는 소극적이지만 효과 만점인 밧줄이다. 아이들이 이 밧줄을 많이 이용하면 극단적인 심리가 형성되고 극단적인 심리는 다시 고집으로 발전한다.

사실 아이를 교육할 때 흔히 일어나는 문제에는 많은 사람들이 잘 모르는 잘못이 있다. 부모는 다 아이를 위한 일이라며 습관적으로 아이에게 부모의 말을 들으라고 강요한다. 하지만 조금만 깊이 분석하면 이것이 아이에게 매우 불평등한 일이라는 것을 알 수 있다. 부모가 아이를 불평등하게 대우하면 권위의식에 대한 경각심이 사라져 자신도 모르게 아이 앞에서 권위를 내세우게 된다.

에리히 프롬은 "복종은 최대의 선이고 불복종은 최대의 악이다. 권위주의 논리학에서 용서할 수 없는 단 하나의 죄는 반항이다"라며 권위주의 논리학을 강하게 비판했다.

아이를 끔찍이 사랑해도 늘 자신의 말을 듣고 자신에게 복종하라고 요구하는 부모는 권위주의자다. 권위적인 부모는 자신의 요구가 올바른지, 아이가 받아들일 수 있는 내용인지 조금도 신경 쓰지 않고 아이를 평등하게 대우하지도 않는다. 아이의 눈에 비친 권위적인 부모는 그저 말을 안 들어주는 부모에 불과하다.

　분명한 사실은 자신이 항상 옳다고 생각하고 고집이 센 사람은 반드시 유년기 때 타인의 의지에 복종하고 개인의 의지를 억압당하는 생활을 오랫동안 한 적이 있다는 것이다. 유년기 때의 환경이 아이의 마음에 남긴 상처는 평생 잘 치유되지 않는다. 많은 사람들이 자녀에게 고집을 부리고 자녀의 마음에 자신과 똑같은 상처를 남기는 이유도 이 때문이다.

　물론 아이의 말을 잘 들어주는 부모가 되라고 해서 도덕의 최저 한계선까지 깨며 아이의 말을 무조건 따르면 안 된다. 아이의 무례한 명령, 끝없는 교환 조건, 거친 말은 들어줄 필요가 없다. 그렇지 않으면 방임이 된다. 말을 잘 들어주는 것과 방임은 완전히 다른 개념이다. 말을 잘 들어주는 것이 아이를 이해하고 평등하게 대우하기 위해서 고민하는 것이라면 방임은 지나치게 귀여워하기만 하는 것이다. 또한 아이의 말을 잘 들어주는 것이 민주적인 기질을 가진 국민을 키우는 것이라면 방임은 고집불통의 작은 폭군만 만들어내는 것이다.

　루소는 말했다.

　"아이가 활동할 때 다른 사람에게 복종하라고 가르치지 말고 일할 때 다른 사람을 부려먹으라고 가르치지 말라. 아이는 부모가 어떤 행동을 할 때 자신에게도 똑같은 자유가 있다는 것을 느낀다."

부모와 자녀는 상대방을 통제하려고 하면 안 되고 서로에게 말을 잘 들어주는 사람이 돼야 한다. 부모는 상황을 주도하고 창조하는 강자다. 따라서 아이가 말을 잘 듣게 하려면 아이 앞에서 스스로 말을 잘 들어주는 부모가 돼야 한다는 점을 반드시 기억해야 한다.

왜 밥을
잘 안 먹을까?

● 10여 년 전에 "와하하를 마시면 밥이 더 맛있어요"라는 광고 문구가 유행했다. 이것은 밥을 안 먹는 어린이의 식욕을 돋우는 물약의 광고였다. 이 상품으로 보잘것없었던 작은 기업은 큰돈을 벌어 순식간에 대기업이 됐고 기업과 기업의 설립자 모두 세상에 이름을 널리 알렸다. 이 기업의 성장은 요즘 아이들이 밥을 잘 안 먹는다는 걱정스러운 현상이 그대로 반영돼 있다.

아이가 밥을 잘 안 먹는 것은 많은 부모가 가장 골치 아파하는 문제 중의 하나다. 난 아이가 밥을 안 먹어서 걱정하는 부모를 많이 봤다. 이들은 아이에게 밥을 먹이기 위해서 각종 방법을 이용하고 최선을 다한다.

위엔위엔이 생후 20개월에 폐렴으로 입원했을 때 같은 병실을 쓰는 세 살짜리 꼬마가 밥을 잘 안 먹고 밥 한 그릇을 비우려면 한 시간이 걸렸다. 아이의 엄마, 아빠, 할머니는 날마다 아이가 밥을 먹게 하기 위해서 달래기도 하고 속이기도 하고 별의별 방법을 다 썼다. 이들은 아이에게 장난감을 사주는가 하면 칭찬하기도 하고 큰소리로 혼내기도 했는데 보는 사람이 다 괴로울 정도였다.

아이는 부모의 압박을 늦추기 위해서 꾀를 썼다. 엄마가 밥을 먹일 땐 아빠와 할머니를 병실 밖으로 내쫓고 엄마가 밥을 두 숟가락 먹이면 엄마를 내보내고 다시 아빠를 들였다. 밥을 먹는 내내 세 명의 어른이 신호등처럼 병실을 쉴 새 없이 드나들었다. 아이는 끼니때마다 조건을 걸고 끊임없이 엄마, 아빠, 할머니를 괴롭혔다. 또한 다른 아이가 장난감을 갖고 놀면 당장 사달라고 조르고 부모가 안 사주면 이튿날 밥을 안 먹었다. 아이의 부모는 다른 아이에게 장난감을 빌려서 자기 아이가 한동안 갖고 놀다가 싫증을 내면 다시 돌려주고 새 장난감을 빌렸다. 다른 아이가 장난감을 안 빌려주려고 하면 아이는 밥을 안 먹겠다고 더 심하게 부모를 협박해서 부모가 다른 아이에게 통사정을 하게 했다. 아이는 부모가 장난감을 빌려오면 고마워하며 밥을 먹기는커녕 장난감을 선뜻 안 빌려준 아이에게 복수하기 위해서 부모가 잠시 한눈파는 사이에 장난감을 바닥에 던져서 다른 아이들을 울리고 병실을 시끄럽게 만들었다. 위엔위엔의 병실에 있는 장난감을 모두 갖고 논 뒤에는 다른 병실에 있는 아이들의 장난감을 빌리고 그 병실의 아이들을 울렸다.

난 더 이상 못 참고 아이 엄마에게 말했다.

"아이들은 원래 병이 나면 입맛이 떨어지는 것이 정상이에요. 어른도 아프면 밥 먹기가 싫잖아요. 아이에게 밥을 억지로 먹이는 것이 더 안 좋을 수도 있으니까 그냥 자연스럽게 먹고 싶다고 할 때 주세요."

아이 엄마는 내 말에 언짢아하며 말했다.

"우리 아들은 평소에도 밥을 잘 안 먹어서 몸이 약했고 결국 병까지 났어요. 때문에 면역력을 키우고 병을 나으려면 밥을 먹어야 해요."

그녀의 아들은 확실히 병약해 보였다. 난 그들 가족이 계속해서 아이에게 절절 맬 경우 아이의 식욕도 나빠지고 도덕과 인격도 나빠질까 봐 걱정이 됐다.

먹는 것은 사람의 천성인데, 공연히 힘을 들여 아이가 강제로 먹게 할 필요가 있을까?

아이가 밥을 안 먹어서 걱정하는 많은 부모는 매우 간단한 문제를 생각하지 않는다. 50~70년대 사이에 태어난 아이들 중에 밥을 먹기 싫어하는 아이들이 있었는가? 또한 당시의 부모들이 그 많은 자식들을 일일이 쫓아다니며 밥을 먹였는가? 먹을 것을 두고 일부러 굶는 아이들이 있었는가? 80년대부터 특히 90년대 이후에 경제 조건이 좋아지면서 아이들은 왜 마치 약속이라도 한 것처럼 밥을 안 먹으려고 할까?

벤자민 스포크는 이 문제에 대해서 매우 분명하게 말했다.

"왜 이렇게 많은 아이들이 음식을 안 먹으려고 할까? 주요 원인은 아이에게 억지로 음식을 먹이려는 부모가 많아서다."

스포크의 말은 상황을 확실하게 설명했다. 아이가 밥을 잘 안 먹는 주요 원인은 부모가 아이의 식사에 지나치게 연연하고 아이에게 밥을 먹으라고 강요해서다. 아이의 정상적인 식욕은 물질과 시간이 충분한 어른의 호기심 때문에 망가졌다. 다시 말해서 최근에 태어난 아이들의 천성이 변한 것이 아니라 부모가 천성에 어긋나는 일을 정성껏 하고 있는 것이다.

스포크는 '모든 아이는 음식의 양과 종류를 조절하는 능력을 타고 나서 스스로 정상적인 생장 발육에 필요한 생리 체제를 만족시킨다'고 생각했다. 아이는 자신이 무엇을 얼마나 먹어야 하는지 스스로 알아서 어른이 간섭하지 않아도 자신의 식욕 기능을 정상적으로 발달시킨다. 하지만 부모가 수시로 간섭하면 상황은 나빠진다. 스포크는 "아이는 강요하면 반항하는 본능이 있다. 먹고 기분이 나빠진 음식은 나중에 보기만 해도 먹기 싫다. 아이에게 강제로 밥을 먹이는 것은 무익하다. 또한 아이의 식욕을 떨어뜨려 시간이 지나도 회복되지 않을 수도 있다"고 했다.

어느 초등학교에서 5학년 남학생을 만났다. 남학생의 엄마는 농업과학원의 유명한 식품연구 전문가였다. 어느 날 이 남학생의 엄마와 대화를 나눌 때 그녀는 저녁마다 식탁에 요리 여덟 가지와 국 하나가 오르는데, 아이의 할머니가 손자의 발육을 고려해서 식단을 짜고 도우미 아줌마가 맛있게 만든다고 말했다. 상상해보시라. 이런 가정에서 자란 아이는 얼마나 건강할까?

하지만 이상하게도 그녀의 아들은 또래와 비교했을 때 못 먹은 난 민처럼 키가 작고 말랐다. 또한 성격도 괴팍하고 난폭하거니와 성적도 나쁘다. 그녀는 아들 얘기만 나오면 한걱정을 했다. 대화를 통해서 그 가정의 자세한 사정을 알게 된 난 아이가 밥을 먹고 안 먹고는 돌보는 사람에게 달렸다는 생각이 들었다.

남학생의 가족은 식단을 과학적으로 짜고 일상생활에서도 남학생을 잘 보살폈다. 날마다 어떤 음식을 얼마나 먹어야 하는 규칙이 있어서 아이가 규칙에 못 미치게 먹으면 부모가 가만두지 않고 무슨 수를 써서라도 아이가 '임무'를 완수하게 했다. 남학생 가족이 어떤 기계를 발명하거나 옥수수를 키울 때 이 방법을 이용했으면 반드시 성공했겠지만 안타깝게도 독립의식을 가진 아이에게 사용했다.

난 그녀에게 아이의 식사 문제에 지나치게 규칙을 지키려고 하지 말고 식사할 때 억지로 아이에게 밥을 먹이지 말라고 권유했다. 그러자 아이가 제멋대로라서 만약에 잔소리를 안 할 테니까 마음대로 먹으라고 하면 나물 몇 가닥을 입에 넣은 채 반나절을 씹고 밥을 다 남길 것이라고 고개를 저었다. 그녀는 갑자기 화를 내며 말했다.

"지금은 아이가 뭘 먹든 신경 쓰지 않아요."

난 뒤이어 그녀가 하는 말을 듣고 신경 쓰지 않는다는 말이 간섭하는 방식을 바꿨다는 뜻이라는 것을 알았다. 그녀는 끼니마다 아이에게 상을 따로 차려줘 시간이 얼마가 걸리건 음식을 다 먹게 했다. 이렇게 하면 더 이상 예전처럼 아이와 밥 먹는 문제로 다투지 않아도 돼 그녀 스스로는 만족하는 방법이었다. 하지만 가끔은 아이가 음식을 잠들기 전까지 먹어서 화가 났다. 난 다시 한 번 그녀에게 아이의 입장에서 생각하라고 권유했다. 먹기 싫은 음식을 다른 사람이 강제로 먹이면 기분이 어떻겠는가? 난 아이와 날마다 각을 세우지 말고 아이가 조금 먹는 것을 허락하라고 조언했다. 그러자 바로 반박하고 나섰다.

"남자 아이인데 조금 먹었다가 키가 안 크면 어떡해요? 안 그래도 온 가족이 아이 키 때문에 걱정이 많은데 조금 먹어서 무슨 키가 크겠어요!"

난 그녀의 조급한 마음을 이해했다. 하지만 아이의 정서와 음식을 먹는 것은 큰 관계가 있어서 아이가 밥을 먹게 하려면 먼저 밥을 먹기 싫어하는 문제부터 해결해야 한다. 아이가 밥 먹기를 싫어하는 근본 원인은 부모가 아이의 식사를 지나치게 간섭한 데 있다.

그녀는 나를 식품의 영양소와 성장기 아이의 영양 섭취량에 대해서 아무것도 모르는 사람으로 취급하고 내 말을 주의 깊게 안 들었다. 또한 영양소에 관해서 시어머니가 어느 누구보다도 많이 안다고 자부해서 다른 사람의 조언을 안 들으려고 했다. 그 앞에서 난 속수무책일 수밖에 없었다.

어느 날 학교 점심시간에 그녀의 아들을 관찰했는데 식판에 음식을 조금 담고 식사시간 내내 수저를 들었다 놨다하며 먹는 척만 하고 밥을 거의 안 먹었다. 그러다가 다른 친구들이 다 먹고 자리를 뜨면 뒤늦게 자리에서 일어나 급식을 쓰레기통에 모두 버리고 식당을 나갔다. 담임선생님은 그녀의 아들이 날마다 급식을 버려서 지금까지 학교 밥을 제대로 먹은 적이 한 번도 없거니와, 그녀에게 아이가 점심시간에 밥을 먹게 특별히 신경써달라는 부탁을 받았다고 말했다. 하지만 담임선생님은 반 아이들을 모두 돌봐야하는데 날마다 그 아이가 밥을 먹는 것만 지켜볼 수 없지 않은가? 그래서 담임선생님은 지금도 그녀가 부탁한 대로 하지 못하고 있다고 말했다.

그녀의 아들이 삐쩍 마르고 불안과 적의에 찬 눈으로 친구들을 대하는 것을 보고 난 말할 수 없는 아쉬움을 느꼈다. 그녀는 아들에게 많은 것을 기대했다. 좋은 성적을 얻어 명문 대학에 가길 바라는가 하면 심리적으로 건강하고 행복하고, 몸도 건강하고 키도 크고 외모도 훌륭하길 바랐다. 하지만 잘못된 방법으로 아이에게 밥을 먹이려고 해서 많은 부작용이 생겼다. 그녀가 아들의 식사 문제를 대하는 태도를 보고 추측컨대 그녀는 아들을 잘 이해하지 못했다. 아들을 잘 이해하지 못하면 그녀의 많은 바람은 대나무 바구니에 물을 담는 것처럼 부질없는 일이 되고 만다.

아이의 공부를 지나치게 간섭하는 부모에게 "아이를 간섭하지 마세요"라고 말하면 반감을 사는 것처럼 아이가 어떤 음식을 얼마나 먹는지 연연하는 부모에게 "간섭하지 마세요"라고 말하면 눈 흘김을 당한다. 부모가 아이의 일에 간섭하지 않기는 매우 어렵다. 부모 스스로 그것을 간섭이라고 생각하지 않을뿐더러 자신의 '간섭'을 쓸데없는 것으로 여기지 않고 관심과 지도라고 믿는다. 때문에 누가 아이를 간섭하지 말라고 하면 부모의 책임과 권리를 포기하라는 것으로 이해하고 잘 받아들이지 않는다. 하지만 아이의 공부에 간섭하면 상황이 더 나빠지는 것과 마찬가지로 밥을 먹는 문제도 아이를 몰아세우면 원하는 결과를 얻을 수 없다.

어떻게 하면 아이가 정상적인 식욕을 가질까? 방법은 간단하다. 그냥 아이에게 맡기는 것이다. 아이가 밥을 잘 안 먹는다고 걱정하지 마시고 스스로 알아서 먹게 믿고 맡겨도 좋다. 어느 날은 입맛이 좋아서 많이 먹다가 또 어느 날은 아무것도 안 먹으려고 하는 것은 정상이다. 또한 부모가 식품의 영양소를 고려해서 밥상을 차려도 결국은 아이가 어떤 음식을 얼마나 먹을지 결정한다. 따라서 아이가 밥을 잘 먹는 일은 부모가 단순하게 생각해야 성공할 수 있다.

스포크는 아이가 밥을 잘 안 먹는 현상에 대해서 매우 구체적인 해결 방법을 제시했다.

첫째, 부모가 태도를 바꾼다. 아이가 밥을 먹는 문제와 관련해서 스트레스를 안 받게 시종일관 무덤덤하고 온화하고 유쾌한 태도로 밥을 잘 먹어도 칭찬하지 않고 잘 안 먹어도 혼내지 않아야 한다. 아이가 밥을 먹기 위해서 숟가락을 들었을 때 여유가 있어야 식욕이 생긴다.

둘째, 아이가 보름 또는 한 달 만에 정상적인 식욕을 회복할 것이라고 기대하지 않는다. 부모는 인내심을 가져야 한다. 인내심은 강박증에 시달리다가 일시적으로 안정감을 찾았을 때 생기지 않고 상황을 정확하게 인식하고 마음이 덤덤해졌을 때 생긴다. 아이가 식욕을 정상적으로 회복하려면 짧게는 몇 개월에서 길게는 몇 년까지 긴 시간이 필요하다. 이 과정에서 부모가 인내심을 발휘해서 아이를 묵묵히 지켜보다가 결국은 못 참고 또다시 잔소리를 시작하면 앞서 공들인 것이 모두 헛수고가 된다.

셋째, 먹어야 하는 음식의 범위를 정한 뒤에 어떤 음식에 어떤 영양소가 있는지 말하지 않는다. 영양소가 있고 없고는 부모가 식사를 준비할 때 조절할 수 있다. 부모는 식탁에 오른 음식을 아이가 스스로 골라서 먹게 허락해야지 조건을 걸고 싫어하는 음식을 강제로 먹이면 안 된다. 예컨대 고기를 좋아하고 채소를 싫어하는 아이에게 "채소 안 먹으면 앞으로 고기 반찬 안 해줄 거야"라고 말하면 아이가 채소를 더 싫어하게 된다. 이럴 땐 "고기 다 먹으면 채소 줄게"라고 반대로 말해서 채소에 대한 흥미를 자극해야 한다.

넷째, 부모가 밥을 먹이지 않고 아이 스스로 먹게 한다. 아이는 약 한 살 반 정도가 되면 혼자 밥을 먹을 수 있다. 따라서 수고스럽게 먹일 필요가 없고 아이가 먹다가 흘린 것만 치우면 된다. 부모가 밥을 대신 먹이는 것은 아이의 식욕에 영향을 줄 뿐더러 아이의 손 기능과 신체 기능 발달에 영향을 준다. 서너 살 때부터 부모가 밥을 먹여 버릇하면 나중에는 부모가 안 먹여주면 아이가 밥을 안 먹거나 먹어도 몇 입밖에 안 먹는다. 만약에 이런 상황이 일어나면 초기에 빨리 고쳐서 아이가 스스로 밥을 먹게 해야 하는데, 아이가 스스로 안 먹으려고 하면 몇 끼 굶겨보자. 배가 고프면 며칠 만에 나쁜 버릇을 고칠 것이다.

다섯째, 아이와 밥을 먹는 문제를 놓고 조건을 걸지 않는다. 어떤 부모는 아이에게 밥을 잘 먹으면 장난감을 사주거나 놀이공원에 데리고 가는 조건을 건다. 하지만 이런 말은 아이가 밥을 잘 먹는 데 도움이 안 될뿐더러 자칫 부모가 아이에게 무리한 요구나 협박을 당할 수도 있다.

2008년 4월에 아이가 밥을 잘 안 먹는 문제에 대해서 토론하는 프로그램을 봤다. 이 프로그램은 후난성의 어느 지방 방송국에서 만들었다.

프로그램에 나온 남자 아이는 대여섯 살 정도 됐고 이 아이의 부모는 특별히 아들이 키가 크길 바랐다. 하지만 바람과는 달리 아이가 밥을 잘 안 먹어서 부모는 물론이거니와 할머니, 할아버지까지도 걱정이 컸다. 프로그램에서 초청한 모 대학의 교수는 '유리구슬 치료법'을 제시했다. 방법은 빈 병 하나와 유리구슬 스무 개를 준비해서 먼저 빈 병에 유리구슬 열 개를 넣은 뒤에 아이가 밥을 잘 먹으면 빈 병에 유리구슬을 하나 넣고 잘 안 먹으면 하나를 빼는 것이다. 당시에 아이는 울트라맨 CD를 매우 사고 싶어 했는데 빈 병에 유리구슬 스무 개를 모으면 살 수 있었다.

프로그램은 시청자에게 '유리구슬 치료법'을 좋은 방법이라고 소개했다. 하지만 이 방법은 현명하지 않거니와 아이가 밥을 먹는 것을 특별한 공을 쌓는 것처럼 생각하고 흥정의 도구로 삼게 가르치는 기형적인 유혹에 불과하다. 프로그램은 이 방법을 실천한 뒤에 어떤 효과가 있었는지 설명하지 않았다. 하지만 단언컨대 아이가 울트라맨 CD를 살 때까지만 효과가 있었을 것이고, 그 뒤에 부모는 아이의 새로운 요구를 이용해서 밥을 먹게 했을 것이다. 어린아이는 의지가 강하지 않아서 오래지 않아 부모와 이런 '놀이'를 하는 것에 금세 싫증을 낸다.

이 방법은 아이가 밥을 안 먹는 문제를 근본적으로 해결하기는커녕 아이가 유리구슬을 쉽게 모으지 못해서 밥을 먹는 일을 더 싫어하게 된다.

어떤 부모는 아이에게 강제로 밥을 안 먹이지만 나쁜 암시를 줘서 아이가 밥을 안 먹고 편식을 하게 만든다.

내 친구는 예전에 어린 자녀를 앞에 두고 다른 사람들에게 아이가 밥을 잘 안 먹어서 걱정이라고 말했다. 내가 수차례 이렇게 말하면 안 되고 정 말하고 싶으면 아이가 못 듣게 없을 때 말하라고 조언했지만 그녀는 개의치 않는 건지 습관이 된 건지 자신도 모르게 아이에게 밥을 안 먹는다고 잔소리를 했다. 그녀의 아이는 지금 열 살이 넘었지만 여전히 입이 짧다.

또 다른 친구는 아들이 어릴 때 양고기를 좋아했지만 남편은 싫어했다. 훗날 집에서 두 차례나 양고기 요리를 했는데 아들이 막 요리를 먹으려고 할 때 남편이 무의식중에 "또 양고기야"라고 말하며 투덜거렸다. 이 말은 '아들이나 잘 먹겠군'이라는 다른 뜻이 있었다. 친구의 아들은 아빠의 말투에서 아빠가 양고기를 싫어한다는 것을 눈치채고 이 말을 "양고기 요리는 정말 맛없어"라고 이해해서 그날 양고기 요리를 한 입도 안 먹었다.

아이가 특정 음식을 안 먹을 때 사람들 앞에서 이 사실을 말하거나 혼내면 안 되고 서둘러 대체 식품을 찾아서도 안 된다. 이럴 땐 아이가 눈치채지 못하게 잘 안 먹는 음식을 요리해서 먹이거나 일부러 아이가 그 음식을 좋아한다고 암시해야 한다. 예컨대 아이가 우유를 싫어할 때 다른 사람들에게 우리 아이는 우유를 잘 마시고 편식도 안 한다고 말씀해보시라. 아이가 우유 한 컵을 단숨에 비울 것이다.

위엔위엔이 대여섯 살 때 친정에 데리고 갔더니 그새 친정 오빠와 외사촌들의 영향을 받아서 양고기를 안 먹으려고 했다. 집에 돌아온 뒤에도 양고기 요리를 했지만 한 젓가락도 안 먹었다. 난 쫓아다니며 먹이거나 잔소리를 하지 않고 일부러 신경 안 쓰는 척하며 계속해서 양고기 요리를 만들었다. 양고기 만두를 두 번이나 만들었는데 위엔위엔은 먹기 전에 무슨 고기냐고 묻더니 양고기라고 대답하자 먹지 않았다. 난 아무 말도 하지 않고 위엔위엔이 먹을거리를 따로 만들었다.

난 위엔위엔이 스파게티를 좋아하는 것을 알고 양고기를 넣은 스파게티를 만들었다. 지금까지 스파게티를 만들 때 한 번도 양고기를 넣은 적이 없었기에 위엔위엔은 어떤 고기를 넣었냐고 묻지 않고 매우 맛있게 먹었다. 다 먹은 뒤에 난 남편에게 뒤늦게 생각난 것처럼 말했다.

"집에 돼지고기가 없어서 양고기를 넣었는데 그래도 맛있었죠?"

위엔위엔은 내 말에 인상을 찌푸렸지만 이미 뱃속에 들어간 다음이고 방법이 없자 그냥 상황을 묵묵히 받아들였다.

난 반 조리된 양고기 꼬치도 사와 전자레인지에 데웠다. 온 집안에 맛있는 향이 진동하자 남편이 말했다.

"맛있는 꼬치를 먹는 데 술이 빠지면 안 되지."

나도 맞장구를 쳤다.

"오랜만에 꼬치를 먹었더니 정말 맛있어요."

위엔위엔은 결국 우리 부부의 유혹을 못 이기고 양고기 꼬치를 먹었다.

마지막으로 부모님들께 당부 드리고 싶은 말씀은 아이가 최대한 간식을 못 먹게 하라는 것이다. 아이는 원래 한 번에 먹을 수 있는 양이 적은데 간식을 먹고 배가 부르면 자연히 밥을 먹고 싶은 생각이 없어진다.

가정 분위기나 부모와의 관계가 얼마나 화목한가도 아이의 식욕에 영향을 준다. 이밖에 아이가 다른 형제자매나 주위의 아이들을 질투하거나 불공평한 대우를 받거나 다른 부정적인 정서의 영향을 받아도 밥을 잘 안 먹는 증상이 나타나므로 부모의 주의가 필요하다.

어느 날 내 친구가 유치원에 다니는 아이가 밥을 잘 안 먹어서 시골에 계시는 시어머니께 전화를 드렸더니 시어머니가 아무렇지도 않게 "이틀만 굶겨라"라고 말씀하셨다. 친구는 손자가 밥을 안 먹는 데 어떻게 할머니가 이렇게 말할 수 있느냐고 언짢아했다. 난 웃으며 말했다.

"내게 전화했어도 똑같이 이틀만 굶겨보라고 말했을 거야."

물론 이틀을 꼬박 굶길 필요는 없다. 하지만 이틀만 굶겨보라는 말은 확실히 아이가 밥을 맛있게 먹게 만드는 특효약이다. 시골에 계시는 친구의 시어머니는 분명히 자신의 풍부한 경험에서 이 비법을 터득했을 것이다.

괴롭히는 아이,
괴롭힘을 당하는 아이

위엔위엔은 4학년으로 월반한 뒤에 별 어려움 없이 공부하고 친한 친구도 사귀고 반 아이들과도 잘 어울렸다. 한마디로 모든 상황이 좋았다. 하지만 딱 한 가지, 남학생 하나가 위엔위엔을 괴롭혀서 힘들게 했다.

그 남학생은 이른바 '열등생'이었는데 위엔위엔의 뒷자리에 앉았다. 말을 들어 보니 이전에는 같은 반의 다른 여자 아이를 괴롭혔고 위엔위엔이 월반한 뒤에는 모든 힘을 위엔위엔을 괴롭히는 데 썼다.

수업시간에 뒤에서 위엔위엔의 머리를 잡아당기는가 하면 수업이 끝난 뒤에 교과서를 빼앗아 멀리 있는 친구의 책상에 던졌다. 위엔위엔이 가서 주우려고 하면 그새 달려와서 다시 교과서를 더 먼 곳으로 던졌다. 그래서 위엔위엔은 수업이 끝나면 교과서를 주우러 다니느라 바빴다. 또 수업을 마치고 친구들과 놀 때 뒤에서 갑자기 밀어서 넘어질 뻔한 적이 한두 번이 아니다.

위엔위엔은 집에 오면 늘 내게 그 남자 아이가 괴롭혀서 걱정이라고 말했다. 위엔위엔의 친구들도 하나같이 내게 말했다.

"아줌마, 저희 반에 남자 아이 하나가 만날 위엔위엔 못살게 괴롭혀요. 선생님께 이르세요."

하지만 난 선생님을 찾아가지 않았다. 어린 남자 아이가 장난이 심한 게 뭐 그리 대수로운가 싶었기 때문에 난 위엔위엔에게 신경 쓰지 말라고 말했다. 더욱이 위엔위엔이 이미 선생님께 이른 상황에서 나까지 찾아가서 말하면 선생님이 그 아이를 불러서 또 혼낼 텐데 이렇게 하면 문제가 근본적으로 해결되지 않는다. 난 위엔위엔이 스스로 문제를 해결하기를 바랐다. 집에 돌아오면 별 일이 아니라고 말하는 위엔위엔을 보니 그 아이가 귀찮게는 하지만 마음에 상처를 주는 행동을 하는 것 같지 않아서 나도 급하게 나서지 않았다.

위엔위엔을 괴롭히는 정도는 4학년 땐 별로 심하지 않았지만 5학년 땐 예전처럼 장난을 하는 수준을 벗어나서 '희롱'을 할 정도로 지나쳤다. 어느 날 위엔위엔이 전화를 받자 그 아이가 큰소리로 "사랑해"라고 말했다. 순간 위엔위엔은 놀라서 수화기를 떨어뜨렸고 화가 나서 내게 "얘가 우리 집 전화번호를 어떻게 알았죠? 엄마, 우리 빨리 전화번호 바꿔요"라고 말했다.

겨우 열 살이지만 정말 문제가 있는 아이일 수도 있겠다는 생각이

들어서 진지하게 생각하기 시작했다. 그리고 곧 일이 터져서 내가 나설 수밖에 없었다.

그날따라 위엔위엔은 기분이 매우 안 좋은 상태로 집에 돌아와서 옷부터 부랴부랴 갈아입고 머리를 감았다. 입을 열지 않는 위엔위엔을 반나절이나 쫓아다니며 물은 끝에 오후에 교실 밖에서 친구들과 노는데 그 남학생이 뒤에서 안고 머리카락에 뽀뽀했다고 우물쭈물 말했다. 마침 선생님이 목격해서 그 아이가 호되게 혼나고 서 있는 벌을 받았다고 했다. 충분히 불쾌할 만한 일이었다. 위엔위엔은 억지로 울음을 참으며 내게 교장 선생님에게 말해서 그 아이를 퇴학시키면 안 되냐고 물었다. 진즉부터 그 아이를 곱게 보지 않았던 남편은 화를 버럭 내며 당장 그 부모를 찾아가서 때려서라도 버릇을 제대로 고쳐놓으라고 말하겠다고 했다. 하지만 경험상 이런 아이는 부모를 찾아가서 얘기해도 소용이 없고 설령 부모가 혼내도 나쁜 짓을 안 한다는 보장이 없었다. 그렇다고 선생님을 찾아가도 뚜렷한 해결 방법이 있을 것 같지 않아 스스로 근본적인 해결 방법을 찾았다. 난 위엔위엔에게 내일 학교 끝나고 교문에서 기다렸다가 그 아이와 얘기를 나누겠다고 말했다.

이튿날 난 정위엔지의 동화 『통조림에서 나온 소인들』[9]을 한 권 샀다. 이 책은 나와 위엔위엔이 모두 좋아하는 동화인데 그 아이가 책을 읽으면 좋겠다는 생각에 '뇌물'로 준비했다. 책을 읽는 것은 도덕심을

---

9 중국 어린이들이 가장 좋아한다는 책으로 열등생인 피피루와 루시시가 통조림 속에서 나온 소인 5명과 친구가 돼 최고의 학생이 되는 과정을 그린 동화다.

키우는 촉진 작용을 한다. 수호믈린스키는 "난 소년의 자아교육은 좋은 책을 읽는 것에서 시작된다고 굳게 믿는다"고 말했다.

난 교문 앞에서 일찍 나온 위엔위엔과 함께 그 아이를 기다렸다. 잠시 후에 위엔위엔이 헐렁하고 구질구질한 옷을 입은 아이를 가리키고 크게 불렀다. 그 아이에게 위엔위엔의 엄마라고 밝히고 잠시 얘기를 나누고 싶다고 말했다. 아이는 내가 자신을 혼내러 온 줄 알고 잠시 두려워하다가 이내 마음대로 하라는 식으로 나왔다.

"긴장하지 마. 아줌마는 그냥 너와 편하게 얘기하고 싶어서 왔어. 우리 잠깐 얘기 좀 할까?"

내가 쪼그리고 앉자 아이는 이상한 표정을 짓긴 했지만 곧 긴장을 풀었다. 이때 학생 몇몇이 우리 주변으로 몰려들어 난 아이를 데리고 좀 더 먼 곳으로 갔다. 하지만 그곳까지 아이들이 쫓아와서 그냥 신경 쓰지 않기로 했다.

내가 온화한 말투로 아이에게 물었다.

"네가 보기에 위엔위엔은 좋은 학생이니 나쁜 학생이니?"

"좋은 학생이요."

아이는 말하면서 조금 부끄러워했다. 내가 물었다.

"왜 좋은 학생인데?"

아이는 오래 생각하지 않고 나오는 대로 말했다.

"공부를 잘해서요."

또 잠시 생각하다가 "말썽도 안 피워요"라는 말을 덧붙이고 침묵했다.

"또 없어?"

"욕도 안하고 친구도 안 괴롭혀요."

"그럼 위엔위엔의 단점은 뭐니?"

아이는 쑥스러워하며 작게 말했다.

"없어요."

"좋은 학생인 위엔위엔을 괴롭히는 건 잘하는 짓이야 잘못하는 짓이야?"

아이는 고개를 가로저었다.

"앞으로도 계속 위엔위엔 괴롭힐 거니?"

아이는 잠시 망설이다가 고개를 가로저었다.

난 미소를 짓고 아이의 팔을 토닥이며 "정말 착한 아이구나"라고 말했다.

이때 옆에 있는 남학생이 끼어들었다.

"아줌마, 속지 마세요. 얘가 만날 위엔위엔 괴롭혀요. 선생님께 안 괴롭히겠다고 몇 번이나 약속하고도 계속 괴롭혀요."

아이들의 말에 아이는 불만과 부끄러움을 동시에 나타냈다.

난 그 아이들에게 말했다.

"전에는 그랬지만 이제 안 그럴 거야. 그렇지?"

아이는 두 눈을 반짝이며 고개를 끄덕였다. 순간 눈에서 선량함을 발견한 난 아이가 이러는 것은 분명히 부모의 교육 방식과 관계가 있다고 생각하고 부모를 만나서 아이의 문제를 철저하게 해결하고 싶었다. 그래서 물었다. "엄마, 아빠는 어디에 계셔? 아줌마가 만나뵈도 될까?

걱정 마. 고자질 안 할 테니까." 순간 아이의 기분이 갑자기 나빠졌고 옆에 있던 아이가 조용하게 말했다. "아줌마, 물어보지 마세요." 그 말을 듣자마자 가정에 문제가 있다고 판단해 재빨리 "오, 미안해. 말 안 해줘도 돼"라고 사과하고 "이 책 되게 재밌어. 위엔위엔은 이 책 좋아하는데 너도 한 번 읽어볼래?"라고 말하며 『통조림에서 나온 소인들』을 꺼냈다. 아이는 책을 보고 고개를 끄덕였지만 이내 떨어뜨렸다. 난 아이의 손에 책을 들려주고 말했다.

"선물로 주는 거니까 집에 가서 읽어. 위엔위엔은 집에 재밌는 책이 많으니까 읽고 싶은 책이 있으면 위엔위엔에게 말해. 빌려줄게. 한 권 다 읽으면 또 한 권 빌려 읽는 거 어떠니?"

책을 받은 아이가 눈을 반짝이며 고개를 끄덕였다. 주변에 아이들이 자꾸 몰려들자 난 아이가 스트레스를 받을까봐 오늘은 여기까지만 얘기하자고 했고 아이는 고개를 끄덕였다. 그 모습이 참 착해 보였다. 아마 그 아이는 내가 문제를 이렇게 해결할 것이라고 생각하지 못했을 것이다.

내가 위엔위엔을 데리고 집에 가려고 하자 방금 그 아이의 부모님이 어디서 일하는지 못 묻게 했던 남학생이 쫓아와서 아이의 아빠가 감옥에 있다고 비밀스럽게 말했다. 난 놀라서 그 남학생에게 "걔는 아빠가 감옥에 계셔서 많이 힘들고, 남들이 모르길 바랄 거야. 이 일은 우리만 알고 다른 사람에게 말하지 말자. 알았지?"라고 말했다. 남학생은 바로 고개를 끄덕였다.

그날 이후 그 아이는 더 이상 위엔위엔을 괴롭히지 않았다. 얼마 뒤에 난 위엔위엔 편에 아이에게 정위엔지의 동화책을 또 보냈다. 내가 "두 권을 다 읽었다고 하니?"라고 묻자 위엔위엔은 "안 물어봐서 모르겠어요"라고 대답했다.

위엔위엔은 그 아이가 이제는 자신을 괴롭히지 않지만 여전히 다른 이유로 선생님께 혼난다고 했다. 하루는 위엔위엔이 교무실에 숙제를 내러갔는데 선생님의 '호출'을 받고 교무실에 면담을 와 있었던 그 아이의 엄마가 갑자기 화를 내며 자리에서 벌떡 일어나더니 아이를 발로 몇 대 찼다고 했다. 이 일을 이야기할 때 위엔위엔의 말투에서 놀란 기색이 느껴졌다. 위엔위엔에게 그런 장면은 상상할 수 없는 일이었다.

"그 아이의 엄마는 정말 잘못한 거야. 걔 자존심이 얼마나 상했겠어. 그런 가정에서 아이가 뭘 할 수 있겠니. 사실 걔는 잘못한 게 없어. 다 그 부모가 잘못한 거지. 그러니까 너도 무시하지 마. 다른 친구들이 무시하고 모욕하면 네가 옆에서 하지 말라고 해. 걔를 너무 나쁘게 보지 마. 그 아이도 평범한 아이야. 아이들이 차별하지 않으면 정상적인 사람으로 자랄 거야."

훗날 난 TV에서 동물 관련 프로그램을 보다가 마음에 상처를 입은 어린 코끼리는 조숙하고 공격성이 강하다는 것을 알았다. 이 예는 그 아이가 그런 상황을 연출한 것에 대한 충분한 설명이 됐다.

난 그 아이를 생각하면 가슴이 아파서 도와주고 싶었고 엄마를 만나서 교육 방식을 바꾸라고 말하고 싶었다. 아이는 부모가 빚는 대로 만들어진다. 하지만 위엔위엔에게 전해들은 그 아이 엄마의 모습은 약간

두렵기도 하고 만나도 대화가 잘 통할 것 같지 않았다. 게다가 나도 당시에 일이 너무 바빠서 날마다 야근을 했다. 훗날 위엔위엔이 그 아이에 대해서 얘기하지 않아 나도 더 이상 이 문제를 생각하지 않았다. 지금 생각하면 당시에 엄마를 만나서 얘기를 나눴으면 더 좋았을 것이라는 후회가 남는다. 위엔위엔이 5학년을 마치고 우리 가족은 옌타이를 떠났고 다시는 아이의 소식을 못 들었다. 오직 좋은 청년으로 자랐길 바랄뿐이다.

2006년에 난 한 신문기사를 보고 크게 놀랐다. 어떤 여자 아이가 학교에서 남학생과 싸우고 집에 가서 부모에게 울면서 학교에서 있었던 일을 말했다. 그러자 여자 아이의 부모는 결판을 보기 위해서 이튿날 직접 남학생을 찾아가 폭력을 휘둘렀고 급기야 남학생이 죽고 말았다. 이 비극적인 사건은 두 가정을 파괴시켰다. 여자 아이의 부모는 자신들의 미래를 잃고 사랑하는 딸이 부모 없이 고독하게 성장하게 만들었다.

설령 남학생이 안 죽었다고 해도 여자 아이 부모의 행동이 혐오스럽긴 마찬가지다. 그들의 행동에서 아이가 뭘 보고 배우겠는가? 또 창피해서 아이가 어떻게 고개를 들고 학교를 다니겠나? 그들은 딸이 학교생활을 하며 누릴 수 있는 즐거움을 빼앗았을 뿐더러 강한 복수심을 가르치고 딸의 행복한 미래마저 빼앗았다.

모든 아이는 학교에서 '나쁜 친구'를 만날 수 있다. 부모는 아이를 도와서 문제를 해결하고 모순을 풀기 위해서 나서야지 복수하기 위해서 나서면 안 된다. 대상이 다르면 처리 방식도 달라진다.

상대가 '나쁜 아이'라도 최소의 기준을 정해서 신체적·심리적으로 상처를 주지 않고 자신의 자녀를 존중하는 것처럼 그 아이도 똑같이 존중해야 한다.

문제를 처리하는 방식도 상대 아이의 인격 및 인간관계에 영향을 미치지 않는지 고려해야 한다. 아이를 사랑하면 아이에게 폐를 끼치지 않고 조화롭게 지낼 수 있는 상황을 만들어야 한다.

부모의 말과 행동이
나비효과를 일으킨다

만약에 내게 위엔위엔이 앞으로 어떻게 살았으면 좋겠냐고 물으면 좋은 직장에서 자기가 좋아하는 일을 했으면 좋겠고, 인간관계가 좋아서 속마음을 터놓고 지낼 수 있는 친구가 있었으면 좋겠고, 멋진 사랑을 만나 행복하고 아름다운 가정생활을 했으면 좋겠다고 대답할 것이다. 다른 엄마들도 내 바람과 크게 다르지 않으리라 생각한다. 어떤 엄마가 아이의 불행을 바라겠는가?

이렇게 멋진 생활은 운이 좋아서 누릴 수 있는 것도 아니고 하느님이 하늘에서 뚝 떨어뜨려주는 것도 아니다. 오직 스스로 개척해야 한다.

많은 사람들을 만나고 그들이 살아온 얘기를 들을수록 '성격이 곧 운명이다'라는 생각이 강하게 든다. 이 말은 거의 진리에 가깝다. 그래서 난 위엔위엔의 행복을 빌 때 마음도 건강하길 빈다.

　마음이 건강하려면 많은 요소가 필요하다. 건강한 마음은 자신감·우정·성실함·이해 등의 아름다운 꽃·풀·나무가 자라는 화원과 같고, 이 네 글자의 토양에서 자란다. 이 네 글자가 없으면 건강한 마음 화원의 식물은 자라지 않는다. 난 위엔위엔이 인생의 좌우명을 현판에 써서 내건다면 평생 교훈으로 삼고 살라는 뜻에서 이 네 글자를 새겨주고 싶다. 바로 '실사구시'이다.

　이 네 글자는 공기와 같아서 사람들이 잘 인식하지 못하지만 인생에 한시도 없으면 안 되는 물건처럼 소박하다. 사람들에게 존경받는 사람에게선 이 네 글자를 찾아볼 수 있지만, 인격에 문제가 있는 사람에게선 찾아볼 수 없다. 아이에게 이 네 글자를 주는 것보다 더 중요한 것은 없다. 인생에 이 네 글자가 없는 것은 생명에 공기가 부족한 것과 같다. 따라서 이 네 글자는 황금보다 더 귀하다.

　어른들은 아이들에게 실사구시를 추구하라고 쉽게 가르치지만 정작 본인들은 실사구시를 실천하지 않는 실수를 저지른다. 이 같은 실수는 종종 자신도 모르게 저지른다. 물론 실사구시를 실천하지 않는다고 해서 인격에 근본적인 문제가 있는 것은 아니다. 하지만 아이에게 안 좋은 영향을 미쳐 아이가 은연중에 실사구시와 반대 방향의 길을 걷게 된다.

　예컨대 어떤 부모가 아이에게 "돈 많은 사람 치고 좋은 사람 없어"라고 말한 뒤에 집에 돈이 없는 것을 원망하고, 뒤이어 돈을 못 번 이유를 사회나 다른 사람의 탓으로 돌린다고 하자. 아마 아이는 혼란에 빠질 것이다. 또 어떤 부모는 아이에게 성실하게 살라고 가르치곤 자신은 허세를 부리며 산다. 이런 부모는 날마다 '실사구시' 타령을 해도 아이가 그 네 글자의 뜻을 깨닫고 자신의 것으로 만들지 못한다.

따라서 아이가 진실로 이 네 글자를 실천하기를 바라면 부모는 반드시 자신의 말과 행동이 실사구시에 맞는지 반성해야 한다. 실천의 효과는 설교보다 크다. 실사구시는 특히 더 그렇다.

우리 부부가 위엔위엔을 교육할 때 늘 실사구시, 이 네 글자를 언급하지는 않았지만 늘 염두에 두고 생활했다. 먼저 스스로 모범을 보이기 위해서 최대한 네 글자에 맞게 행동하고 위엔위엔을 교육할 때 네 글자를 지키기 위해서 노력했다.

우리 부부는 단 한 번도 위엔위엔에게 시험 점수를 몇 점 받으라고 강요하지도 않고 다른 아이와 등수를 비교하지도 않았다. 하지만 공부할 때만큼은 실사구시를 추구하게 했다. 또한 아이의 심리를 고려해서 위엔위엔이 겉으로만 복종하는 척하지 않게 하기 싫은 일을 강제로 시키지 않았다. 우리 부부는 아이의 의견을 포함해서 여러 사람들의 의견을 많이 들었다. '가족회의'도 자주 열어서 위엔위엔이 실사구시의 관점에서 자신과 타인의 부족한 점을 객관적으로 관찰하고 적극적으로 개선하게 하는 등 생활 곳곳에서 실사구시 교육을 실시했다.

위엔위엔이 초등학교 1학년 1학기를 마칠 때 반에서 모범 학생을 뽑았다. 무기명 투표로 진행됐고 학생 한 명이 세 명씩 뽑을 수 있었다.

위엔위엔은 집에 와서 자기가 가장 많은 표를 얻었다고 말했다. 한 반에 45명의 학생이 있는데 그중에 43명이 위엔위엔을 뽑고 나머지 두 남학생만 안 뽑았다. 내가 "누가 널 안 뽑았는지 어떻게 알아?"라고 묻자 위엔위엔은 "걔네가 학교 끝나고 뛰어와서 말해줬어요"라고 대답했다.

난 위엔위엔이 표를 많이 얻어서 기뻤지만 순간 이런 생각이 들었다. 자기가 자기에게 투표해도 괜찮을까? 두 남학생이 표를 주지 않은 것은 위엔위엔에게 불만이 있어서일까? 하지만 금세 내가 세상에 물이 많이 들었다는 것을 깨달았다. 왜 자신에게 솔직하게 투표하면 안 되는가? 두 남학생이 위엔위엔에게 표를 안 주면 꼭 불만이 있는 것인가? 순수하고 깨끗한 마음을 가진 예닐곱 살짜리 아이들이 나처럼 속되기 짝이 없는 생각을 하겠는가? 위엔위엔이 내게 표를 가장 많이 받았다고 말할 때나 두 남학생이 자신에게 투표하지 않았다고 말할 때나 말투는 똑같이 자연스럽고 즐거웠다. 난 위엔위엔에게 아무 말도 안 한 것을 다행으로 생각했다. 만약에 자신에게 투표해도 되냐, 두 남학생이 네게 불만이 있어서 표를 안 준 것 아니냐고 말했으면 위엔위엔의 마음은 혼란스럽게 오염됐을 것이다. 난 위엔위엔의 볼에 입을 맞추고 자랑스럽게 "위엔위엔이 학교에서 모범적으로 잘 생활하는구나"라고 말했다.

이튿날 위엔위엔은 숙제를 마치고 갑자기 뭔가를 생각하더니 내게 "엄마, 자기가 자기에게 투표해도 돼요?"라고 물었다. 난 긍정적으로 말했다.

"그럼. 모범 학생의 조건에 맞으면 자기에게 투표할 수도 있지. 너도 그래서 네게 투표한 거 아니야?"

위엔위엔은 의아해하며 내게 말했다.

"오늘 짝꿍이 모범 학생은 자기에게 투표하면 안 되고 다른 사람만 뽑아야 한대요. 자기를 뽑는 건 겸손하지 않은 거라면서요."

난 위엔위엔의 짝꿍이 어젯밤에 틀림없이 부모에게 '지도'를 받았다고 추측했지만 이에 대해 말하지 않고 그저 웃으며 위엔위엔에게 말했다.

"짝꿍이 잘못 생각한 거야. 가서 전해. 조건에 안 맞으면 자신을 뽑으면 안 되지만 조건이 충분하고 스스로 모범 학생에 뽑히고 싶으면 자신에게 투표해도 된다고. 모범 학생이 되고 싶고 조건도 충분한데 일부러 자신을 안 뽑는 건 잘못이야. 이것은 겸손이나 거만함과 관계없어."

이후 위엔위엔은 학기 말에 모범 학생을 뽑을 때마다 모두 자신에게 투표했다. 줄곧 성적도 좋고 학급 임원도 하고 자신감이 넘쳤다. 하지만 위엔위엔도 서서히 반 아이들의 미묘한 생각을 발견했다. 아이들은 누가 누구에게 투표했는지 굉장히 신경 쓰고 자신에게 투표한 것을 밝히기를 꺼렸다. 위엔위엔은 친구들이 왜 그럴까 생각했지만 누가 위엔위엔에게 누구를 뽑았냐고 물으면 숨기지 않고 자신을 뽑았다고 솔직하게 밝혔다. 위엔위엔은 집에 와서 친구들이 물을 때마다 자신이 이상한 행동을 한 것 같아서 대답하기가 어려웠다고 말했다.

"그냥 네가 한 것을 말하면 돼. 솔직한 것이 가장 좋고 아름다워. 네가 누구에게 투표하고 누가 네게 투표했건 간에 정확하다고 생각하면 부끄러워할 필요가 없어. 외려 뭘 해놓고 안 그런 척하는 것이 틀리고 부끄러운 거야."

내 말에 위엔위엔은 마음을 편하게 먹고 모범 학생을 뽑을 때 아이들이 누구를 뽑았냐고 물으면 솔직하게 대답했다.

위엔위엔은 중학교 1학년 모범 학생 투표 때도 예전처럼 자신을 뽑았다. 기숙사에서 누구를 뽑았냐고 물으면 위엔위엔은 솔직하게 자기를 뽑았다고 인정했다. 하지만 그때 위엔위엔은 체육 성적이 모범 학생의 조건인 '양'에 못 미쳐서 자격을 잃고 모범 학생에서 떨어졌다. 예전에 우리 모녀가 대화를 나눌 때 위엔위엔은 계속해서 모범 학생의 영광을 누리고 싶다고 말했고, 그래서 자신에게 한 표를 던졌다. 하지만 중학교에 들어간 뒤에 체육 성적이 갑자기 나빠져서 모범 학생이 못 될까봐 걱정했다. 난 그때 위엔위엔에게 "학교 측도 네가 열 살인 점을 고려할 거야. 다른 학생들보다 두세 살 어리잖아. 또 다른 학생들은 사춘기라서 몸이 막 커지는데 넌 나이와 체격 모두 초등학생이잖아. 체육 점수는 융통성 있게 봐주실 거야"라고 위로해줬다. 하지만 학교 측은 위엔위엔의 구체적인 상황을 고려하지 않았다. 그래서 위엔위엔은 2학년 모범 학생을 뽑을 때 체육 점수가 조건에 맞지 않자 아예 자신을 안 뽑고 다른 학생을 뽑았다.

그 후로 위엔위엔이 기숙사에서 자신을 안 뽑았다고 말하자 아이들은 위엔위엔이 그새 '처세술'을 배워 거짓말을 한다고 생각했다. 위엔위엔은 집에 돌아와서 이 일을 얘기하며 다른 친구들이 왜 그렇게 복잡하게 생각하는지 모르겠다고 말했다. 그런 모습을 보니 위엔위엔에게 자신의 말과 행동을 솔직하게 밝히는 태도가 거의 완전하게 자리 잡힌 것 같아서 마음이 놓였다.

시간이 한참 흐른 뒤 위엔위엔의 반에 임원을 뽑을 때였다. 위엔위엔은 평소에 싫어하는 학생에게 투표했다. 그 학생이 일을 잘해서 학급 임원을 하기에 적합하다는 것이 그 이유였다. 학급 임원은 중학생들 사이에서 일종의 명예직이다. 또한 표의 행방이 학생들의 정서에 영향을 미쳐서 투표할 때가 되면 아이들은 누구와 누구의 관계가 좋은지 관심을 가진다. 때문에 위엔위엔이 일하는 능력만 고려해서 싫어하는 학생에게 표를 준 실사구시 정신은 매우 귀중하다고 할 수 있다.

아이가 미래에 얼마나 성실할지는 자랄 때 실사구시의 영향을 어느 정도 받았느냐, 어른이 된 뒤의 사고방식이 이 네 글자와 얼마나 가깝냐에 달려 있다. 실사구시의 반대는 위선이 아니라 허영, 조급함, 고집, 질투다. 허영, 조급함, 고집, 질투는 작은 문제인 것 같지만 무의식중에 나타나면 상당한 파괴력을 가진다.

지금은 집집마다 자녀가 많지 않아서 많은 부모들이 자녀를 성공시키려는 허영심과 조급함에 달뜨고 편견과 고집에 사로잡혀 행동한다. 아이는 허영에 들뜬 생활에 매우 고통스러워하고 쉽게 실패하지만 정작 부모는 자신이 아이에게 무슨 짓을 하는지도 모른다. 난 지금까지 많은 부모가 자녀교육 문제를 해결하는 것을 도왔다. 하지만 어떤 문제는 미묘하고 해결하기 어려워서 한숨이 나왔다. 자문 경험이 쌓일수록 난 많은 부모들이 교육 지식이 부족해서가 아니라 허영심과 조급함 때문에 자녀를 부당하게 교육한다는 것을 발견하게 된다.

아는 사람이 내게 전화해 친척의 딸이 심리적으로 문제가 있는데 상담해줄 수 있냐고 물었다. 친척의 딸은 이미 스물다섯 살이고 아버지는 지금은 유명 중학교에서 근무하지만 주로 고등학교 입시 반을 전문적으로 맡았던 교사다. 그는 가르치는 학생마다 칭화대, 베이징대 등 명문 대학교에 보내는 것으로 학교에서 명성이 자자하다. 친척 딸의 어머니도 중학교 교사이다. 친척 딸은 교사 부부 밑에서 엄격하게 교육 받아서 어려서부터 공부를 잘했고 고등학교도 아버지가 근무하는 중학교와 같이 붙어 있는 고등학교를 다녔다.

그 당시 성적으로 친척 딸은 칭화대에 합격할 가능성이 있었지만 결국은 떨어졌다. 대학에 원서를 낼 때 그녀의 아버지는 딸이 칭화대에 못 가면 입시 전문 교사로서 위신이 떨어진다고 강제로 칭화대에 원서를 내게 했다. 그녀의 어머니도 딸이 칭화대에 가면 학교에서 아이들을 지도할 때 힘이 날 것이라고 그녀를 타일렀다.

친척 부부는 딸이 다른 생각을 못하게 칭화대만 지원하고 다른 대학에 원서를 못 내게 했다. 그 결과 8점이 부족해서 칭화대에 떨어졌다. 1년 뒤에 원서를 쓸 때 그녀는 감히 칭화대를 지원하지 못하고 다른 유명한 대학에 원서를 내려고 했다. 하지만 부모는 작년 커트라인과 비교했을 때 그 대학도 갈 수 있지만 명색이 1년을 더 공부했는데 배짱 좋게 칭화대에 넣으라고 딸을 부추겼다. 이번에는 두 개의 대 학에 원서를 냈는데 칭화대는 몇 점 차이로 떨어지고 다른 대학은 붙었다. 그녀가 합격한 대학도 실은 좋은 대학이었다. 하지만 부모는 칭화대를 떨어진 것을 굴욕적으로 생각하고 자식이 1년을 더 공부하고 평범한 대학에 가자

체면이 안 선다고 딸을 원망했다. 때문에 그녀는 대학을 다니는 4년 내내 우울증을 이기지 못해 중간에 반년 동안 휴학했다.

그녀는 대학을 졸업하고 칭화대 석사 과정에 도전했지만 또다시 떨어져 해외 유학을 가기로 결정하고 두 학교에 입학 신청서를 보냈다. 하지만 무슨 이유인지 모두 성공하지 못했다. 훗날 그녀는 부모님이 아는 사람을 통해서 좋은 직장에 취직했다. 하지만 기쁨도 잠시였다. 같이 취직한 두 명의 신입사원은 모두 명문대 출신이었는데, 1년 뒤에 그중 한 명이 승진하자 그녀는 참지 못하고 회사에 휴가도 내지 않고 멋대로 출근하지 않았다.

지금 그녀는 날마다 방에 콕 들어박혀 아무 일도 안 하고 인터넷만 하고 잠만 잔다. 사람들이 겨우 설득해서 신경정신과에 갔더니 의사가 몇 마디 대화를 나눈 뒤에 우울증이라고 진단하고 약을 줬다. 하지만 한 달이 지나도 약 효과가 없고, 지금은 방에서 아예 나오지도 않고 자기 허락 없이 커튼도 함부로 못 열게 한다.

그녀의 아버지는 지금 미치기 일보 직전이다. 승부욕이 강해서 남에게 지는 것을 싫어하는데 몇 년간 자녀가 잘 풀리지 못한 것은 그에게 큰 타격이었다. 그는 한 집 안의 가장으로서 자신은 실패했고 체면이 안 선다고 생각한다. 난 상황을 전해 듣고 안타깝지만 상담을 할 수 없다고 말했다. 돕기 싫어서가 아니라 상황이 이미 돌이킬 수 없는 지경이 됐기 때문이다.

전화로 자세한 상황을 전해 듣고 난 그녀가 어떻게 지금의 지경에 이르렀는지 분명하게 알 수 있었다. 비록 내가 들은 내용은 일부분이지만 그녀의 부모가 대학 문제를 처리한 것을 보면 평소에도 똑같은 사고방식으로 생활했을 게 분명하다. 문제는 하루아침에 일어난 것이 아니라 이미 오랜 시간을 두고 서서히 형성됐고 대학 문제는 사태를 더욱 악화시킨 것에 불과하다.

허영심이 많은 부모는 본인을 피곤하게 만들고 자식을 곤경에 빠뜨린다. 만약에 시간을 되돌릴 수 있으면 난 기꺼이 그녀를 돕고 그녀의 부모를 만나서 자녀를 교육할 때 실사구시의 입장에서 생각하면 딸의 인생이 더 순탄하고 행복하고 자랑스러워진다고 알려줄 것이다.

루소는 『에밀』에서 "가장 고상한 도덕은 남에게 보여주기 위한 것이 아니기 때문에 소극적이고 가장 실천하기 어렵다"고 말했다. 이 말을 자기 자신에게 대입하면 이렇게 해석할 수 있다. "사람은 어떤 일을 할 때 반드시 실사구시 해야 한다. 무슨 일을 하건 남에게 보여주기 위해서 하면 안 된다." 실사구시는 자신을 진실하게 대접하는 것이지만 실천하기가 어렵다.

부모가 스스로 자신의 허영심에 경각심을 갖기는 쉽지 않다. 허영심과 조급함은 작게는 멋대로 아이를 칭찬하고 벌을 주고 거짓말로 상대방을 깎아내리는 것에서 크게는 아이가 전공, 직업, 배우자를 선택할 때 상황을 아무렇게나 지휘하는 것까지 늘 문제를 일으킨다. 이것이 쌓이고 쌓이면 자신도 모르게 아이의 가치관을 엉망진창으로 만들어 아이가 두 발로 자신의 영역을 딛고 일어설 수 없게 만든다. 불성실함은 인생에 상처를 남기고 사고방식을 왜곡시켜 타인을 객관적으로 대하지 못하고 자신을 진실하게 대하지 못하게 만든다.

실사구시의 정신이 없는 사람은 똑똑해도 안목이 좁고, 노력해도 계속할 힘이 없고, 우쭐거려도 활력이 없고, 사랑하고 싶어도 잘 이뤄지지 않고, 평화와 안정감이 부족해서 평범하게 행복하지 못하고, 개성과 창의력이 부족해서 뛰어난 사람이 못 된다.

아이에게 실사구시의 정신을 키우려면 부모 스스로 모범을 보이고 말과 행동의 영향력에 주의해야 한다. 내가 생각하기에 실사구시 정신을 키우는 가장 좋은 방법은 독서다. 특히 위인전은 아이에게 큰 영향을 준다. 과학자, 예술가, 정치가, 기업가의 일에 대한 열정, 굳은 의지, 개척하는 용기, 높은 수준의 인식은 실사구시의 사고방식이 넘쳐흐른다. 그들의 성과는 실사구시의 믿음직스럽고 성실한 토양에 뿌리를 내렸다. 위대한 인물의 전기를 읽으면 훌륭한 사람과 좋은 생각을 교류하며 참되고 착하고 아름다운 정서를 키울 수 있다.

실사구시는 큰 주제라서 끝없이 탐구해야 하고, 매우 간단한 일이라서 특별한 기술이 없어도 곳곳에서 실천할 수 있다. 이 네 글자는 흔적이 없지만 사람을 가장 잘 보호하고, 지극히 소박하지만 사람에게 빛을 준다.

다시 한 번 말하건대 아이에게 이 네 글자, 실사구시를 주는 것은 황금을 주는 것보다 귀하다!

이 시대 교육의 문제를 논(論)하다

'ADHD'는 거짓이다
주의력결핍 과잉행동장애에 대하여

■ 논의 배경

최근 아동기에 생겨나는 갖가지 문제를 '주의력결핍 과잉행동장애(ADHD)'로 연결시키는 경우를 자주 볼 수 있다. ADHD에 대한 부모들과 학계, 사회의 관심은 매우 뜨거운데, 부모는 아이의 성격과 행동이 조금만 이상하게 느껴져도 ADHD를 의심해 병원으로 향하고 정신·심리학자들은 이에 대한 처방과 치료법과 내놓는데 심혈을 기울이고 있다. 인젠리는 이 현상을 교육적 관점에서 꿰뚫어 보고, 아이에게 생긴 문제를 어떤 '질병'으로 여기고 '치료'가 필요한 것으로 진단하는 ADHD를 면밀하게 고찰하는 동시에 ADHD의 진정한 발병 원인을 가려냈다.

요즘에 'ADHD(주의력결핍 과잉행동장애)'는 유행병이 돼버린 듯하다. 내 주위에 적지 않은 아이들이 영문도 모른 채 이 병을 앓고 있고, 몇몇 아이들은 약물 치료를 받는다.

하지만 난 이 아이들이 앓는 '증상'의 출처를 분명히 안다. 부모가 지나치게 엄격하거나 자녀를 과잉보호하거나 교육 방법이 잘못되면 아이가 엄청난 스트레스를 받는다. 아이의 증상은 잘못된 교육 방식에 반항하는 과정에서 나타나는 일종의 삐뚤어진 표현이다. 난 약물 치료에 의존해서 이 병을 고친 아이들을 못 봤지만 기대와 달리 약을 먹은 뒤에 점점 환자처럼 변하고 '증세'가 악화된 아이들은 많이 봤다.

난 ADHD라는 단어를 보고 가시에 찔린 것처럼 마음이 아파서 나도 모르게 이 증상에 관심을 갖게 됐다.

몇 년 전에 어느 초등학교에서 한 남자 아이를 만났다. 당시에 이 남자 아이는 초등학교 2학년이었고 ADHD 중증 환자처럼 보였다.

남자 아이는 이 학교로 전학 오기 전에 다른 초등학교를 다녔고, 1학년에 입학한 뒤에 불안정한 태도를 보이기 시작했다. 예컨대 수업시간에 아무도 말릴 수 없을 정도로 온 교실을 휘젓고 다니고 소란을 피워서 선생님이 수업을 못하게 만들었다. 또한 친구의 머리를 변기통에 박는가 하면 모기향으로 지지는 등 항상 이유 없이 친구들을 괴롭혔다. 친구를 꼬집는 것은 다반사였다. 그 결과 남자 아이는 다른 학부모들의 거센 항의와 학교 측의 권유에 어쩔 수 없이 2학년에 올라올 때 지금의 학교로 전학 왔다.

하지만 전학을 온 뒤에도 상황은 변하지 않았다. 새 학교 측도 뾰족한 수가 없어서 날마다 아이를 가족과 함께 등하교하게 조치했다. 아이의 할머니는 온종일 그림자처럼 아이를 따라다녔다. 수업시간에는 아이가 소란을 못 피우게 한 책상에 앉아 아이를 꼭 붙잡았는가 하면 수업이 끝난 뒤에는 다른 친구들을 못 괴롭히고 같이 못 놀게 두 손을 잡고 다녔다. 이 아이는 교장 선생님이 다 걱정하고 어쩔 줄 모르게 만들 정도로 학교에서 매우 유명했다.

내가 이 아이를 처음 본 곳은 교실이다. 쉬는 시간에 다른 아이들이 삼삼오오 모여서 재밌게 놀 때 이 아이는 할머니에게 두 손이 꼭 붙잡혀서 아무것도 못했다. 아이는 할머니를 벗어날 수 있는 기회를 호시탐탐 노렸지만 벗어날 수 없자 체념하고 친구들이 노는 것을 부럽게 쳐다봤다. 그 모습은 마치 죄인처럼 보였다. 담임선생님은 아이가 주의력결핍 과잉행동장애에 걸렸다고 확신했고 아이의 가족이 아이를 데리고 정신과에 간 적이 있는데 진단 결과 역시 이렇게 나왔다고 말했다.

아이는 의사가 최소한 3년간 약을 먹어야 한다는 말에 3개월 동안 약을 먹었다. 하지만 효과가 없고 약값이 만만치 않자 할머니, 할아버지가 경제적으로 부담이 된다는 이유로 복용을 중단시켰다. 노부부는 한 명만 퇴직연금을 받았다.

난 아이와 아이의 할머니를 만나서 몇 마디 나눈 뒤에 직감적으로 이 남자 아이가 정상이라는 것을 알았고, 훗날 가정 상황을 파악하곤 '발병 원인'은 잘못된 가정교육이라는 확신을 가졌다.

아이의 부모는 결혼하지 않고 동거하다가 아이가 태어난 뒤에 헤어졌다. 중국 남쪽지방 출신의 근로자였던 아이의 엄마는 고향으로 돌아간 뒤에 연락이 끊겼다. 아이의 아빠는 어디에서 뭘 하고 사는지 가족조차 잘 모르고, 아이를 돌보기는커녕 반년 또는 1년에 한 번씩 집에 와서 얼굴만 비추고 간다. 아이의 할아버지는 성질이 난폭해서 툭하면 아들을 때리고 욕했고 지금은 똑같은 방식으로 손자를 교육한다. 특히 아이의 할아버지는 아들에 대한 불만을 종종 손자에게 풀었다. 아이의 할머니는 온종일 아이에 관한 일을 도맡아 처리했다. 또한 아이가 훌륭한 인재로 자라기를 바라고 자신의 아들이 가정에 끼친 걱정과 부끄러움을 만회하기 위해서 항상 '남자는 이래야 한다, 저래야 한다'고 말하며 아이를 꾸짖었다.

이렇게 '야만적인 환경'에서 자란 아이가 어떻게 야만인이 안 되겠는가? 난 어린아이가 죄인처럼 생활하는 것이 매우 안타까웠다. 만약에 개선 방법을 찾지 않으면 훗날 아이가 갈 곳은 오직 감옥이나 정신병원뿐이었다. 그래서 아이에게 거의 1년 가까이 심리교정 치료를 진행했다.

난 직접적으로 '심리 치료'를 하지 않고 '병의 근본 원인'을 치유하고 아이의 생활환경을 개선하는 데 초점을 맞췄다. 주요 개선 대상은 아이를 실질적으로 보살피고 키우는 할머니, 할아버지였다. 처음에는 아이의 할머니, 할아버지와 자주 대화하다가 나중에는 정기적으로 만났다. 이 일을 할 때 내 목표는 매우 간단했다. 바로 할머니, 할아버지가 아이를 존중해서 때리거나 욕하지 않고 아이에게 스트레스를 안 주는 것이었다.

매우 간단한 요구 사항이지만 두 노인은 이미 예전의 교육 방식에 익숙해서 이 간단한 요구 사항을 실천하는 것이 어려웠다. 난 폭력적인 교육 방식과 아이의 행동에 어떤 관계가 있는지 반복해서 이해시키는가 하면 기본 행동 원칙을 만들고, 사소한 부분에서 아이와 어떻게 생활하고 대화해야 하는지 설명했다.

어른을 변화시키는 것이 아이를 변화시키는 것보다 어렵고, 어른이 변하지 않으면 아이도 변하지 않는다. 개선 교육을 진행할 때 내가 가장 중요하게 생각했던 것은 감정의 통제다. 난 아이의 할머니, 할아버지가 먼저 날 받아들이게 한 뒤에 정서적으로 충돌이 없는 상태에서 내 의견을 이해시켰다. 두 노인은 서서히 날 믿기 시작했고, 노력 끝에 마침내 자신들의 교육 방식이 아이의 문제와 관계가 있다는 것을 깨달았다. 교육 관념이 바뀐 두 노인은 기존의 폭력적인 방식을 버리고 다시는 아이를 때리고 욕하지 않았다. 그러자 아이의 행동에 큰 변화가 생겼다.

아이의 담임선생님과도 자주 만나서 선생님이 아이를 병이 없는 정상적인 아이라고 생각하게 하기 위해서 노력했다. 또한 담임선생님과 함께 아이가 학급에서 성취감을 느낄 수 있는 방법을 마련해서 아이를 격려하고 자신에 대한 확신을 심어줬다. 담임선생님이 편견 없이 아이를 대하자 반 아이들도 아이를 대하는 태도를 바꿨다.

난 아이와 몇 번 만나서 동화와 그림 그리기에 대해서 대화를 나눴다. 아이는 이 두 가지에 대해서 말하는 것을 좋아했다. 아이와 아이의 할머니를 집에 초대했고 아이가 내게 그려준 그림을 벽에 붙여놓았다. 아이가 우리 집에 오면 스스로 자신이 정상적인 사람이라고 생각할 수 있게 기분 좋고 편하게 대했다. 몇 차례 만나면서 우리는 서로에 대한 경계심을 풀고 정서적인 교감까지 나눴다. 나와 아이 사이에 신뢰가 쌓였다는 확신이 들자 아이에게 다른 사람을 괴롭히고 수업시간에 소란을 피우면 안 된다고 말했다. 아이는 거부감 없이 내 의견을 받아들이고 즐겁고 행복한 눈빛을 보냈다.

내 노력은 매우 큰 효과를 발했다. 4개월 뒤에 아이는 혼자 학교에 가서 수업을 받는가 하면 친구들을 괴롭히지 않고 자신을 잘 통제했고, 1년 뒤에는 더 이상 친구들과 싸우지 않았다. 싸우는 능력으로 치면 아이는 어디에 가도 안 빠졌지만 충돌을 피하고 싶어 하는 의지가 매우 강해서 누가 시비를 걸고 때려도 꾹 참았다.

아이의 인내력은 자신은 매우 건강하고 정상적인 사람이라는 인식에서 나왔다. 아이는 가끔 반 친구들에게 맞아도 다른 사람이 색안경을 끼고 보는 것보다 낫다고 생각했다. 아이는 이제 곧 5학년이 된다. 학교 성적은 보통이지만 다른 모든 것은 정상이다. 아이의 작은 손은 더 이상 할머니에게 잡혀 있지 않다. 아이는 자유를 얻고 진정한 친구도 사귀게 됐다.

ADHD를 심하게 앓았던 아이는 이렇게 치료됐다. 난 이 일을 겪은 뒤에 더 더욱 ADHD에 궁금증을 품게 됐다.

ADHD, 갑자기 퍼진 세계적인 질병

2007년 여름, 베이징청년보에 「ADHD 아동, 여름철 진료 30% 증가」라는 기사가 실렸다. 기사는 베이징 안딩병원의 아동정신과 주임 교수의 말을 인용해서 '베이징 아동의 ADHD 발병률이 4~5%에 이른다'고 전했다. 2007년 10월 7일에 베이징청년보에 기고된 「ADHD, 기존의 치료법과 고별하다」라는 글은 '권위 있는 조사 결과에 따르면 중국의 취학 연령 아이 중에 4.31~5.83%의 아이가 ADHD를 앓는다'고 밝혔다. 이 비율로 계산하면 전국에 2천만 명에 가까운 ADHD 환자가 있을 것으로 예상된다. 내가 인터넷에서 관련 자료를 찾아본 결과 세계 각국의 ADHD의 발병률은 4~14%로 폭이 넓었다. 예를 들어 미국은 10~20%이고 발병률이 높은 국가는 무려 40%나 됐다. 어떤 질병의 발병률이 이렇게 높을까?

전염병의 발병률도 이것보다 낮다. 넓은 지역에 걸쳐 발생하는 전 세계적인 질병인 이것의 정체는 무엇일까?

이 무렵에 난 두 권의 책을 읽었다. 한 권은 독일의 자연과학자이자 최고의 의학 기자인 요르크 블레히가 쓴 『없는 병도 만든다』이고 다른 한 권은 미국의 기자인 랜덜 피츠제럴드가 쓴 『100년 동안의 거짓말』이다. 이 두 권의 책은 충분한 자료와 철저한 분석을 통해서 현대 의학의 발전 과정에서 나타난 '함정'과 '어두운 면'을 조명했다. 이들은 약속이라도 한 것처럼 ADHD에 의혹을 제기하고 이 병은 자연스럽게 만들어져 널리 퍼진 질병이라고 말했다.

난 두 권의 책을 읽은 뒤에 다시 인터넷으로 관련 자료를 찾아서 읽었고, 몬테소리의 논설을 읽고 모든 자료를 종합했다. 그 결과 난 ADHD가 절대적으로 존재하지 않는다고 결론지었다. 이유인즉 지금까지 이 병에 대해서 확실하게 결론이 난 것이 없고 지금의 진단 개념으로 볼 때 이 증상은 결코 존재하지 않는다. ADHD라고 진단하는 것은 기침 몇 번 한 사람에게 암에 걸렸다고 말하는 것처럼 일리가 없다. 따라서 ADHD는 거짓이다.

명칭의 변화를 통해 본 질병의 발생

현대의학의 발전은 개선하고 치료할 필요가 있는 현상을 의학을 통해서 해석할 수 있게 만들었다.

예로부터 사람들은 말을 안 듣는 아이 때문에 골치가 아팠고 이 문제는 자연스레 의사들의 관심을 끌었다. 160여 년 전인 1845년에 프랑스의 정신과 의사인 호프만은 『더벅머리 페터』라는 책에서 지나치게 활동적인 아이를 묘사했고 이때부터 사람들은 부산한 아이에게 관심을 갖기 시작했다.

1세기 뒤인 1947년에 어느 전문가는 몇몇 아이들의 과도한 행동은 뇌 손상에서 비롯됐다고 추측하고 이 현상을 '뇌손상 종합증'이라고 이름지었다. 하지만 '뇌손상 종합증'은 뇌를 다치지 않은 아이들의 과도한 행동을 설명할 수 없었다. 그러자 누가 아이가 지나치게 활동적인 것은 뇌에 경미한 손상을 입었기 때문이라고 주장했다. 하지만 '뇌의 경미한 손상'은 아이의 신체검사 과정에서 발견되지도 않고 성장 과정에서도 찾을 수 없어서 설득력을 잃었다. 그 결과 대뇌를 벗어나서 '행동 기능장애'가 나오게 됐다. 이 명칭은 겉으로 보이는 것만 표현해서 발병 원인이 뚜렷하지 않은 상황을 피할 수 있다. 미국식품의약국은 개념이 지나치게 모호하다는 이유로 이 명칭의 사용을 금지하지만 의학계는 아이가 말을 안 듣는 것을 치료가 필요한 질병이라고 인식했다. 1962년에 국제아동정신과학회는 이 병의 원인이 뚜렷하게 밝혀지기 전까지 잠시 '미소뇌기능장애(Minimal brain dysfunction, MBD)'라고 부르기로 결정했고, 1980년에 미국이 발표한 「정신장애 진단과 통계 수첩」은 이 증상을 '주의력 결핍증(Attentional Deficit Disorder, ADD)'이라고 기록했다. 그러다가 1987년에 미국의 정신과 의사가 '주의력결핍 과잉행동장애(Attention Deficit-Hyperactivity Disorder, ADHD)'라는 명칭을 사용했고 지금 가장 널리 쓰이고 있다.

명칭의 변화에서 알 수 있는 것처럼 병명은 추측에서 생기고 사람들이 추측에 의문을 가질 때마다 조금씩 바뀌었다. 또한 뚜렷한 특성에서 모호한 특성으로 바뀌고 관찰 가능한 특성에서 관찰 불가능한 특성으로 변했다.

명칭이 이렇게 변한 것은 연구 내용이 사실에 점점 가까워져서가 아니라 단지 추측을 합리적으로 만들고 해석의 여지를 많이 두기 위해서였다. 이렇게 하면 두 가지 목적을 달성할 수 있는데, 하나는 진단학의 부족함을 보완할 수 있고 다른 하나는 병명을 보편적인 증상에 적용할 수 있다.

질병 자체를 추측해야 할 때 중요한 것은 어떻게 진단하느냐다. 현실에서 많은 아이가 '주의력결핍 과잉행동장애'라는 진단을 받는데 이 진단이 어떻게 나오는지 알아보자.

ADHD 진단의 과정과 질병의 논리

자료에서 알 수 있는 것처럼 'ADHD' 검사는 모두 주관적인 판단에 근거한 것으로 객관성이 부족하다. 어떤 의사는 뇌신경 검사와 생물학적 지표실험을 한다. 하지만 신체에 특별히 문제가 없는 아이는 뇌신경 검사와 생물학적 지표실험이 의미가 없고, 각 항목의 생물학적 지표와 증상의 관계도 정확한 임상실험의 결과가 아니라 추측에 불과하다.

내가 국내외 ADHD 진단을 받은 아이의 부모에게 몇 가지 질문한 결과 이들이 받은 진단 방법이 모두 비슷하다는 사실을 발견했다. 의사는 부모에게 몇몇 상황에 대해서 묻고 아이와 몇 마디 나눈 뒤에 아이의 행동을 관찰한다. 또한 '진단표'를 사용했는데 점수에 따라서 ADHD 여부를 판단했다.

진단표는 사람들이 의사의 진단을 정확하다고 믿게 만드는 객관적인 진단 수단이다. 하지만 정말 그럴까? 난 중국의 병원, 육아 사이트, 블로그 등 의료 관련 사이트에서 사용하는 진단표를 살펴봤다. 문제를 설명하기 위해서 책에 수록한 것을 이해해주길 바란다.

진단표를 보면 알겠지만 거의 모든 아이의 정상적인 행동이 이상의 진단 사항에 해당한다. 이 진단표에 따르면 ADHD의 발병률은 앞에서 언급한 것보다 훨씬 높아야 한다. 이렇게 되면 거의 모든 아이가 '환자'이고 이 중에는 내 딸도 포함돼 있다. 만약에 내 딸이 어릴 때 이 진단을 받았으면 항목 당 평균 1점을 받아서 '양성'이 됐을 것이다.

간소화된 미국의 코넬 아이 행위 진단표

그렇지 않다 : 0점 | 조금 그렇다 : 1점 | 비교적 그렇다 : 2점 | 매우 그렇다 : 3점

1. 지나치게 활동적이고 잠시도 가만히 안 있는다. ☐
2. 활동적이고 충동적이다. ☐
3. 다른 아이를 괴롭힌다. ☐
4. 일에 맺고 끊음이 없다. ☐
5. 불안해서 못 앉아 있는다. ☐
6. 집중력이 약하고 산만하다. ☐
7. 원하는 것은 바로 해야 하고 쉽게 의기소침해진다. ☐
8. 잘 운다. ☐
9. 정서의 변화가 심하다. ☐
10. 갑자기 화를 내고 예상치 못한 행동을 한다. ☐

진단

총점이 10점을 넘으면 양성 즉 주의력결핍 과잉행동장애다.

상하이 시 ADHD 협회에서 만든 진단표

그렇지 않다 : 0점 | 조금 그렇다 : 1점 | 비교적 그렇다 : 2점 | 매우 그렇다 : 3점

1. 수업시간에 못 앉아 있다. ☐
2. 수업시간에 자주 떠든다. ☐
3. 수업시간에 자꾸 움직인다. ☐
4. 손을 안 들고 발표한다. ☐
5. 외부의 방해에 쉽게 집중력을 잃는다. ☐
6. 변덕이 심하고 다른 사람과 말다툼을 자주 한다. ☐
7. 늘 다른 사람에게 시비를 걸고 방해한다. ☐
8. 차분하게 못 논다. ☐
9. 어떤 일을 하다가 문득 다른 일이 떠오르면 바로 한다 ☐
10. 일할 때 결과를 생각하지 않는다. ☐
11. 부모의 돈을 마음대로 쓰거나 남의 돈을 훔친다. ☐
12. 덤벙대고 기억력이 나쁘다. ☐
13. 학습 성적이 나쁘다. ☐
14. 거짓말을 하고 욕을 하며 싸운다. ☐

진단

총점이 10점을 넘으면 양성 즉 주의력결핍 과잉행동장애다.

미국 정신병학회가 만든 진단 기준

그렇지 않다 : 0점 | 조금 그렇다 : 1점 | 비교적 그렇다 : 2점 | 매우 그렇다 : 3점

1. 손과 발을 쉴 새 없이 움직이거나 의자에 앉으면 몸을 비튼다. ☐
2. 조용히 앉아 있어야 할 때 그렇게 못한다. ☐
3. 외부의 자극에 쉽게 반응하고 주의력을 잃는다. ☐
4. 게임이나 단체 활동을 할 때 인내심 있게 줄을 못 선다. ☐
5. 다른 사람의 질문이 끝나기 전에 말을 끊고 대답한다. ☐
6. 다른 사람의 지시에 따라서 일을 못 한다. ☐
7. 숙제나 게임을 할 때 집중력을 유지하는 것이 어렵다. ☐
8. 한 가지 일을 끝내지 않고 다른 일을 한다. ☐
9. 차분하게 못 논다. ☐
10. 말이 많다. ☐
11. 다른 사람의 말을 끊거나 활동을 방해한다. ☐
12. 다른 사람과 대화할 때 듣는 둥 마는 둥 한다. ☐
13. 장난감, 책, 공책 등 학용품과 개인 물품을 자주 잃어버린다. ☐
14. 결과를 생각하지 않고 위험한 활동에 참가한다. ☐

진단

7세 이전에 발병해서 병력이 반년 이상 됐고 위 항목에서 8가지 이상이 해당하면 양성 즉 주의력결핍 과잉행동장애다.

그럼 어떤 아이가 '환자'가 아닐까?

『없는 병도 만든다』의 작가는 의학계가 과도한 진단을 내리고 약물을 남용하는 현상을 비판하며 이 현상을 '질병 발명'이라고 일컬었다. 그는 ADHD는 전형적으로 '발명된 질병'이라고 말했다.

그가 말했다.

"때때로 의사도 혼란스러워서 의견이 분분한 진단 보조 도구를 오용한다. ADHD의 지지자들 역시 이 질병을 가진 아이의 3분의 1은 진단 모델의 희생자라고 추측했다. 세계 각국을 비교하면 아이가 ADHD의 꼬리표를 달기가 얼마나 쉬운지 알 수 있다. 연구에 따르면 브라질 아이의 5.8%, 핀란드 아이의 7.1%, 아랍에미리트 아이의 14.9%가 ADHD를 앓는다. 왜 이렇게 차이가 나는지 누가 알겠는가? 어린아이가 날마다 약을 복용하는 것은 이렇게 맹목적으로 형성됐고 치료해야 하는 증상도 분명하지 않다. ADHD라는 무거운 꼬리표는 의사의 주관적인 인상에 따라서 결정되고 타인의 말을 경청하지 않고, 숙제할 때나 단체 활동을 할 때 어려움을 느끼고, 생각하지 않고 대답하는 몇몇 증상은 건강한 아이에서도 발견된다. 이것은 병일까 아니면 단지 사람들을 번거롭게 하는 행동일까?"

무수한 아이의 운명, 건강과 관계있는 ADHD 진단표는 누가 어떤 검증을 거쳐 만들었을까? 진단표는 엉터리로 만들어졌지만 공교롭게도 아이를 진단하는 주요 검사 도구로 사용되고 있다. 이 진단표는 단순한 표가 아니라 진정한 '함정'이다.

신중하지 않은 진단의 배후에는 난감한 사실이 숨어 있다. 이렇게

'보편적'이고 공공연한 질병이 형성되는 메커니즘은 무엇이고 어떤 원인으로 발병할까? 백여 년 간의 '연구'를 통해서 다양한 해석이 나왔지만 누구도 속 시원하게 설명하지 못한다. 현존하는 자료를 보면 몇 가지 발병 원인을 추측할 수 있다.

첫째, 경미한 뇌 조직의 손상이다. 이것은 아이의 출생 방식을 토대로 추측한다. 사람들은 제왕절개가 널리 시술되기 전에는 태어날 때 뇌가 눌려서 발병한다고 여기다가 제왕절개가 널리 시술되기 시작한 뒤에는 외려 제왕절개 때문에 발병한다고 여겼다. 또한 임신했을 때 산모가 감염됐거나 고혈압을 앓고, 수유나 기타 활동이 아기의 뇌에 손상을 주어 발병한다는 설도 있다. 다시 말해서 임신기, 성장기의 모든 행동은 발병 원인과 관계가 있는데 이렇게 되면 거의 모든 사람은 태아기, 영아기를 거치는 동안 뇌를 다친다. 더욱이 신기한 것은 이런 '손상'은 예측할 수 없다.

둘째, 도시의 환경오염으로 인한 납중독이다. 이 원인은 얼핏 일리가 있어 보인다. 하지만 이 발병설에도 몇 가지 의문점이 있다. 첫 번째 의문은 문제가 제기됐던 160여 년 전에는 환경이 오염되지 않았고 두 번째 의문은 도시에 사는 아이들이 다 같이 호흡하는데 왜 일부 아이들만 이 장애를 앓으며 세 번째 의문은 산골에 사는 아이들은 이 장애를 앓지 않느냐다.

셋째, 유전적인 요소다. 전문적인 것처럼 보이지만 분석하면 충분한 증거가 없는 상황에서 대뇌의 작은 생물학적 지표의 차이로 발병원인을 찾아내는 방법이라는 것을 알 수 있다. 이것은 자의적인 추측이다.

사람마다 생리적으로 차이가 있는 것은 매우 정상적인 일이다. 같은 사람도 기후, 환경, 기분, 연령, 음식에 따라서 생리적으로 달라진다. 더 설득력 있는 이유를 못 찾으면 하찮은 것이 중요한 것이 되게 마련이다.

넷째, 비타민 결핍, 음식 알레르기, 미량 원소의 결핍, 환경오염, 식물첨가제 등의 요소다. 이 종류의 추측은 머리가 아플 정도로 매우 많은데 일상생활에서 문제가 되는 모든 것이 발병 원인이 된다. 만약에 이 요소들이 아이의 행동장애를 일으키면 훗날 세상에 건강한 아이가 있을까라는 단 하나의 문제가 남는다.

다섯째, 가정이나 학교에서 아이에게 마음의 상처를 주는 것이다. 이것은 추측으로 얻은 결론이 아니라 유일하게 직접 관찰하고 다량의 사례를 통해서 도출한 것이다. 이 원인은 매우 설득력이 있지만 항상 무시당한다. 행동장애에 관한 모든 자료는 증상의 원인을 뇌의 문제, 생리 문제라고 말하고 교육문제와 심리 요소는 그저 몇몇 자료에서 가끔 언급된다.

하지만 그나마 가끔 언급되는 자료에서도 교육문제에 기반을 두고 아이가 왜 약을 먹고 치료할 필요가 있는지 설명하는 사람은 아무도 없다. 최근에는 이혼율의 상승이 ADHD의 발병률이 높은 근거가 되고 있는 듯하다. 사람들은 편부모 가정의 아이가 완전한 가정의 아이보다 병에 잘 걸리는 것을 발견했다. 하지만 부모가 이혼해서 생긴 마음의 상처가 약을 먹는다고 치료될까? 부모의 싸움으로 이미 마음에 상처를 겹겹이 받았는데 병에 걸렸다는 진단까지 받으면 설상가상이 아닌가?

저명한 노바티스사가 후원하는 독일의 잡지 '소아과 의학실무'에

「주의력결핍과 과잉행동장애」라는 칼럼이 실렸다. 칼럼은 ADHD가 석기시대의 유산이라고 추론하고 나아가 'ADHD는 초기 인류에게 유전적으로 결정된 유익한 행위 도구였지만 현대사회에서는 오히려 결점이 돼 아이의 발전과 사회 적응성을 위협한다'고 말하며 천만 년간 전해 내려온 유전적인 특성도 병으로 만들었다.

사람들은 병의 원인은 정확하게 못 말하면서 나쁜 결과는 매우 분명하게 묘사해서 걱정하게 만든다. 많은 자료에서 볼 수 있는 것처럼 행동장애 아이는 제때 치료를 못 받으면 대부분이 사춘기 때 범죄를 저지르고, 자제력이 약하고 충동적이다. 또한 편한 것만 추구하고 탐욕스러우며 반사회적 인격을 형성한다. 그 결과 어른이 된 뒤에 알코올과 마취제를 남용하는 고위험군이 되고, 범죄율도 높다. 다시 말해서 미래가 어둡고 절망적이다.

이 질병은 결국 도덕 문제로 발전한다!

ADHD와 반사회적 인격이 어떤 원인과 결과의 관계에 있고, '질병'과 '범죄' 사이의 논리 관계는 어떻게 추론한 것이며, 두 가지 사이의 전환체계가 무엇인지 아무도 설명하지 못한다. 관련된 의료 정보는 모두 사람의 정서는 생리지표에 영향을 주는 동시에 생리지표도 사람의 정서에 변화를 가져온다고 말한다. 하지만 질병과 인격 사이에 어떤 관계가 형성될 수 있을까? 고혈압이나 폐기종을 앓는 사람이 최후에 모두 나쁜 사람이 되는가? 뇌막염, 뇌종양, 뇌기능 위축 등 뇌에 손상을 입은 사람의 도덕 발전과 질병 사이에는 아무런 상관관계가 없는데 왜 오직 아동 ADHD만 도덕의 변화를 가져올까?

만약에 질병과 인격이 서로 관계있어서 어릴 때 유전이나 환경 요소 때문에 생긴 증상이 어른이 된 뒤에 도덕심을 변화시켰다고 치자. 그럼 환자는 질병의 피해자니까 어른이 된 뒤에 반사회적인 행위를 해도 책임을 안 져도 되고 정신병 환자는 사람을 죽여도 죽음을 면할 수 있는가? 이렇게 되면 범죄인은 어릴 때 ADHD를 앓은 것만 증명하면 형사책임을 면하게 되지 않는가?

왜 확진 환자가 점점 많아질까

ADHD의 발병 원인이 확실하게 밝혀지지 않았는데 왜 확진 환자는 점점 많아질까? 단순히 오진일까?

사실 ADHD는 호프만이 최초에 '발견'하고 백여 년 동안 사람들의 특별한 관심을 못 받았다. 이 현상은 리탈린이 만들어지기 전까지 계속됐다. 따라서 리탈린[10]의 발전 과정을 알면 '환자'의 숫자가 증가하는 진상을 알 수 있다.

1944년에 시바사(지금의 리탈린 제조상)의 화학자가 염산메칠페니데이트를 합성했다. 이 약은 초기에 과도한 피로와 우울증, 노년의 생리불안에 대한 치료 목적으로 어른에게만 처방됐다. 처방이 시작되고 20여 년 동안 이 약은 잘 알려지지도 않고 치료 효과가 확실하지 않아서 잘 팔리지도 않았다. 1961년에 미국식품의약국은 행동장애가 있는 아이에게 리탈린을 처방하는 것을 허가했다. 이 약은 메릴랜드 주의 두 흑인학교에 배달됐는데, 이 약을 복용하고 학생들의 행동장애가 어느

---

10 염산메칠페니데이트 Methylphenidate. 리탈린(Ritalin)으로도 불린다.

정도 개선됐다. 이 일은 미국의 의사들이 이 약을 본격적으로 사용하는 데 결정적인 역할을 했다. 초기에 이 약은 아이에게 병이 있는지 검사할 때 사용됐다. 약을 복용하고 변화가 있으면 병이 있는 것이고, 반대로 약물에 반응이 없으면 건강하다는 뜻이었다. 뒤이어 이 약은 아이의 치료 약물로 널리 쓰였다. 1970년에 미국은 약 20~30만 명의 어린이가 리탈린을 복용했다. 그러다가 20세기 80년대 중반에는 100만 명이 복용했고, 21세기 초에는 600만 명이 복용하고 이중에 절반에 아까운 어린이가 ADHD의 치료 목적으로 이 약을 먹었다.

예전에는 아이가 말을 안 들으면 약을 먹여서 치료하는 것이 매우 불가사의한 일이었지만 리탈린은 말을 안 듣는 것을 약물로 치료해야 하는 질병으로 만들었다.

지금 ADHD를 치료하는 약물은 중추신경흥분제, 항우울증 치료제, 항정신병 약물, 항간질약 등 종류가 매우 많다. 이중에서 가장 많이 사용되는 것은 리탈린이고, 약값은 모두 비싸다.

자료에 따르면 미국은 아동 ADHD와 관련해서 30억 달러 규모의 약물, 치료 시장이 형성됐다. 영국의 약물, 치료 시장 역시 2012년까지 1억 백만 파운드의 규모로 성장할 것이 예상된다. 이밖에 제약회사들도 해마다 유세단체에 많은 돈을 투자해서 정부에 아동 행동장애 약물에 대한 제한과 관리를 완화하라고 요구한다.

ADHD를 치료하는 약물이 전 세계 곳곳으로 팔리고 있는 가운데 중국에서도 ADHD가 유행하기 시작했다. 중국의 어느 의료 웹사이트에 이런 문구가 있다. "리탈린은 ADHD 치료에 매우 효과적이다.

리탈린의 유일한 단점은 이 증상을 근본적으로 치료하지 못해서 장기간 복용해야 하는 것이다." 중국 인터넷 사이트에서 리탈린은 한 병당 370~3400위안에 팔린다. 해외라고 해도 집 안에 이 약을 먹어야 하는 아이가 있으면 역시 적지 않은 지출을 해야 한다.

맛있는 과자는 누구나 먹고 싶게 마련이다. 중국의 저명한 외국계 제약회사인 시안 양린사는 ADHD에 장기간 효과가 있는 약물인 '쭈안쭈다'를 개발했다고 발표해서 사람들의 관심을 받았다.

2007년 여름에 베이징에서 가장 영향력 있는 두 신문사인 베이징만보와 베이징청년보는 미국의 일라이 릴리사에서 연구 개발한 중추신경흥분제 '스트라테라'가 중국 시장에 정식으로 출시됐다고 발표한 동시에 '주의력결핍 과잉행동장애는 약물 치료가 우선입니다'라고 광고했다. 이 광고는 겨울에 접어들 무렵에 다시 한 번 신문에 등장했다. 베이징청년보는 11월 30일자 '건강에 관심을 가지세요'란 섹션에서 「아동 주의력결핍 과잉행동장애, 제때 치료하지 않으면 일생이 피곤해진다」는 제목으로 부모가 이 문제를 결코 소홀히 여기면 안 되고 반드시 치료해야 한다고 일깨우며, '약물 치료가 우선인데 스트라테라라는 약이 있다. 1일 1회 복용으로 증상이 완화되고 장기 복용해도 약물 의존 현상이 안 일어난다'는 광고성 기사를 실었다.

2008년 7월 5일에 이 신문은 다시 「아이의 주의력, 주의하셨습니까?」라는 기사에서 '아이가 산만하면 ADHD를 의심하라. 제때 치료하지 않으면 학습에 어려움이 따르고 치료하지 않은 아이의 50~65%가 미래에 업무 태도 불량, 시간 관념 부족, 사교성 부족, 난폭한 성질, 알코

올이나 약물 중독, 범죄율 상승 등의 문제를 겪을 수 있다'고 전했다. 또한 '최근에 중화소아신경협회, 중화소아과보건협회, 중화소아정 신협회가 힘을 합쳐 중국의 ADHD 치료 방안을 마련하기 위해서 노력하고 있는 가운데 리탈린이 최고의 치료약으로 선정됐다. 이 약은 효과가 장시간 지속되고 부작용이 적어서 국내외 치료 지침서에 행동장애 치료에 가장 좋은 약으로 추천됐고 이미 국가아동의료보험목록에 편입됐다'고 강조했다. 이 세 '협회'와 약에 대해서 언급한 광고는 마치 약속이라도 한 것처럼 6월과 7월에 '양 청완빠오'와 베이징청년보에 나란히 실렸다. 하지만 신문에서 세 협회의 이름을 본 것 외에 인터넷에서는 '협회'의 홈페이지와 다른 정보를 찾을 수 없었다. 이 분야에서 일하는 친구에게 이 '협회'에 대해서 물었지만 다들 처음 듣는 이름이라고 말했다.

미국의 한 의사는 "약품을 판매하는 최고의 방법은 질병의 영향을 널리 알리는 것이다"는 명언을 남겼다. 사실 이것은 제약회사의 비밀이다. 해마다 소량의 새로운 성분을 추가한 약이 시장에 출시되기 때문에 제약업계는 오래된 약이나 판매가 부진한 약을 판매하기 위해서 질병을 창조한다.

이렇게 '전도(錢途)' 유망한 병이 유행하지 않는 것이 오히려 어렵지 않겠는가?

주의력결핍 과잉행동장애의 약물 치료에 따른 무서운 부작용

이 약들이 과연 광고에서 말하는 것처럼 부작용이 없을까?

리탈린 및 아이가 복용하는 기타 중추흥분제는 식욕감퇴, 불면증,

어지럼증, 체중감소 외에 알레르기, 정신운동성 흥분, 공포감과 끝없는 망상, 복통 등과 같은 몇 가지 부작용을 일으킨다. 이 부작용들은 일반적으로 약품 설명서에 나와 있지만 가장 심각한 증상들은 아니다. 심각한 부작용은 설명서에 안 나와 있는 다음과 같은 증상들이다.

중추흥분제는 체중이 늘고 키가 크는 것을 억제한다. 2년간 지속적으로 중추신 경제 약물을 복용한 아이는 대조군 아이들의 평균 키보다 1.5센티미터 작다. 이것은 장기 복용을 할 경우 신체 발달에 영향을 줘서 체구가 작아질 수도 있다는 것을 뜻한다.

미국심리건강국가연구소가 발표한 신경학 연구에 따르면 아동주의력결핍 과잉행동장애 약물을 복용하지 않은 아이는 우뇌의 대뇌피질이 7세 반 때 가장 두꺼워지지만 약물을 복용한 아이는 이보다 3년 늦게 두꺼워졌다. 이것은 리탈린류의 약물이 아이의 지능 발달에 영향을 준다는 뜻이다.

아이는 체중이 적고 신체의 각 기관이 완전히 발달하지 않아서 합성 화학물질의 독성에 대한 저항력이 약하다. 때문에 장기간 이런 약물을 복용하면 신체 기관이 잘 발달하지 않고 심하게는 병에 걸린다.

2007년 2월 22일자 인터넷 뉴스에 따르면 미국식품의약국(FDA)은 1999년~2003년에 ADHD 치료 약물을 복용한 환자 중에 25명이 사망했는데 이중에 19명이 아이라고 발표했다. 또한 FDA의 보고에 따르면 ADHD 치료 약물을 복용한 사람은 그렇지 않은 사람보다 정신질환을 일으킬 확률이 0.1% 더 높은 것으로 나타났다. 예를 들어 환각 증상, 이유 없는 의심, 신경 불안 등의 정신질환 증세가 나타난다. FDA는 리탈린 약품 설명서에 반드시 경고 문구를 넣어서 사람들에게 이 약품이 약물 복용자의 사망 및 신체와 정신적 손상의 위험을 증가 시킬 수 있다는 것을 알려야 한다고 건의했다.

난 이런 끔찍한 부작용 외에 이 약물이 아이에게 주는 가장 큰 피해는 심리적인 면에 있다고 생각한다. 날마다 약을 한 알씩 먹는 것은 아이에게 '너는 병이 있어서 약을 먹어야 해'라는 메시지를 보내는 것과 같다.

어린 시절은 다시 돌아오지 않는다. 복용한 약은 체내에 흔적을 남기고 ADHD라는 꼬리표는 아이의 마음에 상처를 남긴다. 내가 만난 몇몇 아이들은 일정기간 약을 복용한 뒤에 상태가 더 나빠질까봐 두려워서 스스로 약을 끊는 것을 원하지 않았다. 약물은 아이의 건강을 해쳤을 뿐더러 자신감도 앗아갔다. 이것이 가장 무서운 부작용이 아닐까?

ADHD에 관한 많은 정보는 사람들이 이 병이 무서운 기세로 아이의 건강을 위협하고 있다고 믿게 만들었다. 그 결과 유아원에 다니는 아이가 규칙에 따라서 낮잠만 안 자도 ADHD에 걸린 것이 아닌지 의심하는 지경에 이르렀다. 내가 만난 많은 부모는 아이가 말을 잘 안 듣는데 혹시 ADHD에 걸린 것이 아니냐고 걱정했다. 부모가 아이의 행동을 '증상'에 끼워 맞추면 얼마든지 이 병에 걸렸다고 생각할 수 있다.

자녀가 ADHD에 걸렸다고 확신하는 부모는 대부분 이 질환에 대해서 잘 모르고 심하게는 자료조차 찾아보지 않는다. 이들의 정보는 주로 의사, 언론매체, 근거 없는 소문에서 얻은 것이다. 많은 부모는 교사의 암시나 제안을 받고 아이에게 검사를 시킨다. 아이가 학교나 유치원에서 적합하지 않게 행동하면 교사가 귀찮아진다. 교사는 몇몇 아이들이 수업을 방해하는 것이 싫거나 교육에서 문제의 원인을 찾을 생각이 없거나 찾을 능력이 없을 때 가장 간단한 해결 방법으로 아이를 병원에 보낸다. 아이는 병원에 가면 순식간에 날마다 약을 먹어야 하는 '환자'가 되지만 교사는 아이의 방해에서 홀가분하게 빠져나올 수 있다.

부모 역시 아이 '문제'의 객관적인 원인을 찾기를 바란다. 이렇게 하면 자책할 필요가 없고 힘이 덜 든다. 심지어 어떤 고등학생의 엄마는 아이가 책상 앞에 오래 앉아 있지 않고 항상 공부는 뒷전으로 미룬 채 축구를 하거나 TV만 보자 ADHD를 의심하고 아이를 정신과에 데려가 진료를 받고 약을 먹였다. 그녀는 자신의 잘못된 교육 방법을 바꾸기는커녕 반성조차 안 했다.

ADHD가 있는 아이의 부모와 교사가 조금만 더 관심과 이해심을 발휘해서 아이의 '행동 언어'를 주의 깊게 들으면 아이는 정상으로 돌아온다. 아이는 선생님의 수업 방식이 마음에 안 들거나 재미없어서 집중을 안 할 수도 있고, 하필이면 공부를 안 한 부분에서만 시험 문제가 나와서 시험을 못 봤을 수도 있으며, 자신을 보호하거나 이기기 위해서 또는 재미를 느끼기 위해서 친구들과 싸울 수도 있고, 자신을 드러내거나 위험한 것이 뭔지 몰라서 위험한 행동을 할 수도 있다. 아이의 자아의식은 저마다 모두 다르고 행동 표현법 또한 모두 다르다. 아이는 어른과 같은 도덕관, 가치관, 인내력, 나쁜 결과를 예측하는 능력이 없어서 자신을 잘 통제하지 못한다. 어른이 아이를 얼마나 이해하느냐는 아이의 '마음의 소리'를 얼마나 경청하느냐에 달려 있다.

부모와 교사는 모두 아이를 사랑한다. 하지만 사랑만 있는 것은 부족하다. 사랑의 질은 교육 이념과 사소한 일을 처리하는 것에 따라서 큰 차이가 나고, 아이를 이해하면 아이를 잘 교육하고 아이에게 양질의 사랑을 줄 수 있다.

ADHD에 걸린 아이가 걸린 병은 무엇일까

아이가 행동이나 인격 면에서 확실히 어떤 문제가 있을 때 이 문제들은 기본적으로 교육학으로 설명할 수 있다. 하지만 어떤 부모나 교사는 아이가 정상적으로 활발하게 활동하는 것을 문제 삼고 없는 일을 자꾸 만든다. 아이는 가정에서 스트레스를 많이 받으면 저항하는 과정에서 많은 비정상적인 행동을 하고 다른 사람을 불쾌하게 만든다. 따라서 반드시 성장 환경에서 문제의 원인을 찾아야 한다. ADHD 환자가 나날이 늘어나는 것은 가정교육에 문제가 많다는 뜻이다.

현대사회가 표준화를 추구하면서 사회 곳곳에 하나의 심리를 추구하는 경향이 생겼다. 부모는 아이가 자신이 원하는 대로가 아니라 '롤모델'을 본받아서 발전하기를 바란다. 또한 아이를 위해서 '공부를 열심히 한다' '예의가 바르다' '규칙을 잘 지킨다' '다재다능하다' 등과 같은 기준을 무수히 세우고 이 기준에 맞춰 키우면 장차 아이가 성공할 것이라고 믿는다. 그래서 아이가 말을 잘 듣고 부모의 요구를 잘 따르면 좋아하고, 반대로 말을 안 듣고 부모의 기대에 못 미치면 꾸짖고 심하게는 때리고 욕한다. 어떤 부모는 자신의 처지를 비관하거나 인격이 부족해서 아이에게 화풀이를 하는가 하면 자신의 '이상'을 실현하게 강요한다.

이와 같은 태도는 부모 자신의 초조함과 불안함이 고스란히 반영된 것이라서 부모 자식 사이에 좋은 식이건 나쁜 식이건 끊임없이 마찰을 일으킨다. ADHD 환자의 부모는 고집에 세서 자신의 사고방식으로 아이의 자연 특성에 장기적으로 나쁜 영향을 주고 '사랑'이라는 명목으로 아이 고유의 성장 리듬을 끊임없이 방해하고 아이를 근심과 공포로 몰아넣는다. 또한 자신을 보호하는 의식이 강해서 누구에게 도전을 받으면 바로 반응하고 엄격한 태도로 아이를 대한다. 이런 가정교육 방법은 부모가 자신의 감정을 표출하기에 좋지만 아이의 성장에는 도움이 안 되고 아이의 마음에 끊임없이 상처를 준다.

진단표의 모든 '증상'을 분석하면 아이가 자신과 세상의 관계를 어떻게 조절하는지 알 수 있다. 아이는 서로 다른 '증상'으로 마음의 상처를 받은 뒤에 느꼈던 자괴감, 불안, 혐오, 실망, 냉담함, 증오, 의심 등의 정서를 끊임없이 이야기한다. 끊임없는 마음의 상처는 아이에게 정신적으로 큰 부담을 주고 행동의 변화를 일으켜 아이를 사납고 오만한 어린 건달이나 자아를 완전히 상실한 꼭두각시나 타인과 어울릴 수 없는 고집쟁이나 편집광으로 만든다. 그리고 이 모든 것의 배후에는 아이의 불안한 안정감과 부족한 자신감이 있다.

사람은 얼마나 민감한 생물인가? 아이는 어려서부터 사랑과 존중을 강하게 느끼고 일상생활의 모든 환경은 아이의 체내에 각종 생화학 지표의 변화를 일으킨다. 이른바 'ADHD'의 대뇌는 사람을 안정시키는 '도파민'이 부족한데, 도파민이 부족한 것이 원인인지 결과인지 누가 명백히 말할 수 있는가? 진정한 '발병 원인'은 어른의 두 가지 실수, 즉 잘못된 아동관과 잘못된 교육 방법이다.

이렇게 말하면 많은 부모와 교사는 불쾌해하고 심하게는 반감을 가진다. 이들은 문제가 생기면 습관적으로 객관적인 원인과 해결 방법을 찾는다. 의사의 진단은 부모와 교사에게 교육 실패에 대한 죄책감을 덜어주고 체면을 세워준다. 인내심을 갖고 아이를 세심하게 보살피고 부모가 스스로 변하기 위해서 노력해야 하는 것에 비해 아이에게 약을 먹이는 것은 매우 간단해서 부모와 교사가 신경 쓸 필요가 없다. 공교롭게도 이 방법은 아이에 대한 이해가 부족하고 자기가 항상 옳다고 생각하는 독선적인 부모의 일관된 행동과 잘 맞아서 이들의 사랑의 받는다. 독선적인 부모와 교사는 교육을 안 믿고 약을 믿는다. 하지만 이것은 자신들의 책임을 아이에게 떠넘기는 것이다. 부모와 교사는 아이에게 '병이 있다'는 진단을 받아서 책임에서 벗어났지만 아이는 영원히 상처를 받는다.

최근에는 '틱장애'와 '감각통합 기능장애'도 유행하고 있다. 증상은 ADHD와 크게 다르지 않다. 사람들은 이 두 가지 병을 ADHD에 포함시키기도 하고 나란히 놓고 보기도 하는데 모두 중추신경 억제제 종류의 약물을 사용한다.

사실 ADHD, 틱장애, 감각 통합 기능장애를 앓는 아이들은 태어난 뒤에 정상적인 천성을 여러 차례 빼앗긴 점에서 불행하다. 어떤 부모는 아이가 걸음마를 배울 때 옷이 더러워지고 다칠까봐 아이를 바닥에 내려놓지 않고 온종일 안아서 키웠다. 이밖에도 '이거 하지 마라, 저거 하지 마라'라고 말하며 많은 것을 제약했다. 그 결과 이 아이는 또래 아이들보다 동작이 굼떠서 열 살이 넘은 뒤에 하는 수 없이 '감각통합 훈련반'에 들어갔다. 자주 매를 맞고 꾸지람을 듣는 아이도 마찬가지로 스트레스를 많이 받아서 오관 경련현상, 이른바 틱장애를 일으킨다는 것을 많은 자료와 경험이 증명하고 있다.

이 아이들의 병이 약을 먹는다고 나을까? 감각통합 훈련반에 가면 훈련을 잘 받을까? 난 '감각통합 훈련반'에 참가한 아이를 몇 명 만난 적이 있는데 부모가 돈을 많이 썼지만 아이의 상황은 좋아지지 않았다.

의사의 입장에서 알아보자. 의료계는 줄곧 이 병들에 대해서 의견이 분분했다. 많은 의사는 이 병들이 발명된 가짜 병이라고 여기지만 더 많은 정신과 의사는 아이에게 약을 처방하는 것에 반대하지 않는다.

의사는 교육학적인 측면에서 생각하지 않거니와 진찰을 받으러 온 사람에게 병이 없다고 말하는 것을 싫어한다. 약을 처방하지 않으면 시간을 허비한 것이 아닌가? 의사는 환자의 병을 진단하지 못하면 책임을 져야 하지만 병이 없는 환자에게 의심되는 병이 있다고 말하고 치료를 진행했다가 나중에 다시 병이 없는 것으로 나타났다고 말해도 문제가 되지 않는다. 하지만 사소한 증상을 찾아내 병을 진단하는 의사는 모두의 존경을 받는다. 이것이 의사가 과학과 권위를 대표하는 첫 번째 이유이다.

두 번째 이유는 의학 연구 측면에서 볼 때 의사는 끊임없이 자신의 학술연구 성과를 만들어야 하지만 모든 성과를 자신이 직접 연구할 필요는 없다. 『없는 병도 만든다』의 책에 좋은 구절이 있어서 발췌해봤다.

"질병의 탄생은 종종 의사가 이상 상태를 관찰했다고 발표하는 것에서 출발한다. 처음에는 소수의 의사만이 새로운 질병을 믿고 회의를 열어서 책임지고 문집을 출간할 위원회를 만든다. 문집은 새로운 질병의 지명도를 높이고 각 방면에 흥미를 일으킨다. 그 결과 다른 의사들도 새로운 질병에 관심을 갖고 해당 환자를 열심히 찾는다. 이렇게 선택적인 진료가 이뤄지는 동안에 작은 유행병이 생길 가능성이 있다. 뒤이어 많은 글과 연구 보고가 발표되면서 대중은 의사가 정말 새로운 질병을 발견했다는 인상을 갖기 시작한다. 그러면 이 의사들은 전공 관련 정기 간행물을 발행해서 자신들의 연구 결과를 발표하는데 이중에 비판적인 보고는 없다."

세 번째 중요한 이유는 의사와 제약회사의 미묘한 관계에 있다. 미국, 영국, 독일 등의 국가에서 제약회사가 청소년의학정기간행물 또는 의료학술연구회를 지원하는 일은 이미 보편화됐다. 제약회사는 의학연구회를 지원한 뒤에 의사들이 파티와 호화 여행을 즐기게 초청한다. 독일은 법으로 제약회사가 의사의 연수를 공개적으로 계획하게 규정하고 있다. 의학교수와 개인 의사는 제약회사의 돈을 받고 기자회에서 발언한다. 제약회사의 가장 효과적인 수단은 의료 정기간행물을 후원하는 것이다. 정기간행물에 발표하는 연구 보고서는 논리정연해서 논란의 여지가 없다. 이것은 신약의 비준에 중요한 역할을 할뿐더러 훗날 의사가 이 약을 사용하고 그 사용 범위를 정하는 데 영향을 준다.

최근에 세계 각국의 유명한 제약회사가 앞다퉈 중국 시장에 진출하고 중국 제약업계도 재빠르게 발전하고 있다. 국제적으로 유행하는 의약 마케팅 모델도 중국에 뿌리를 내리고 성업 중이다. 신흥 거대 의약

대표 회사는 제약회사와 의사를 하나로 연결하는가 하면 실력 있는 제약회사는 의사를 초빙해서 처방전을 쓰거나 광고를 하는 방식으로 자신들의 제품을 마케팅한다. 이것은 그리 어려운 일이 아니다.

옛날부터 사람들은 다른 사람의 말은 다 의심해도 의사의 말은 의심하지 않았다. 과학을 대표하고 생명을 관장하는 권위가 있기 때문이다. 하지만 이익의 부추김은 거센 흐름과 같아서 많은 것들을 바꾸고 소멸시켰다.

약을 쓰레기통에 버리는 것이 질병 치료의 시작이다

몬테소리는 아동교육가이자 아동정신병과 의사였다. 그녀는 각양각색의 환자와 교류하면서 약물이 해결하지 못하는 문제에 관심을 갖기 시작했고 아이의 정신 및 행동문제를 해결할 수 있는 가장 효과적인 방법은 교육이라는 것을 깨달았다.

몬테소리는 다년간 연구를 통해서 '아이의 심리적 결함과 정신질환의 주요 원인은 의학문제가 아니라 교육문제다. 따라서 교육훈련을 하는 것이 의학적인 치료를 하는 것보다 더 효과적이다'는 결론을 얻었고, 이 결론은 많은 아이들의 운명을 바꿨다.

몬테소리는 아이의 심리적인 상처를 치료하는 '아이의 집'을 만들어서 정신과 지능 방면에 문제가 있는 아이의 치료에 힘썼다. 또한 지능과 정서 개선에 좋은 교육 방법을 개발해서 학생들을 효과적으로 훈련시켰는가 하면 문제 아이를 정상적인 아이와 똑같이 대하고 인류의 천성에 부합하는 교육을 하고 사랑을 줬다. 몬테소리는 '아이의 집'에 있는 아이들이 성공적으로 음지와 어려움에서 빠져나오게 했다. '아이의 집'에 있는 아이들은 언어 발달, 자연스러운 행동, 타인과의 교류, 학습 방면에서 정상적인 아이와 똑같았고, 정부의 감독 하에 치러진 또래 공립학교 아이의 수준과 똑같은 읽기, 쓰기, 속셈 등의 시험을 통과했다. 몬테소리의 성과는 전 세계 교육계에 큰 반향을 일으켰다.

몬테소리의 교육 이론과 교육 방법의 기본 규칙은 아이의 적극성을 방해하는 행동을 최소화하는 것이다. 다시 말해서 아이를 최대한 자유롭게 하고 존중하고, 잠재력을 개발해서 아이가 스스로 일을 처리하고 독립적으로 판단하게 돕는 것이다. 하버드대학교 교수이자 교육학자인 홈스는 말했다.

"몬테소리 이론 체계의 훌륭한 점은 그녀가 다음과 같은 판단에 힘이 실어준 것이다. 자유로운 분위기가 아닌 곳에서 아이는 자신을 발전시킬 수 없을뿐더러 유익한 연구를 할 수도 없다!"

간섭을 줄이고 자유를 주면 아이는 주변과 조화를 이루고 건강하게 자란다. 이것은 ADHD에 걸린 아이의 가정이 대부분 엄격하다는 앞의 내용과도 일치한다. 만약에 아이의 '병'을 고칠 수 있는 약이 있으면 그것은 간섭을 줄이고 자유를 주는 것이다.

몬테소리는 "사람은 지능을 가진 동물이라서 물질적 식량에 대한 욕구보다 심리적 식량에 대한 욕구가 더 크다. 겁을 주고 속일 필요 없이 아이의 생활 조건을 정상화시키면 아이의 병이 사라지고 아이의 악몽도 자취를 감추며 소화 기능도 정상으로 돌아가서 탐욕스러운 마음이 없어진다. 아이의 심리 상태가 정상으로 돌아가면 몸도 건강을 되찾는다"고 말했다.

사회가 복잡하게 변하면서 아이를 낳는 것 자체가 더 이상 부모가 된다는 것을 의미하지 않게 됐다. 지금 부모에게 필요한 것은 부모가 되는 법을 가슴으로 공부하는 것이다. 만약에 가족 중에 ADHD에 걸린 아이를 변화시키고 싶으면 가장 먼저 부모가 스스로 변하는 것이 중요하다. 첫 번째 조치는 약을 쓰레기통에 버리고 부모가 틀렸다고 과감하게 인정하는 것이다. 이 날은 부모가 새롭게 태어나고 아이도 새롭게 태어나는 날이 될 것이다!

● 문제 상황별 찾아보기

이 부분은 독자가 문제 상황에 따라서 교육적 해결 방법을 편리하게 찾고, 문제를 종합적으로 인식하고 이해할 수 있게 만든 문제 상황별 색인이다. 문제 상황의 해결 방법은 질문 끝에 표기된 쪽수에 해당하는 절을 찾아 다시 살펴보면 되며, 그 문제 상황이 아이의 '공부'와 연관될 경우 『좋은 엄마가 좋은 선생님을 이긴다』 공부 편을 참조할 수 있도록 해당 쪽수를 표기했다.

● 사람 됨됨이와 대인관계에 관해서

1. 아이의 대인관계 능력은 어떻게 키울까? 085, 114, 208
2. 동정심이 없는 아이는 왜 그럴까? 085, 114
3. 어떻게 어려서부터 협동정신을 키울까? 085
4. 아이는 왜 거짓말을 할까? 078, 114, 178, 196, 243 (공부 편 214, 261)
5. 거짓말을 하는 나쁜 버릇을 뿌리 채 뽑으려면? 047, 056, 196, 243
6. 학교에 자녀를 괴롭히는 아이가 있으면 어떡할까? 234
7. 학교나 교사의 교육방식이 아이의 인성에 부정적 영향을 미칠 때 어떻게 대처할까? 151, 178 (공부 편 096, 227)
8. 어떻게 아이의 비판의식을 키울까? 151, 178 (공부 편 096, 261)
9. 무엇이든 성실하게 임하는 태도를 어떻게 키울까? 234 (공부 편 096, 240, 250)
10. 아이가 허영심을 안 갖게 하려면 어떻게 할까? 243 (공부 편 250)
11. 어떻게 스스로 하는 능력과 자신감을 키울까? 056, 167 (공부 편 142)
12. 아이가 낯선 사람에게 속거나 해를 입지 않게 하는 안전교육은 어떻게 할까? 159

● 성교육에 관해서

1. 아이와 이성교제에 관해서 어떻게 대화를 나눌까? 036
2. 성 지식이 알려주는 것은 어떤 효과가 있을까? 094
3. 성교육을 어떻게 해야 할까? 094

● **심리건강에 관해서**

1. 자신감 있고 긍정적인 아이로 키우려면 어떻게 할까? 028, 047, 085, 208 (공부 편 261)
2. 아이의 자존심이 상하지 않도록 나무라는 방법은 무엇일까? 047, 056
3. 부모의 교육방식은 아이의 심리건강에 어떤 영향을 줄까? 018, 036, 104, 114, 130, 243
4. 일상생활은 아이의 심리건강에 어떤 영향을 줄까? 078, 085, 178, 221 (공부 편 154)
5. 아이가 어려움을 겪을 때 정신적으로 어떻게 지도해야 할까? 018, 167 (공부 편 074)
6. 아이가 두려움이나 공포심을 극복하게 하려면 어떻게 도와야 할까? 146
7. 아동심리장애는 왜 생기고 어떤 결과를 낳을까? 104, 114, 243, 254 (공부 편 142)
8. 주의력결핍 과잉행동장애(ADHD)는 무엇일까? 254
9. 아이에게 마음을 쓰는 것이 왜 가장 합리적인 투자일까? 130
10. 아이를 다른 사람에게 맡겨 키울 때 생기는 문제는 무엇일까? 130
11. 최선의 노력을 다했는데 아이는 왜 노력하지 않을까? 114, 208 (공부 편 163)
12. 아이를 때리거나 욕하는 것은 아이에게 어떤 영향을 미칠까? 114, 254 (공부 편 261)
13. 부모가 아이에게 늘 화를 내면 어떤 문제가 생길까? 114, 208
14. 부모가 아이에게 줄 수 있는 것 중에 가장 가치 있는 부(富)는 무엇일까? 104, 114, 243

● **행동 및 생활 습관에 관해서**

1. 아이의 나쁜 버릇에 어떻게 대처할까? 047, 208
2. 어떻게 하면 아이가 물건을 잘 잃어버리는 습관을 고칠까? 047 (공부 편 142, 163)
3. 부모의 말을 잘 따르지 않은 까닭은 무엇일까? 208, 243 (공부 편 163, 199)
4. 아이가 말을 안 들을 때 부모는 어떻게 해야 할까? 208 (공부 편 163, 199)
5. 어떻게 하면 아이가 주사를 안 무서워할까? 018
6. 아이가 밥을 잘 안 먹는 이유는? 221
7. 어떡하면 아이가 편식을 안 할까? 221
8. 아이가 습관을 키울 때 부정적인 조건의 영향을 안 받으려면 어떻게 할까? 221 (공부 편 154)

좋은 엄마가 좋은 선생님을 이긴다 인성 편

초판 1쇄 발행 2012년 4월 25일
초판 14쇄 발행 2019년 4월 15일

지은이 인젠리
펴낸이 김선식

경영총괄 김은영
디자인 황정민 **책임마케터** 박태준
콘텐츠개발4팀장 윤성훈 **콘텐츠개발4팀** 황정민, 임경진, 김대한, 임소연
마케팅본부 이주화, 정명찬, 최혜령, 이고은, 이유진, 허윤선, 김은지, 박태준, 배시영, 기명리, 박지수
경영관리본부 허대우, 박상민, 윤이경, 김민아, 권송이, 김재경, 최완규, 손영은, 이우철, 이정현

펴낸곳 다산북스 **출판등록** 2005년 12월 23일 제313-2005-00277호
주소 경기도 파주시 회동길 357, 3층
전화 02-704-1724
팩스 02-703-2219 **이메일** dasanbooks@dasanbooks.com
홈페이지 www.dasanbooks.com **블로그** blog.naver.com/dasan_books
종이 한솔피엔에스 **출력·제본** 갑우문화사

ⓒ 2012, 인젠리

ISBN 978-89-6370-873-7 (13370)
　　　 978-89-6370-878-2 (13370) (세트)

• 책값은 뒤표지에 있습니다.
• 파본은 구입하신 서점에서 교환해드립니다.
• 이 책은 저작권법에 의하여 보호를 받는 저작물이므로 무단 전재와 복제를 금합니다.
• 이 도서의 국립중앙도서관 출판시도서목록(CIP)은 서지정보유통지원시스템 홈페이지(http://seoji.nl.go.kr)와 국가자료공동목록시스템(http://www.nl.go.kr/kolisnet)에서 이용하실 수 있습니다.

> 다산북스(DASANBOOKS)는 독자 여러분의 책에 관한 아이디어와 원고 투고를 기쁜 마음으로 기다리고 있습니다. 책 출간을 원하는 아이디어가 있으신 분은 이메일 dasanbooks@dasanbooks.com 또는 다산북스 홈페이지 '투고원고'란으로 간단한 개요와 취지, 연락처 등을 보내주세요. 머뭇거리지 말고 문을 두드리세요.